本书为北京市社会科学基金青年学术带头人项目
"中国民营企业的企业成长与社会反哺研究"(21DTR024)的成果

明德群学
总主编 ◎ 冯仕政

明德群学·中国社会变迁
李路路 主编

弄潮

Market Trendsetters
The Growth and Social Responsibility of Chinese Private Enterprises

中国民营企业的成长与社会责任

朱斌 著

中国人民大学出版社
·北京·

编委会名单

编委会主任：冯仕政

编委会副主任：李路路　富晓星
奂平清　陈那波

编委会委员（按姓氏音序排列）
黄家亮　李迎生　陆益龙　孙　权
王水雄　谢立黎　张会平　赵旭东
赵延东　朱　斌

总　序

一八九五年，其时之中国，积弱不振，在甲午战争中节节败退。作为中国第一批留学生中的一员、北洋水师学堂的总教习，严复先生对国事深感痛惜，扼腕奋舌，发表《原强》一文，文中先谈达尔文进化论的思想，后论斯宾塞的社会学原理。在文中，严复首次使用"群学"概念翻译"sociology"一词，该概念借自荀子"人之所以异于禽兽者，以其能群也"，严复称群学之中心为"人伦之事"，认为斯宾塞之群学"约其所论，其节目支条，与吾《大学》所谓诚正修齐治平之事有不期而合者"，而《大学》中言，"诚、正、修、齐、治、平"为"明德"之道，所以，"明德群学"在社会学引入中国之始，便已是题中应有之义，严复先生所论之群学，也从一开始就和国家强盛之道关联在一起。严复先生从洋务运动的失败进而思考国家强盛的根本，认为国家富强之道在于鼓民力、开民智及新民德，此三者为强国之本。

一八九七年起，严复先生陆续翻译了英国社会思想家斯宾塞《社会学研究》一书中各篇，一九〇三年结集出版时取译名为《群学肄言》。该书是斯宾塞关于社会学的奠基性作品，主要讨论社会学的基本方法论问题，从日常的生活现象开始，分析社会现象为什么需要科学的研究，回答社会学能否成为科学，鼓励人们摆脱以"上帝""伟人"视角来对社会做出解释的习惯，从中抽离和"祛魅"。在该书中，斯宾塞分析了社会现象的特性以及开展针对社会现象之科学研究的困难，系统地阐述了可能影响社会现象之研究结果的各种因素。对于严复先生而言，尽管斯宾塞之群学和中国圣贤之论有不期而合者，但斯宾塞所论述的群学是成体之学，是有体系的科学新理。严复表明他的翻译及论著均旨在以西方科学新理重新解释中国过去治乱兴衰的根源，并据此提出其救亡经世之方，所谓"意欲本之格致新理，溯源竟委，发明富强之事"。

时至今日，距严复先生发表《原强》一文，已然一百多年，斗转星移，沧海桑田，中国的社会发生了翻天覆地的变化：中国建成了世界上规模最大的教育体系、社会保障体系、医疗卫生体系，全体人民摆脱绝对贫困，生活全方位改善，人均预期寿命、人均受教育程度、居民人均可支配收入均持续提高，严复先生一百多年前的强国梦想，已经在一代一代中国人的努力下阶段性地实现。当然，我们仍然面临新的问题，人民日益增长的美好生活需要和不平衡不充分的发展之间的矛盾仍然存在，城乡和区域间的发展差距仍然显著，人口增长开始步入下降通道，未富先老问题正在显现，实现高质量的发展仍需努力。挑战总在不断出现，有些是中国所独有的，也有些是人类所共同面对的，在斯宾塞先生的故乡——英国，也产生了众多斯宾塞不曾预料到的问题：移民无序涌入、政治分裂、社会福利不公、社会流动困难等等。全球共此凉热，人类社会迎来了日新月异的技术变化，唯对我们自身的了解和研究并没有迎来同等水平的提高和进步，社会学研究也因此依然任重道远。

中国人民大学的社会学学科肇基于中国人民大学的前身——陕北公学（1937年），社会学系是陕北公学首创的五个学系之一，且为当时招生规模最大的学系。1950年中国人民大学命名组建后，陈达、李景汉、吴景超、赵承信、戴世光、陈文仙、全慰天等一大批老一辈社会学家来中国人民大学工作，为中国人民大学社会学学科的发展建立了优良的传统，奠定了坚实的基础。在改革开放新时期，以郑杭生、刘铮、邬沧萍、沙莲香为代表的社会学家，带领广大师生高举建设"中国特色社会学"的旗帜，面向国民经济和社会发展需要，扎根中国大地，一代接力一代开展学科建设，中国人民大学社会学逐渐发展为二级学科门类齐全，师资力量雄厚，培养体系完整，在学科建设、科学研究、人才培养、资政启民等方面均具有重要影响的中国社会学教学和研究重镇。

2022年4月25日，习近平总书记在中国人民大学考察时强调要"加快构建中国特色哲学社会科学，归根结底是建构中国自主的知识体系"。中国正在经历一个伟大的时代，面对百年未有之大变局。伟大的时代将会催生伟大的作品和伟大的理论，社会学有着更大的责任去发挥学科所长，深入调研和了解中国，以中国之实践滋养中国之知识、中国之理论，建构中国之自主知识体系。

为进一步推动中国社会学学科发展，服务中国社会建设和社会治理实践，中国人民大学社会学学科组建"明德群学"丛书系列。丛书暂设以下分系列："中国社会变迁"丛书，由李路路教授主编；"中国社会学史论"丛书，由奂平清教授主编；"社会治理与社会政策"丛书，由陈那波教授主编。"明德群学"丛书系列将有组织地汇集社会学一级学科下众多优秀作品，聚焦中国社会建设和社会治理的伟大实践，聚力推进中国式现代化进程，致力构建中国社会学自主知识体系，以"群学"求"明德"，为实现中华民族伟大复兴的中国梦做出学科应有的贡献。

目 录

第一章 举足轻重：中国的民营经济 / 001

    一、异军突起：中国民营经济的发展历程 / 001

    二、中国式逻辑：社会学视角下的民营企业 / 008

    三、分析的基石：研究数据 / 022

第二章 谁是市场弄潮儿？——民营企业主的社会来源与企业成长 / 029

  第一节 市场转型与精英流动 / 030

    一、精英流动：市场转型的镜像 / 030

    二、宏观经济变迁：影响与机遇 / 035

  第二节 谁更可能创业？ / 040

    一、草根还是精英：创业者的社会来源 / 040

    二、创业者肖像及其变化 / 045

  第三节 谁更可能成为大企业主？ / 053

    一、多元化还是精英化：大企业主的工作来源变化 / 053

    二、大企业主的成长轨迹 / 062

第四节　寒门能否出大企业主？　／078
一、企业成长背后的家庭力量　／078
二、家庭影响的路径　／085

第三章　网络与绩效：民营企业的多元发展策略　／099

第一节　三家争鸣：关于民营经济兴起的讨论　／100
第二节　家族纽带：企业发展的起点　／107
一、家族企业的争议　／107
二、不可忽视的家族纽带　／118

第三节　政治联系：企业发展的双刃剑　／130
一、扶持之手 VS. 干预之手　／130
二、丰富多彩的政治联系　／136

第四节　民营企业的多元发展模式　／146
一、民营企业发展模式的理想类型　／146
二、理想与现实　／152

第四章　社会反哺：民营企业的社会责任行为　／164

第一节　企业社会责任：理念与实践　／165
一、规范性视角：企业应承担何种责任？　／165
二、经验性视角：社会责任的实证分析　／170

第二节　为富且仁：大企业主的社会责任　／174
一、企业主的动机分析　／174
二、大企业主的社会选择　／179

第三节　家国天下：家族企业的社会责任　／195
一、家族企业的社会情感财富　／195
二、企业中的家族：自私的慈善家　／205

第四节　又红又善：政治联系与社会责任　／215

一、工具性 VS. 合法性　　　　　　　　　　/ 215
二、企业政治联系的社会绩效　　　　　　　/ 221

第五章　砥砺前行：中国民营经济的未来　/ 233

一、弄潮儿：经济发展的领航者　　　　　　/ 234
二、组织基础：民营企业的成长动力　　　　/ 237
三、达则兼济天下：企业的社会责任与大公精神　/ 240
四、机遇与挑战：国家主导下的多元市场转型　/ 242

后记　　　　　　　　　　　　　　　　　/ 246

图表目录

表1-1　改革开放以来党和政府关于民营经济的重要表述　/ 004

图1-1　本书分析框架　/ 021

表1-2　调查企业的企业主基本情况　/ 025

表1-3　调查企业的基本情况　/ 026

表1-4　调查企业的规模分布　/ 027

表2-1　各变量简单描述统计　/ 047

表2-2　初职创业的影响因素分析　/ 048

表2-3　现职创业的影响因素分析　/ 050

表2-4　各变量简单描述统计　/ 064

表2-5　企业主的工作来源与初始企业规模　/ 066

表2-6　企业主的工作来源与企业成长　/ 069

表2-7　不同来源企业主的特征差异　/ 071

表2-8　企业主社会来源影响企业成长速度的中间机制　/ 073

表2-9　企业主的工作来源与当前企业规模　/ 074

表2-10　企业规模旋转后的因子分析结果　/ 086

表2-11　各变量简单描述统计　/ 087

表2-12　企业主家庭来源与企业规模的关系　/ 089

表 2-13	不同时期的企业主社会来源系数 Wald 比较	/092
表 2-14	企业主家庭来源与企业主教育获得的关系	/093
表 2-15	企业主家庭来源与创业路径的关系	/094
表 2-16	分阶段企业主社会来源与企业规模的关系	/096
表 3-1	旋转后的因子特征值及方差贡献率	/120
表 3-2	旋转后的因子负荷矩阵	/120
表 3-3	各变量简单描述统计	/121
表 3-4	企业规模、家族意图与家族控制（N=2 748）	/122
表 3-5	ROE（对数）回归模型的最小二乘估计（N=2 087）	/125
表 3-6	ROS（对数）回归模型的最小二乘估计（N=2 444）	/127
表 3-7	不同类型政治联系的影响机制与结果	/136
表 3-8	各变量简单描述统计	/139
表 3-9	企业政治联系与经营绩效的关系（N=3 351）	/141
表 3-10	企业政治联系影响经营绩效的中间机制	/144
表 3-11	中国民营企业多元发展模式预测	/151
表 3-12	各变量简单描述统计（N=4 255）	/154
表 3-13	民营企业经营绩效的影响因素分析（N=4 255）	/155
表 3-14	民营企业经营绩效的影响因素的规模差异与地区差异分析	/157
表 3-15	民营企业发展的多元模式分析	/159
表 4-1	企业社会责任的影响因素及其影响结果	/170
表 4-2	各变量简单描述统计	/182
表 4-3	企业主社会来源与中介变量的关系（N=3 460）	/185
表 4-4	企业主社会来源与社会责任投入的关系	/188
表 4-5	企业主社会来源影响企业社会责任投入额度的中间机制	/192

表 4-6	企业主社会来源影响企业社会责任投入强度的中间机制	/ 193
表 4-7	各变量简单描述统计	/ 207
表 4-8	家族涉入与企业社会责任投入绝对额的最大似然估计	/ 209
表 4-9	家族涉入与企业社会责任投入强度的最大似然估计	/ 211
表 4-10	各变量简单描述统计	/ 223
表 4-11	企业政治联系与企业社会责任行为的关系	/ 225
表 4-12	企业政治联系与中介变量的关系	/ 227
表 4-13	个人政治联系影响企业社会责任投入额的中间机制	/ 228
表 4-14	企业政治联系与社会责任投入强度的关系	/ 230

第一章 | 举足轻重：中国的民营经济

一、异军突起：中国民营经济的发展历程

中国改革开放的历史，也是中国民营经济改革与发展的历史。经过四十多年的发展，中国民营经济已经发展壮大，在推动发展、促进创新、增加就业、改善民生和扩大开放等方面发挥了不可替代的作用。"民营经济是社会主义市场经济的重要组成部分"目前已得到普遍承认，2023年7月14日出台的《中共中央 国务院关于促进民营经济发展壮大的意见》进一步指出："民营经济是推进中国式现代化的生力军，是高质量发展的重要基础，是推动我国全面建成社会主义现代化强国、实现第二个百年奋斗目标的重要力量。"

第一，民营企业是经济增长的重要动力。截至2021年，我国民营企业数量达到4 457.5万户，民营企业在企业总量中的占比达到92.1%；民营企业税收增加到112 447亿元，占全部税收收入的比重达到59.6%[1]；民间投资占全国固定资产投资总额的56.9%；民营企业进出口额增长到19万

---

[1] 民营经济的四大活力：税收主体、就业容纳器、创新主力、外贸主角.（2023-07-21）[2023-08-11］. https://www.163.com/dy/article/IA5L1KTI0552JU68.html.

亿元，占外贸总值的48.6%，民营企业对外贸增长的贡献度达到了58.2%，自2019年起，民营企业占据我国外贸第一大主体地位[①]。

第二，民营企业是科技创新、高质量发展的重要主体。全国工商联发布的《中国民营企业社会责任报告（2022）》指出，2021年，我国规模以上民营工业企业专利申请数占比82%，有效发明专利数占比79.9%。[②]国家知识产权局知识产权发展研究中心发布的《中国民营企业发明专利授权量报告（2021）》显示，2021年，我国发明专利授权量达69.6万件，排名前十位的国内企业中，民营企业占据7席。[③]全国工商联《2022研发投入前1 000家民营企业创新状况报告》显示，2022年研发投入前1 000家民营企业的研发费用总额1.08万亿元，占全国研发经费投入的38.58%，占全国企业研发经费支出的50.16%。[④]

第三，民营企业是吸纳就业、施行第三次分配的重要力量。2021年，中国私营个体就业总数达到4亿人，占城镇就业人员比例超过80%[⑤]，吸纳新增就业人员超过了全国城镇新增就业总量。民营企业自觉履行社会责任，把企业发展和回报社会有机结合起来，积极参与社会管理。根据《中国民营企业社会责任报告（2022）》的不完全统计，2021年在抗击新型冠状病毒感染疫情中，共有11万余家民营企业捐款172亿元，捐物119亿元，设立基金62亿元；第十一届"中华慈善奖"表彰名单中，73个民营企业、

---

① 国务院新闻办就2021年全年进出口情况举行发布会.（2022-01-15）[2023-08-11]. https：//www.gov.cn/xinwen/2022-01/15/content_5668472.htm.
② 民企对我国经济社会可持续发展作用日趋显著.（2023-03-03）[2023-08-11]. https：//baijiahao.baidu.com/s?id=1759341563861516464&wfr=spider&for=pc.
③ 谷业凯.民企创新活力不断迸发.（2022-12-28）[2023-08-11]. https：//www.gov.cn/xinwen/2022-12/28/content_5733884.htm.
④ 《2022研发投入前1000家民营企业创新状况报告》发布.（2022-09-07）[2023-08-11]. https://www.360kuai.com/pc/9f93c6447a1d5fb3f?cota=3&kuai_so=1&sign=360_57c3bbd1&refer_scene=so_1.
⑤ 陈永杰.民营经济生机生计：十年新创企业超九成是民营，解决了大部分新增就业.（2022-09-14）[2023-08-11]. https：//m.thepaper.cn/baijiahao_19910224.

民营企业家及慈善项目荣列其中；2021年全国共有基金会8 885家，民营企业基金会作为非公募基金会的重要力量，数量占2/3左右，且呈稳步增长态势。①

回顾历史，我国民营经济的发展并非一蹴而就。表1-1列出了改革开放以来党和政府关于民营经济的重要表述，从中可以看出民营经济的发展过程。整个过程大体上可以分为三个阶段。②

第一阶段（1978—1996年）是民营经济作为补充的阶段。在这个阶段，个体经济首先得到法律承认，随后私营经济也得到法律承认，不过个体经济与私营经济仍然只是公有制经济的补充，国家虽然"保护私营经济的合法的权利和利益"，但对私营经济的态度是以"引导、监督和管理"为主。

第二阶段（1997—2012年）是民营经济作为重要组成部分的阶段。从党的十五大开始，中国民营经济就成为社会主义市场经济的重要组成部分，民营经济合法性从三个方面得以确认。在国家态度上，从原来的"引导、监督与管理"转变为"毫不动摇地鼓励、支持和引导"；在产权上，私有产权与私有财产得到宪法保护；在民营企业家的社会地位上，党的十六大明确个体户和私营企业主"都是中国特色社会主义事业的建设者"，民营企业家陆续成为人大代表、政协委员、党代表。

第三阶段（2013年至今）是民营经济与国有经济同等重要的阶段。党的十八届三中全会明确提出："公有制经济和非公有制经济都是社会主义市场经济的重要组成部分，都是我国经济社会发展的重要基础。"这是我

---

① 班娟娟，史俊怡. 全国工商联发布《中国民营企业社会责任报告（2022）》.（2023-02-22）[2023-08-11]. https://baijiahao.baidu.com/s?id=1758526926871259552&wfr=spider&for=pc.
② 王海兵，杨蕙馨. 中国民营经济改革与发展40年：回顾与展望. 经济与管理研究，2018，39（4）：3-14. 陈东，刘志彪. 新中国70年民营经济发展：演变历程、启示及展望. 统计学报，2020，1（2）：83-94. 刘凝霜，程霖. 中国共产党民营经济政策演变及其理论创新：1921—2021. 改革，2021（1）：36-49.

们党第一次将非公有制经济与公有制经济置于同等重要的地位,表明我们党对民营经济达到了一个新的认识高度。

表 1-1 改革开放以来党和政府关于民营经济的重要表述

事件	主要内容	意义
1982年,党的十二大	"在农村和城市,都要鼓励劳动者个体经济在国家规定的范围内和工商行政管理下适当发展,作为公有制经济的必要的、有益的补充。"	
1987年,党的十三大	"实践证明,私营经济一定程度的发展,有利于促进生产、活跃市场、扩大就业,更好地满足人民多方面的生活需求,是公有制经济必要的和有益的补充。"	
1988年,《中华人民共和国宪法修正案》	《宪法》第十一条增加规定:"国家允许私营经济在法律规定的范围内存在和发展。私营经济是社会主义公有制经济的补充。国家保护私营经济的合法的权利和利益,对私营经济实行引导、监督和管理。" 《中华人民共和国私营企业暂行条例》颁布。	私营经济在法律上得到正式承认。
1992年,党的十四大	"在所有制结构上,以公有制包括全民所有制和集体所有制经济为主体,个体经济、私营经济、外资经济为补充,多种经济成分长期共同发展,不同经济成分还可以自愿实行多种形式的联合经营。"	
1997年,党的十五大	"非公有制经济是我国社会主义市场经济的重要组成部分。对个体、私营等非公有制经济要继续鼓励、引导,使之健康发展。"	首次将非公有制经济地位从"补充"提升到"重要组成部分"。
1999年,《中华人民共和国宪法修正案》	《宪法》第六条修改为:"国家在社会主义初级阶段,坚持公有制为主体、多种所有制经济共同发展的基本经济制度,坚持按劳分配为主体、多种分配方式并存的分配制度。" 第十一条修改为:"在法律规定范围内的个体经济、私营经济等非公有制经济,是社会主义市场经济的重要组成部分。""国家保护个体经济、私营经济的合法的权利和利益。国家对个体经济、私营经济实行引导、监督和管理。"	确定了社会主义初级阶段的基本经济制度,民营经济的市场主体地位得到进一步确认。

续表

事件	主要内容	意义
2002年，党的十六大	"必须毫不动摇地鼓励、支持和引导非公有制经济发展。个体、私营等各种形式的非公有制经济是社会主义市场经济的重要组成部分，对充分调动社会各方面的积极性、加快生产力发展具有重要作用。" "坚持公有制为主体，促进非公有制经济发展，统一于社会主义现代化建设的进程中，不能把这两者对立起来。" "在社会变革中出现的民营科技企业的创业人员和技术人员、受聘于外资企业的管理技术人员、个体户、私营企业主、中介组织的从业人员、自由职业人员等社会阶层，都是中国特色社会主义事业的建设者。"	首次提出"两个毫不动摇"思想。 首次在党代会报告里明确个体户和私营企业主是社会主义事业建设者。
2004年，《中华人民共和国宪法修正案》	《宪法》第十一条修改为："国家保护个体经济、私营经济等非公有制经济的合法的权利和利益。国家鼓励、支持和引导非公有制经济的发展，并对非公有制经济依法实行监督和管理。" 第十三条修改为："公民的合法的私有财产不受侵犯。"	
2005年，《国务院关于鼓励支持和引导个体私营等非公有制经济发展的若干意见》（简称"非公36条"）	从放宽市场准入、加大财税金融支持、完善社会服务、维护合法权益、引导提高自身素质、改进监管体系、加强指导和政策协调七个方面制定了36条促进非公有制经济发展的政策措施。	新中国成立后首部以中央政府名义发布的以促进民营经济发展为主题的政策性文件。
2007年，党的十七大	"坚持和完善公有制为主体、多种所有制经济共同发展的基本经济制度，毫不动摇地巩固和发展公有制经济，毫不动摇地鼓励、支持、引导非公有制经济发展，坚持平等保护物权，形成各种所有制经济平等竞争、相互促进新格局。"	提出"两个平等"论述。
2010年，《国务院关于鼓励和引导民间投资健康发展的若干意见》（简称"新36条"）	从拓宽民间投资领域和范围、鼓励和引导民间资本重组联合和参与国企改革、推动民营企业加强自主创新和转型升级、鼓励和引导民营企业参与国际竞争、加强规范管理等方面制定了36条促进民间投资的政策措施。	

续表

事件	主要内容	意义
2012年，党的十八大	"毫不动摇鼓励、支持、引导非公有制经济发展，保证各种所有制经济依法平等使用生产要素、公平参与市场竞争、同等受到法律保护。"	
2013年，《中共中央关于全面深化改革若干重大问题的决定》	"公有制经济和非公有制经济都是社会主义市场经济的重要组成部分，都是我国经济社会发展的重要基础。" "公有制经济财产权不可侵犯，非公有制经济财产权同样不可侵犯。" "坚持权利平等、机会平等、规则平等，废除对非公有制经济各种形式的不合理规定，消除各种隐性壁垒，制定非公有制企业进入特许经营领域具体办法。"	提出"两个都是""三个平等"重要论述。
2017年，党的十九大	"必须坚持和完善我国社会主义基本经济制度和分配制度，毫不动摇巩固和发展公有制经济，毫不动摇鼓励、支持、引导非公有制经济发展，使市场在资源配置中起决定性作用。" "全面实施市场准入负面清单制度，清理废除妨碍统一市场和公平竞争的各种规定和做法，支持民营企业发展，激发各类市场主体活力。"	
2019年，《中共中央 国务院关于营造更好发展环境支持民营企业改革发展的意见》（简称"28条"）	从优化公平竞争的市场环境、完善精准有效的政策环境、健全平等保护的法治环境、鼓励引导民营企业改革创新、促进民营企业规范健康发展、构建亲清政商关系等方面制定了28条支持民营企业改革发展的政策措施。	
2022年，党的二十大	"坚持和完善社会主义基本经济制度，毫不动摇巩固和发展公有制经济，毫不动摇鼓励、支持、引导非公有制经济发展，充分发挥市场在资源配置中的决定性作用，更好发挥政府作用。" "优化民营企业发展环境，依法保护民营企业产权和企业家权益，促进民营经济发展壮大。"	

续表

事件	主要内容	意义
2023年,《中共中央 国务院关于促进民营经济发展壮大的意见》(简称"31条")	从持续优化民营经济发展环境、加大对民营经济政策支持力度、强化民营经济发展法治保障、着力推动民营经济实现高质量发展、促进民营经济人士健康成长、持续营造关心促进民营经济发展壮大社会氛围等方面制定了31条促进民营经济发展壮大的政策措施。	

可以看到,四十年来,我国民营经济实现了从无到有、从弱到强的跨越,其经济地位与政治合法性从逐步承认到不断确认。虽然民营经济整体上不断发展壮大,但民营企业内部存在较大异质性,有的企业披荆斩棘,稳步成长为明星企业;有的企业战战兢兢,只能维持基本生存;有的企业稳扎稳打,实现代际传承;有的企业峰回路转,最终折戟沉沙。那么一个基本问题就是:哪些企业的经营绩效更高、发展更好、能成长为大企业呢?另外,随着民营经济的发展,国家与社会民众对民营企业的态度也发生变化,从原来的不信任,到逐渐期待民营企业发挥更积极的社会作用,2023年7月14日出台的《中共中央 国务院关于促进民营经济发展壮大的意见》明确指出:"教育引导民营企业自觉担负促进共同富裕的社会责任。"那么另一个基本问题是:哪些企业更可能积极履行社会责任、反哺社会呢?

围绕上述两个基本问题,已经形成了大量理论与实证研究,其中大多数是经济学与管理学研究,本书则试图从社会学视角对关于这些问题的回答做一些补充。下文首先对社会学关于民营企业的研究做一概览,由此来提炼出社会学的分析视角,并形成本书的分析框架。第三部分则对本书使用的数据与分析的样本做一基本介绍。

二、中国式逻辑：社会学视角下的民营企业

改革开放早期，民营经济发展刚刚起步，合法性还有待巩固，很多企业都是"挂靠"在其他国有单位，或者通过"戴红帽子"的方式伪装成公有制企业，而且乡镇企业的蓬勃发展掩盖了民营企业发展的势头，故而大量社会学研究聚焦于乡镇企业。随着越来越多国有企业与集体企业（包括乡镇企业）在90年代中后期改制，民营企业开始大量涌现，此时社会学的相关研究逐渐丰富起来。然而，相比于其他领域，社会学关于民营企业的研究相对较少，这可能是因为：一方面，企业与经济研究传统上属于经济学、管理学研究范畴，而且形成了比较系统的研究路径与理论，社会学者往往避而不谈；另一方面，相比于个体的经验材料，关于民营企业的经验材料尤其是调查数据更难获得，这也限制了经验研究的开展。

本部分将对中国社会学关于民营企业的相关研究进行简单总结，进而提出本书的分析框架。这些研究根据研究对象，大体上可以区分为两个层次：以民营企业主为研究对象的群体层次、以民营企业为研究对象的组织层次。研究对象的差异导致核心问题也有所不同，下面具体分析。

（一）民营企业主研究

民营企业主研究的核心问题是：民营企业主是否已经成为一个相对独立的社会阶层？围绕这个核心问题，可以进一步衍生出三个具体问题：其一，从经济基础来界定阶层结构的话，民营企业主的阶层位置比较好确定，那么民营企业主作为新兴市场精英，主要来自哪里？又具有怎样的社会人口特征？其二，从阶层形成的角度来看，一个经济阶层要成为社会阶

层，从自在阶级转向自为阶级，需要在阶层认同、生活方式、社会流动等方面形成区别于其他阶层的一致性，那么民营企业主这个群体是否满足相应的条件呢？其三，民营企业主作为一个社会群体甚至是社会阶层，其社会-政治功能是怎样的，对社会-政治秩序有何影响？这包括：他们的社会政治态度如何？如何处理与国家的关系？国家又如何应对？

首先，民营企业主从何而来？早期研究主要与市场转型理论对话，市场转型理论认为，原再分配干部难以适应新的市场规则，故而在成为市场精英上没有优势。[1] 反对者强调，原再分配干部拥有更高的文化资本与社会资本，因此更可能"下海"成为民营企业主。[2] 中国的经验研究发现，原再分配干部仍然具有更大优势转变为新兴市场精英，但这一过程在城市与农村可能不太一样：农村干部从一开始就具有较大优势；而在城市中，干部的优势只有到改革逐渐深入以后才开始显现。[3] 经过四十多年的发展，民营企业主的规模越来越大，其社会来源也在变化，有市场背景、受过高等教育、普通群众的构成有所上升。[4]

其次，民营企业主是否从占有生产资料的经济阶层转变为阶层边界比较清晰的社会阶层呢？从民营企业主的地位认同来看，一方面，企业主内部存在明显差异，不同规模、不同政治身份的企业主的地位认同差别较大；另一方面，不同类型企业主的地位认同都呈现下降趋势，这与他们客观社会地位的上升构成了悖论，这很大程度上是因为随着市场化

---

[1] NEE V. A theory of market transition: from redistribution to markets in state socialism. American sociological review, 1989, 54 (5): 663-681.
[2] RONA-TAS A. The first shall be last?: entrepreneurship and communist cadres in the transition from socialism. American journal of sociology, 1994, 100 (1): 40-69.
[3] 宋时歌. 权力转换的延迟效应：对社会主义国家向市场转变过程中的精英再生与循环的一种解释. 社会学研究, 1998 (3): 24-34. 吴晓刚."下海"：中国城乡劳动力市场转型中的自雇活动与社会分层：1978—1996. 社会学研究, 2006 (6): 120-146.
[4] 吕鹏, 范晓光. 中国私营企业主多代流动的分源模式. 社会学研究, 2020, 35 (5): 147-169.

水平的提高，政治身份的负向效应越来越强。①代际流动也能反映阶层边界情况，研究发现，精英代际再生产有变强的趋势，既体现为市场精英的多代继承趋于强化②，也表现为体制精英的子代成为市场精英的可能性趋于变强③。总的来看，民营企业主阶层正在成为一个相对独立的、自为的社会阶层，但这一过程正在进行中，还远未结束。④

最后，随着民营企业主规模的扩大，这一社会群体会带来什么样的社会政治影响呢？西方学者受到西方资本主义发展路径的影响，通常关心的命题是，民营企业主阶层是否成为国家以外推动政治发展的社会力量。⑤然而，大量经验研究发现，中国的民营企业主并没有寻求系统的政治变革，他们接受或者支持现有的体制。⑥之所以如此，是因为他们是经济体制改革的受益者，他们的主观价值对于西方民主价值也持有保留态度⑦，更重要的是，政党与政府能够积极适应社会变化，将民营企业主纳入政治系统中来⑧。其中最主要的方式就是有选择地吸收民营企业主成为人大代表或政协委员。一些研究讨论了什么样的企业主更可能被选中，除了企业影响

---

① 周旅军.符号分层：私营企业主的政治嵌入模式及其地位认同差异：基于1993—2012年私营企业调查的实证研究.社会发展研究，2016，3（3）：27-43.范晓光，吕鹏.中国私营企业主的"盖茨比悖论"：地位认同的变迁及其形成.社会学研究，2018，33（6）：62-82.
② 吕鹏，范晓光.中国私营企业主多代流动的分源模式.社会学研究，2020，35（5）：147-169.
③ 吕鹏，范晓光.中国精英地位代际再生产的双轨路径：1978—2010.社会学研究，2016，31（5）：114-138.
④ 陈光金.中国私营企业主的形成机制、地位认同和政治参与.黑龙江社会科学，2011（1）：63-74.
⑤ 黄冬娅.私营企业主与政治发展 关于市场转型中私营企业主的阶级想象及其反思.社会，2014，34（4）：138-164.
⑥ CHEN J，DICKSON B J. Allies of the state：China's private entrepreneurs and democratic change. Cambridge，MA：Harvard University Press，2010.蔡欣怡.绕过民主：当代中国私营企业的身份与策略.杭州：浙江人民出版社，2013.
⑦ CHEN J，DICKSON B J. Allies of the state：democratic support and regime support among China's private entrepreneurs. China quarterly，2008，196（1）：780-804.
⑧ 黄冬娅.私营企业主与政治发展 关于市场转型中私营企业主的阶级想象及其反思.社会，2014，34（4）：138-164.

力如企业规模、企业绩效以外,企业社会责任表现也是重要影响因素。[1]

当然,虽然民营企业主不会通过集体行为与国家直接抗争,但不代表民营企业主不能影响政府行为。有研究发现,地方政府有相当大的政策执行变通的空间,为企业影响地方政策执行提供了渠道,企业主可以通过即迎合政绩、坐地要价、利益疏通、借力施压和正式沟通等方式来影响地方政策。[2] 当与政府或管理部门产生纠纷时,大中规模企业主与有政治资本的企业主则能通过组织渠道如行政渠道或行业协会来与政府沟通,从而解决纠纷;其他议价能力较低的企业主则更有可能采取其他方式甚至抗争方式。[3]

综上所述,围绕民营企业主已经形成了许多富有启发的研究,不过还有一些问题有待进一步分析。

首先,由于数据的限制,大多数研究的目光仅仅聚焦于谁更可能进入经济市场。随着市场经济的发展,跨越体制进入市场越来越容易,然而,有多少人"下海"经商铩羽而归,幸存者只是他们中的少数,成功者甚至是极少数。只有那些企业生存时间更长、企业经营更为成功的民营企业主,才反映了在市场转型过程中转变为市场精英的真实图景。在这种情况下,进入市场后,谁能成为大企业主才是更值得讨论的问题。目前仅有少数研究分析了大企业主的社会来源[4],但是这些研究要么使用的数据太早,

---

[1] 吕鹏.私营企业主任人大代表或政协委员的因素分析.社会学研究,2013,28(4):154-178. 柳建坤,何晓斌.企业社会责任、体制资本与企业家的政治身份获得:来自中国民营企业的经验证据.社会发展研究,2020,7(2):67-89.

[2] 黄冬娅.企业家如何影响地方政策过程:基于国家中心的案例分析和类型建构.社会学研究,2013,28(5):172-196.

[3] 纪莺莺,范晓光.财大气粗?:私营企业规模与行政纠纷解决的策略选择.社会学研究,2017,32(3):193-215. 张华,吴月.分化的精英:纠纷解决中的工商官员和参政商人.社会学研究,2019,34(3):194-218.

[4] 李路路.社会结构变迁中的私营企业家:论"体制资本"与私营企业的发展.社会学研究,1996(2):93-104. 李路路.私营企业主的个人背景与企业"成功".中国社会科学,1997(2):134-146. 石秀印.中国企业家成功的社会网络基础.管理世界,1998(6):187-196,208. 吕鹏.新古典社会学中的"阿尔吉之谜":中国第一代最富有私营企业家的社会起源.学海,2013(3):46-61.

要么研究的群体过于特殊,更重要的是,这些研究所使用的数据都是特定时期的,并不能反映我国市场转型的动态过程变化,而且也未深入分析企业主社会来源对其企业成长的具体影响路径。

其次,在社会分层与流动的视野下,既有研究注意到个体的社会来源与其创业和企业经营密切相关,但大多数研究所关心的社会来源只是企业主本人过去的社会经历,而忽略了他们的家庭出身背景。近年来一些关于代际精英流动的研究显示,家庭背景对市场精英地位的获得具有重要影响。[1]然而,这些研究主要还是从整体精英获得角度来看家庭背景影响的,而未专门讨论家庭背景对大企业主形成的影响及其影响路径。

最后,既有研究对于民营企业主社会功能的讨论聚焦于企业主对政治秩序的可能影响,而较少涉及他们的社会参与和社会责任。事实上,从新闻报道中,我们除了能看到富豪榜也能看到慈善榜,也有学者发现,像具有社会责任感的"士绅"那样去行事,对于企业主参政议政具有重要影响。[2]由此可见,政府与社会都期待民营企业主富起来之后能够"先富带后富",在履行社会责任方面发挥积极作用。那么,企业主的社会来源除了会影响他们的企业成长,是否也会影响他们履行社会责任呢?如果有影响,其影响机制是怎样的?

(二)民营企业研究

民营企业的社会学研究主要是从社会学视角去解释民营企业的组织行为与结果。在经济学看来,民营企业是一种原子化的理性组织,所有行

---

[1] 郑辉,李路路.中国城市的精英代际转化与阶层再生产.社会学研究,2009,24(6):65-86. 吴愈晓.家庭背景、体制转型与中国农村精英的代际传承:1978—1996.社会学研究,2010,25(2):125-150. 吕鹏,范晓光.中国私营企业主多代流动的分源模式.社会学研究,2020,35(5):147-169. 吕鹏,范晓光.中国精英地位代际再生产的双轨路径:1978—2010.社会学研究,2016,31(5):114-138.
[2] 吕鹏.私营企业主任人大代表或政协委员的因素分析.社会学研究,2013,28(4):154-178.

为都是基于效率最大化的考虑而开展的。社会学提出了不一样的看法。首先，企业组织是一种自然系统，没有唯一的目标，其组织目标是企业参与者赋予的。由于企业参与者的利益不一致，因此企业目标也是复杂的，对于企业参与者而言，企业自身的生存就变成了首要目标，只有企业生存下去，参与者的利益、价值、理想才有实现的可能。[①]其次，企业组织也不是原子化，而是嵌入在各种社会结构（这里的社会结构泛指个体与组织生产生活的外部宏观环境）之中，企业参与者的利益、价值、偏好都与之有关，故而企业行为与结果也受到这些社会结构的影响。[②]在这些社会结构中，关系嵌入、制度嵌入与文化嵌入的研究相对比较丰富，下面我从这三个方面着手介绍。

（1）新经济社会学认为，无论是组织还是个体，经济行为都是嵌入在社会关系网络中的。[③]从这个角度去分析民营企业，主要有两条线索。一条线索探讨企业与其他组织的关系网络是如何建构的。企业的关系网络除了因为血缘、姻缘、地缘等基于先赋特征而建立的关系外，更多的则是企业主发挥个人能动性，积极经营建立的。有研究细致描述了企业主寻找、编织关系和巩固、发展关系的过程，从中还发现南北方企业主的差异。例如，南方企业主在构建关系网络时多以血缘关系、亲缘关系和地缘关系为核心向外拓展，关系网比较多元；而在东北，由于受单位制的过度影响，在关系网络建构的过程中，通常以业缘关系为核心，并向外拓宽，但以政

[①] 斯科特，戴维斯. 组织理论：理性、自然与开放系统的视角. 高俊山，译. 北京：中国人民大学出版社，2011.
[②] GRANOVETTER M. Economic action and social structure: the problem of embeddedness. American journal of sociology, 1985, 91（3）：481-510. ZUKIN S, DIMAGGIO P. Structures of capital: the social organization of the economy. New York: Cambridge University Press, 1990.
[③] GRANOVETTER M. Economic action and social structure: the problem of embeddedness. American journal of sociology, 1985, 91（3）：481-510.

府关系网为主。[①] 这也显示出企业关系网络的建构不只与企业主（们）的个人努力有关，往往还会受到宏观政治结构与文化传统的影响。在企业的各种网络中，连锁董事网因为分析工具的成熟，其建构过程得到较多讨论。马磊认为，基于欧美公司经验的组织间网络理论以市场效率为出发点，忽略了网络产生的制度背景，事实上企业间网络嵌入在特定的政治经济背景中，并不存在一个普遍的网络形态。他的一系列研究发现，企业的产权性质与行政层级会影响到其在连锁董事会中的位置。[②] 黄冬娅等人的研究发现，传统民营经济低度的产业集中化和较低的国家权力整合，使得市场转型中新兴民营经济依然依附于国家权力，并通过地方和个人化空间来与国家权力互动；但中国平台企业所处的政治经济结构发生了变化，表现为平台企业市场集中度高、国家监管力度强化，这使得平台企业政府事务部门专门化成为普遍现象。[③]

另一条线索探讨企业关系网络（企业社会资本）对其行为与结果的影响。首先，不同学者对如何测量企业社会资本有不同的理解，不过都是以企业关系网络为基础测量的。尉建文基于"网络闭合"和"网络结构"两种视角，从组织和群体两个层面及企业内部和外部两个部分区分了不同类型的企业社会资本：在组织层面上将企业看作是网络中的节点，关注企业的正式关系以及网络结构特征；在群体层面上将企业社会资本看作是企业"班底"的内部信任程度以及他们在人际关系网络中的位

[①] 秦海霞. 关系网络的建构：私营企业主的行动逻辑：以辽宁省 D 市为个案. 社会, 2006 (5): 110-133.
[②] 马磊. 产权性质与企业间网络的形成：对中国上市公司连锁董事的网络分析. 社会学研究, 2016, 31 (1): 191-216. 马磊. 企业市场地位的差序格局研究：以 2000—2010 年上市公司数据为例. 社会学评论, 2019, 7 (4): 50-61.
[③] 黄冬娅, 杜楠楠. 平台企业政府事务部门专门化与政企关系发展：基于国家制度环境的分析. 社会学研究, 2022, 37 (6): 59-80.

置。①其次，相对于国有企业，民营企业并不总能获得地方政府的支持，但民营企业的发展却不弱于前者，对此的一个主要解释在于民营企业获得了社会力量的重要支持。这种社会力量既来自传统家族网络②，也来自企业之间的正式与非正式的组织网络，如产业群网络、行业协会、合会等③，还有就是企业主本身所发展的私人关系网络④。当然，近年来的研究也开始注意到，企业所嵌入的社会网络并不一定就会带来收益，在不同制度环境、不同发展阶段甚至可能带来更高成本和风险。⑤

（2）围绕制度与组织的关系形成了新制度主义理论流派。在该理论看来，组织同时面对技术环境和制度环境，组织结构与实践只有遵循制度环境的要求，才能得到社会的认可、接受与信任，也就是获得合法性，否则就会出现所谓"合法性"危机。⑥不同理论家对制度的理解往往不同，斯科特认为，制度由三个基础要素构成，即规制性要素、规范性要素和文化-认知要素，这三个基础要素从不同层面为组织提供了合法性。⑦从新

---

① 尉建文.企业社会资本的概念与测量：一个综合理论分析框架.社会，2008（6）：60-70.
② 刘成斌.农民经商与市场分化：浙江义乌经验的表达.社会学研究，2011，26（5）：80-102.柳建坤，何晓斌，张云亮.农户创业何以成功？：基于人力资本与社会资本双重视角的实证研究.社会学评论，2020，8（3）：105-117.
③ 李培林，梁栋.网络化：企业组织变化的新趋势：北京中关村200家高新技术企业的调查.社会学研究，2003（2）：43-53.张翔.合会的信息汇聚机制：来自温州和台州等地区的初步证据.社会学研究，2006（4）：59-85.倪志伟，欧索菲.自下而上的变革：中国的市场化转型.阎海峰，尤树洋，译.北京：北京大学出版社，2016.
④ 李路路.社会资本与私营企业家：中国社会结构转型的特殊动力.社会学研究，1995（6）：46-58.李路路.社会结构变迁中的私营企业家：论"体制资本"与私营企业的发展.社会学研究，1996（2）：93-104.李路路.私营企业主的个人背景与企业"成功".中国社会科学，1997（2）：134-146.石秀印.中国企业家成功的社会网络基础.管理世界，1998（6）：187-196，208.边燕杰，丘海雄.企业的社会资本及其功效.中国社会科学，2000（2）：87-99.边燕杰，张磊.网络脱生：创业过程的社会学分析.社会学研究，2006（6）：74-88.
⑤ 吴宝，李正卫，池仁勇.社会资本、融资结构与企业间风险传染：浙江案例研究.社会学研究，2011，26（3）：84-105.李路路，朱斌.家族涉入、企业规模与民营企业的绩效.社会学研究，2014，29（2）：1-21.
⑥ 周雪光.组织社会学十讲.北京：社会科学文献出版社，2003.
⑦ 斯科特.制度与组织：思想观念与物质利益.姚伟，王黎芳，译.北京：中国人民大学出版社，2010.

制度主义来研究中国民营企业行为主要包括以下内容。

其一，比较效率逻辑与合法性逻辑对于民营企业行为的解释。一些研究系统分析了在西方社会被奉为圭臬的一些企业结构与实践在中国企业中的扩散情况，例如现代企业制度[1]、股东导向型的公司治理机制[2]、多元化战略[3]，研究发现，这些企业制度与实践在中国的采纳与扩散，很大程度上并不是因为能够提高经营效率[4]，而是政治和市场权力迫使企业采纳新的组织形式以符合"最佳"公司的相关特征，在成为企业主流结构与实践后，则被更多企业广泛采纳。事实上，具有中国特色的一些企业结构如工会、党组织在民营企业中的扩散同样遵循合法性逻辑，研究还发现，各类同构机制——包括强制机制、规范机制和模仿机制在不同阶段不同时期普遍存在。[5]

其二，与西方社会相比，中国民营企业面临的最主要制度主体就是国家以及国家所决定的制度环境。那么国家是如何影响企业组织的？这有两个路径：一方面，国家能够改变企业生存的市场环境，从而直接影响企业行为。有研究发现地区的市场化水平、产权保护制度对企业研发投入有显著的激励效应[6]；企业环保投入随着外部监管强度的增强呈先上升后下降趋

---

[1] 李路路, 朱斌. 效率逻辑还是合法性逻辑？：现代企业制度在中国私营企业中扩散的社会学解释. 社会学评论, 2014, 2 (2): 3-18.
[2] 杨典. 效率逻辑还是权力逻辑：公司政治与上市公司 CEO 强制离职. 社会, 2012, 32 (5): 151-178. 杨典. 金融全球化与"股东导向型"公司治理制度的跨国传播：对中国公司治理改革的社会学分析. 社会, 2018, 38 (2): 46-83.
[3] 杨典. 国家、资本市场与多元化战略在中国的兴衰：一个新制度主义的公司战略解释框架. 社会学研究, 2011, 26 (6): 102-131.
[4] 杨典. 公司治理与企业绩效：基于中国经验的社会学分析. 中国社会科学, 2013 (1): 72-94.
[5] 朱斌, 王修晓. 制度环境、工会建设与私营企业员工待遇. 经济社会体制比较, 2015 (6): 176-186. 朱斌, 苗大雷, 王修晓. 控制与合法化：中国私营企业建立党组织的机制分析. 社会学研究, 2021, 36 (3): 71-90.
[6] 朱斌, 李路路. 政府补助与民营企业研发投入. 社会, 2014, 34 (4): 165-186.

势[1];陈宗仕、张建君进一步指出制度的作用不仅是同构,监管性制度之间还存在替代的机制,在法治水平高的地区,工人更可能通过法律手段而不是工会渠道维护自身权益[2]。另一方面,国家能够嵌入企业内部治理结构从而影响企业行为,典型的有党组织。不少研究揭示党组织能够引导企业更多投入生产性活动和长期导向活动,从而提高生产绩效[3];与此同时,党组织也明显提高了企业的社会责任投入,包括加大环保投入[4]、提高企业福利保障制度(包括社会保险制度、休息休假制度和额外福利制度)的建设水平[5]、促进企业慈善捐赠[6]。

(3)从文化视角分析企业行为常常与制度分析相混淆,毕竟在一些制度主义学者看来,文化可能就属于制度的一种,或者在制度建构的过程中,文化发挥着重要影响。我认为,文化分析与制度分析还不能看作完全一样:文化对企业的影响,主要是通过影响企业决策者和企业成员的价值理念与思维图示,进而使他们能够自然地主动行为;而制度环境的影响即使有认知成分在里面,更重要的还是以权力与合法性为基础。此外,制度相对容易变迁,因此制度分析主要关心当下的制度影响,而文化分析却能回溯至传承已久的文化对企业行为的持续影响,故而文化分析又带有历史

---

[1] 陈宗仕,刘志军.环境保护制度建设与民营企业环保投入研究.广西民族大学学报(哲学社会科学版),2017,39(6):106-116.
[2] 陈宗仕,张建君.企业工会、地区制度环境与民营企业工资率.社会学研究,2019,34(4):50-72.
[3] 何轩,马骏.执政党对私营企业的统合策略及其效应分析:基于中国私营企业调查数据的实证研究.社会,2016,36(5):175-196.何轩,马骏.党建也是生产力:民营企业党组织建设的机制与效果研究.社会学研究,2018,33(3):1-24.
[4] 陈宗仕.政治联系、政商关系变迁与民营企业环保投入.社会发展研究,2020,7(2):46-66.
[5] 李中,张彦.政治约束与经济理性的平衡:党组织嵌入对非公企业福利保障制度建设的影响研究.社会学评论,2023,11(1):107-123.
[6] 何轩,马骏.党建也是生产力:民营企业党组织建设的机制与效果研究.社会学研究,2018,33(3):1-24.

分析的色彩。在分析中国企业时，学者们常常注意到两种这样的所谓传统文化。

一种是较近的传统，也即社会主义国家建立以后所形成的社会主义意识形态与文化观念。一些研究发现，国有企业创建时期"企业办社会"的传统会对它们当前的实践活动产生持续的影响，这些企业改制以后仍然会提供比其他民营企业更多的组织福利，而这种效应只有在制度环境发生巨大变化的条件下才会弱化。[①]

另一种更久远也是讨论更多的传统，就是家族文化。这是因为，家族伦理与家族制度体现了中国传统文化的突出特征，几千年传统的社会心理积淀对企业的组织、经营行为与生命周期都产生着重大影响。[②]大量研究显示，在这种社会文化的影响下，家长式领导成为华人企业领导行为的重要特征，这种领导包括威权、仁慈以及德行领导等多个方面的内容，不同领导模式会激起员工不同的反应，这些领导模式之间的不同组合会影响领导与部属之间的关系。[③]除了影响内部管理特征，家族文化同样会影响企业的对外行为。例如，有研究在比较跨国公司与中国民营企业的捐赠行为时发现，前者主要以"企业公民"为捐赠理念，后者则以"回报社会"和"慈善"为主要理念。[④]

综上，社会学在分析民营企业的组织行为与结果时，通常将其看作

---

① 李路路，朱斌．效率逻辑还是合法性逻辑？：现代企业制度在中国私营企业中扩散的社会学解释．社会学评论，2014，2（2）：3-18．韩亦，郑恩营．组织印记与中国国有企业的福利实践．社会学研究，2018，33（3）：51-73.
② 储小平．家族企业研究：一个具有现代意义的话题．中国社会科学，2000（5）：51-58.
③ 樊景立，郑伯埙．华人组织的家长式领导：一项文化观点的分析．本土心理学研究，2000（13）：127-180．樊景立，郑伯埙，周丽芳，等．权威与仁慈：中国员工对家长式领导的反应//徐淑英，边燕杰，郑国汉．中国民营企业的管理和绩效：多学科视角．北京：北京大学出版社，2008.
④ 赵琼，张应祥．跨国公司与中国企业捐赠行为的比较研究．社会，2007（5）：144-161.

是自然系统，嵌入在各种社会网络、制度与文化等结构中，这些社会结构既会形塑其组织行为的偏好与动机，也会影响其行为结果。当然，社会网络、制度与文化本身也不是完全独立的，而是相互交错，例如，大量研究显示，在不同制度环境下，民营企业的政治联系对其慈善捐赠[①]、研发投入[②]、银行融资[③]的影响也存在显著差异。虽然存在各种各样的社会结构，但正如杨典与向静林指出的："国家、家庭和'关系'是中国社会的三种基础性制度力量，可以称之为中国社会的'元制度'。这三种'元制度'深刻影响着中国社会的各个领域，是中国社会区别于西方社会的关键变量，也是中国式现代化和中国特色社会学的底层逻辑和现实根基。"[④]事实上，在民营企业的各种关系中，最重要的就是同国家与家族的关系。一方面，国家具有强大的资源动员、整合与分配能力，故而政治联系常常影响企业的资源获取，也会带来资源依赖；另一方面，家族具有强烈的内生发展动力和代际的一体发展模式，一旦企业与家族紧密结合，家庭本位伦理便会深刻影响企业行为的偏好与动机。

总的来说，在分析中国民营企业的组织行为与结果时，绕不开政治联系与家族联系这两种关系网络。就本书的研究问题而言，目前已有不少研究探讨这两种关系网对企业行为与结果的影响，但这些研究相互之间存在不少矛盾，基本结论也存在非常多的模糊性，我认为，这可能是多个原因共同造成的。

其一，学者们对政治联系与家族联系的界定存在差异。以政治联系

[①] 李四海. 制度环境、政治关系与企业捐赠. 中国会计评论, 2010, 8（2）：161-178.
[②] 江雅雯, 黄燕, 徐雯. 市场化程度视角下的民营企业政治关联与研发. 科研管理, 2012, 33（10）：48-55.
[③] 余明桂, 潘红波. 政治关系、制度环境与民营企业银行贷款. 管理世界, 2008（8）：9-21, 39.
[④] 杨典, 向静林. 中国经验与中国特色经济社会学：标识性概念与关键议题. 中国社会科学, 2022（12）：158-178.

为例，有的学者以企业主个人的联系作为企业政治联系，有的学者以企业内党组织作为政治联系，有的学者将企业政治联系区分为创业前就建立的政治联系与创业后才发展起来的政治联系。由于不同政治联系的性质不一样，其对企业行为与结果的影响自然也存在差异。

其二，不同学者使用的样本存在差异。这些差异体现在多个方面，例如企业规模不同，有的研究分析上市企业，有的研究分析普通企业；企业涉及行业不同，有的研究只分析特定行业（如高科技行业），有的研究分析样本涉及各个行业；企业涉及地域不同，有的研究使用全国样本，有的研究使用特定省份样本；样本调查时间不同；等等。使用样本不同，会使得企业内在结构特征与外部环境都不一样，关系网络的影响也就有可能因此而变化，这提醒我们要特别注意这些关系网络作用的异质性。

此外，就本书的研究问题而言，既有研究也存在一些需要进一步深化的内容。一方面，目前大部分研究分别探讨了政治联系与家族联系对企业经营结果的影响，并基于此而争论民营经济发展的政治基础与社会基础何者更为重要。然而，民营经济的发展可能是多种力量共同推动的，故而在分析企业经营结果的影响因素时，有必要同时纳入政治联系与家族联系，从而探讨多元发展模式。另一方面，关于企业社会责任行为的研究中，大多数研究只是从理论上分析了企业社会责任行为的影响因素与影响机制，较少有研究实证检验具体机制，这也是本书希望有所拓展的内容。

（三）分析框架

上文关于民营企业研究的总结涉及民营企业的方方面面，其中一些观点能为本书具体问题的回答提供一些参考。从民营企业研究的两个层次出发，本书主要关心两个自变量，即企业主社会来源与企业关系网络（见图

1-1）。企业主社会来源是指企业主创业前的工作经历以及家庭背景，而企业关系网络主要包括政治联系与家族联系，具体界定在后文还有介绍。

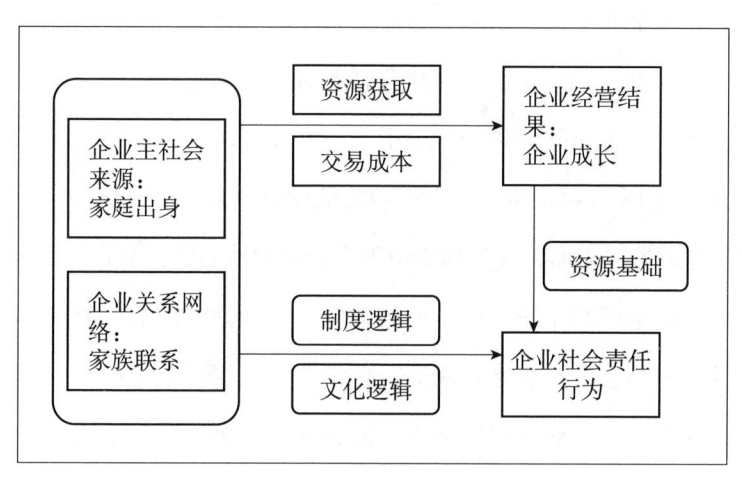

图 1-1　本书分析框架

本书第一个分析问题是：哪些企业经营绩效更高、发展更好，能成长为大企业？企业的经营结果最终取决于企业能否获得足够的资源，能否同时降低企业经营过程中产生的交易成本。经济学将此看作是一个理性的市场过程，社会学却认为这是一个社会过程，许多社会因素会作用于这个过程，其中就包括企业主社会来源与企业关系网络。所以上述问题可以转化为：企业主社会来源与企业关系网络会对企业经营结果产生怎样的影响？考虑到企业主社会来源在逻辑上先于企业的创立，因此我们可以考察企业主社会来源对企业成长的影响，包括对企业成长过程与成长结果的影响，企业成长结果反映为企业的最终规模，而成长过程则体现了企业规模的增长速度，某种程度上反映了企业经营效率。与之不同，既有数据只能观察到企业当前的关系网络，故而只能分析这些关系网络对企业当前的经营绩效的影响。

本书第二个分析问题是：哪些企业更可能积极履行社会责任、反哺社会？或者说，企业主社会来源与企业关系网络如何影响企业社会责任行为？这种影响可能存在多种路径。首先，企业经济实力是企业履行社会责任的基础，而企业主社会来源与企业关系网络又会影响企业经济实力。其次，正如民营企业研究显示的，社会制度与社会文化会影响企业行为，这可能也会体现在企业社会责任行为上。一方面，随着企业社会责任运动在全球兴起[①]，国家与社会期待民营企业也能履行更多社会责任，这构成了一种制度压力。另一方面，人们的价值理念会影响他们的社会责任行为[②]，而特定文化可能会形塑企业主或企业管理层关于社会责任的价值理念与思维认知，进而影响企业社会责任决策。由于企业主的社会经历不同、企业嵌入的关系网络不同，而这可能使得不同企业主与企业嵌入不同制度与文化环境中，因而企业社会责任表现可能也不一样。

三、分析的基石：研究数据

本书使用的数据主要来自"中国私营企业调查"（Chinese Private Enterprise Survey，CPES）。该调查是目前国内持续时间最长的大型全国性抽样调查之一，从 1993 年开始，此后基本每两年进行一次，目前已分别于 1993 年、1995 年、1997 年、2000 年、2002 年、2004 年、2006 年、2008 年、2010 年、2012 年、2014 年、2016 年、2018 年、2020 年进行了 14 次。1993 年第一次调查由中国社会科学院社会学研究所与全国工商联研究室共同主持，目前则由中央统战部、全国工商联、国家市场监管总局、中

[①] 余晓敏. 跨国公司行为守则与中国外资企业劳工标准：一项"跨国—国家—地方"分析框架下的实证研究. 社会学研究，2007（5）：111-132.
[②] 周怡，胡安宁. 有信仰的资本：温州民营企业主慈善捐赠行为研究. 社会学研究，2014，29（1）：57-81.

国社会科学院、中国民营经济研究会组成的"私营企业研究课题组"来主持。历次调查名称有所不同，为叙述方便，本书统一使用"中国私营企业调查"。

"中国私营企业调查"抽样的总原则是在全国范围内按一定比例（0.03%～0.05%，每次的比例根据调查经费的不同有所差别）进行多阶段抽样。第一，确定需抽样的总数和各省、市、自治区抽样户数；第二，在各省、市、自治区内抽取计划单、单列市或省会城市、地级市和县级市各一个，以及经济发展水平高、中、低的县各一个；第三，按城乡比例确定城、乡调查户数；第四，按城乡各自行业分布确定各行业调查户数；第五，按等距原则抽取具体被调查户。[①]总的来说，该调查范围涵盖我国境内31个省、自治区和直辖市的各个行业、各种规模和类型的民营企业，虽然早期调查在抽样方案或执行上有一定缺陷，但整体上依然具有较好的代表性。据不完全统计，目前使用该数据并发表在学术期刊的论文达到300多篇，其中中文期刊论文200多篇，外文期刊论文近100篇，其中不乏《中国社会科学》《经济研究》《社会学研究》《管理世界》等国内权威期刊，由此可见该数据在目前民营企业的研究中已经具有一定的权威性。

表1-2至表1-4给出了历年调查样本中企业主与企业基本情况的描述。由于2020年调查数据还未公开，故而没有给出相关情况。总体来看，除了个别年份，调查样本数量随着调查时间推移而逐步增加。首先来看企业主基本情况（见表1-2），这里主要包括三个特征：性别、出生世代与受教育程度。从企业主性别来看，男性企业主数量明显多于女性企业主，不过女性企业主占比总体呈增加趋势，从1990年代的约10%增加到目前的接

[①] 陈光金，吕鹏，林泽炎，等.中国私营企业调查25周年：现状与展望.南开管理评论，2018，21（6）：17-27.

近四分之一。随着调查时间推移，企业主世代更替非常明显，在 1990 年代调查的时候，1950 年代左右出生的企业主（"50 前""50 后"）占绝大多数；但现在"70 后""80 后"企业主已经占据大多数，而 1950 年代左右出生的企业主则逐渐退出了历史舞台。企业主的受教育程度也有了明显提高：在 1990 年代，四成多的企业主只接受过初中及以下教育，受教育程度普遍较低；目前接近七成的企业主接受过高等教育，这与我国教育扩张有关。而且，民营企业主的受教育程度明显高于普通人的受教育程度。根据第七次全国人口普查数据，我国拥有大学（指大专及以上）文化程度的人口约为 2.2 亿人，只占总人口的 15.5%。[①]

其次来看企业基本情况（见表 1-3）。由于我国对企业行业的划分有所变动，故而难以对企业所在细分行业进行分类，只粗分为三大类：第一产业、第二产业与第三产业。一个比较明显的变化趋势是，第二产业的企业数量有所减少，而第一产业与第三产业的企业数量逐渐增加，目前超过一半的民营企业都在第三产业。企业的地域分布相对稳定，东部地区的企业数量一直最多，超过一半的企业都在东部地区。调查样本企业的平均生存时间也在增加，这一方面固然与调查时间有关，早期调查时候大多数都是新建的企业，另一方面也反映出我国民营企业的平均寿命在延长。

最后来看企业规模分布的变化（见表 1-4）。我采用了两个指标来衡量企业规模，一是企业员工规模，二是企业销售额。从企业员工规模来看，企业规模呈缩小趋势，员工数量在 10 人以下的企业占比总体上先降低后上升，员工数量在 10~99 人的企业占比总体上不断下降，员工数量在 1 000 人及以上的企业占比总体上则是先上升后下降。这可能与服务业企

[①] 国务院第七次全国人口普查领导小组办公室. 中国人口普查年鉴-2020. 北京：中国统计出版社，2022：1917-1919.

表1-2 调查企业的企业主基本情况

调查时间	样本量	企业主性别(%) 女	企业主性别(%) 男	企业主出生世代(%) 50前	50后	60后	70后	80后	企业主受教育程度(%) 初中及以下	高中	大专及以上
1993	1 440	9.96	90.04	43.86	39.41	16.24	0.49	0	46.88	26.39	26.74
1995	2 869	10.42	89.58	32.41	41.63	24.23	1.73	0	44.36	37.55	18.09
1997	1 946	8.24	91.76	18.62	40.90	35.68	4.80	0	38.07	41.68	20.25
2000	3 073	11.07	88.93	20.16	39.79	35.55	4.51	0	22.47	39.11	38.42
2002	3 256	11.20	88.80	14.90	38.31	41.20	5.46	0.12	19.60	41.57	38.83
2004	3 593	13.21	86.79	10.56	33.69	43.99	11.48	0.28	15.46	33.97	50.57
2006	3 837	13.98	86.02	7.46	30.51	45.59	15.07	1.37	14.10	36.59	49.31
2008	4 098	15.85	84.15	6.16	28.01	45.23	18.64	1.96	8.91	29.19	61.90
2010	4 614	15.79	84.21	4.68	24.28	45.30	21.35	4.38	10.34	28.25	61.41
2012	5 073	16.37	83.63	3.33	18.30	43.97	27.55	6.84	9.36	25.36	65.28
2014	6 144	15.27	84.73	1.59	14.37	43.10	31.29	9.65	7.39	24.21	68.40
2016	8 083	20.35	79.65	1.26	10.77	34.40	34.11	19.46	10.59	27.96	61.45
2018	7 473	23.07	76.93	0.96	7.80	30.68	34.65	25.91	8.12	23.26	68.62

表1-3 调查企业的基本情况

调查时间	企业所在行业（%）			企业所在地域（%）			企业生存时间（平均年份）
	第一产业	第二产业	第三产业	西部地区	中部地区	东部地区	
1993	1.08	54.12	44.80	18.33	17.50	64.17	6.88
1995	4.37	45.43	50.19	25.40	18.81	55.79	7.35
1997	4.46	49.69	45.85	22.97	31.40	45.63	5.53
2000	5.22	46.64	48.14	19.46	17.80	62.74	7.49
2002	6.25	44.80	48.96	20.21	11.46	68.34	8.04
2004	7.37	43.48	49.15	23.60	15.47	60.92	7.65
2006	6.35	46.51	47.14	13.27	16.45	70.29	8.06
2008	7.05	46.83	46.12	22.74	16.91	60.35	9.24
2010	7.66	42.19	50.16	23.39	16.00	60.61	9.66
2012	6.70	38.88	54.42	21.25	14.98	63.77	10.07
2014	8.39	39.07	52.55	23.42	18.80	57.78	11.55
2016	9.04	35.58	55.38	25.72	18.79	55.49	10.70
2018	8.67	33.87	57.46	22.49	20.54	56.97	11.88

表1-4 调查企业的规模分布

调查时间	企业员工规模分布（%）					企业销售额分布（%）				
	10人以下	10~99人	100~499人	500~999人	1000人及以上	100万元以下	100万~500万元（不含）	500万~1000万元（不含）	1000万~1亿元（不含）	1亿元及以上
1993	13.01	70.02	15.83	0.68	0.46	26.85	41.27	13.96	16.63	1.30
1995	17.56	60.59	18.67	2.01	1.18	35.97	34.11	10.65	16.94	2.34
1997	13.41	70.30	13.98	1.49	0.82	29.86	47.02	8.74	12.95	1.44
2000	7.39	60.07	26.46	3.74	2.34	15.88	37.29	12.98	28.67	5.17
2002	7.52	54.09	31.52	4.46	2.40	10.92	27.78	14.71	38.74	7.85
2004	13.80	55.36	24.66	3.53	2.64	16.67	36.01	11.02	28.33	7.96
2006	14.07	54.86	24.50	3.23	3.34	12.67	37.27	10.19	29.53	10.35
2008	17.73	48.80	25.41	4.62	3.45	16.85	21.58	11.53	33.67	16.37
2010	17.12	50.68	24.83	3.75	3.62	21.99	21.17	10.93	33.33	12.58
2012	20.74	45.66	25.42	4.34	3.84	20.05	17.94	8.83	34.53	18.66
2014	16.78	46.07	27.95	4.83	4.37	16.18	17.34	8.91	36.92	20.65
2016	34.27	41.07	18.93	2.95	2.77	24.62	15.80	7.60	24.01	27.97
2018	31.84	42.61	19.49	2.89	3.17	29.35	15.24	7.40	24.69	23.31

业数量增加、制造业企业数量下降有关，因为比较而言，制造业企业雇佣员工数量往往高于服务业雇佣员工数量。考虑到通货膨胀的问题，企业销售额根据 2018 年的物价指数进行了调整，整体上企业销售额分布呈现两极分化趋势，销售额在 100 万元以下的企业占比先下降后上升，销售额在 100 万～1 000 万元的企业占比总体下降，而销售额在 1 000 万元及以上的企业占比趋于上升，其中销售额在 1 亿元及以上的企业占比增加更多。这可能是因为：一方面互联网平台的发展降低了人们创业的门槛，故而微型企业数量快速上升；另一方面那些传统民营企业的规模还在继续扩大。

第二章 | 谁是市场弄潮儿？——民营企业主的社会来源与企业成长

民营企业主作为民营企业的所有者，对民营企业的发展具有重要影响；与此同时，民营企业主也是社会新兴中产阶级与市场精英的重要组成部分。本章将把民营企业主放在市场转型的时代背景与精英流动的理论背景之下，重点探寻民营企业主的社会来源。这包括两个具体问题：谁更可能创业？谁又能从激烈的市场竞争中脱颖而出成为大企业主或者成功的企业主？

民营企业主作为新兴中产阶级或市场精英，关于他们社会来源的研究通常隶属于"精英流动"研究。这里的社会来源包括两方面的来源，即工作来源与家庭来源。前者是指民营企业主在创业前的工作经历，后者是指民营企业主的家庭社会经济背景。与之对应的精英流动分别是代内精英流动与代际精英流动。关键问题在于：民营企业主尤其是大企业主，主要是来源于原来的社会精英和精英家庭，还是来源于普通社会成员与普通家庭？对上述问题的回答，有助于我们了解我国民营企业主的社会构成，更重要的是，通过分析民营企业主社会来源的变化，可以进一步折射出我国精英流动开放性的变化，是趋于多元化还是趋于固化。

第一节 市场转型与精英流动

一、精英流动：市场转型的镜像

1989年，倪志伟（Victor Nee）在《美国社会学评论》（*American Sociological Review*）发表文章《市场转型论：国家社会主义从再分配向市场的转型》，这篇文章开启了"市场转型理论"的争论。倪志伟在该文中提出了三个重要命题。(1)市场权力命题，从再分配经济向市场经济的转型将伴随着社会权力基础的转移，即权力从再分配官僚转移到从事市场交换的直接生产者一方。(2)市场激励命题，市场转型意味着对直接生产者的激励将增强，人们的报酬将与绩效直接挂钩，故而对人力资本的经济回报提升，对权力资本的经济回报下降。(3)市场机会命题，市场转型创造出新的机会结构和向上流动渠道，民营企业主成为一种新的社会精英。[1]

基于倪志伟的市场转型理论，新兴的民营企业主主要来自原来的直接生产者，因为这些人更熟悉市场生产与交换，具有更强的竞争意识与企业家精神，更能适应新的市场规则。而原来再分配经济体制中的官僚干部（即再分配精英）习惯了通过行政命令来协调经济，不容易适应市场竞争。这种观点可称为"精英循环论"，即新兴的市场精英（民营企业主）更可能来源于一般生产者，而不是原再分配精英。

市场转型理论一经提出就引起了巨大争议，学者们就上述三个主要命

---

[1] NEE V. A theory of market transition: from redistribution to markets in state socialism. American sociological review, 1989, 54（5）: 663-681.

题提出了针锋相对的观点。与"精英循环论"直接相对的是"精英再生产论",它强调原再分配精英更可能进入新兴市场,并在其中维持竞争优势。这是因为:一方面,社会主义社会中的再分配精英不仅具有优越的再分配权力,同时也掌握着更多的人力资本。即使在改革前,人力资本也是成为再分配精英的重要影响因素[1],因此改革后他们能够凭借优越的人力资本成为经济市场中的弄潮儿,从而维持他们的社会精英地位。[2]另一方面,在经济体制转型过程中,再分配权力对于稀缺资源的分配依然具有重要影响。[3]原再分配精英"下海"后依然能与留在体制内的再分配精英保持联系,可以通过这些关系网络获得更多有助于企业发展的市场信息与各种稀缺资源,故而当他们看到市场经济回报非常丰厚时,将会有非常大的动力进入市场。[4]

伊亚尔(Gil Eyal)、塞勒尼(Ivan Szelenyi)等人基于布尔迪厄的资本理论与东欧国家的经验研究,提出了一种折中理论——"精英分化论"。在《无须资本家打造资本主义》一书中,作者们认为,在不同类型的社会中,决定社会地位的资本类型有所不同:在社会主义社会中,政治资本居于主导地位;在东欧剧变后的资本主义社会中,文化资本居于主导地位,原来的政治资本成了没有效用的甚至是负效用的资本。他们进一步推断,随着东欧国家的体制变革,原来的再分配精英将会出现分化。那些不仅拥有政治资本而且拥有文化资本的技术型再分配精英,积极参与并主导了体

---

[1] WALDER A G. Career mobility and the communist political order. American sociological review, 1995(60): 309-328.
[2] RONA-TAS A. The first shall be last?: entrepreneurship and communist cadres in the transition from socialism. American journal of sociology, 1994, 100(1): 40-69.
[3] BIAN Y J, LOGAN J R. Market transition and the persistence of power: the changing stratification system in urban China. American sociological review, 1996, 61(5): 739-758.
[4] RONA-TAS A. The first shall be last?: entrepreneurship and communist cadres in the transition from socialism. American journal of sociology, 1994, 100(1): 40-69.

制变革，并在市场改革过程中成功转型为新的市场精英，因此剧烈的制度变革没有改变他们在社会结构中所拥有的优势地位；而那些只拥有政治资本但欠缺文化资本的管理型再分配精英，在丧失了政治资本且又无法适应全社会范围以私有化为基础的市场经济扩张时，将成为市场转型过程中的最终失败者之一。[1]

面对上述根据经验材料形成的不同理论观点，一些学者试图通过引入市场转型的动态过程来解决经验研究的矛盾之处。塞勒尼等人根据市场渗透程度区分了三种市场形态：再分配经济下的地方市场、社会主义混合经济、资本主义导向的市场经济。在不同市场形态下，再分配权力与市场权力的相对作用不一样。在再分配经济下的地方市场中，最先创业的往往是那些再分配经济中的弱势者，他们希望通过创业来获得更多经济回报；在社会主义混合经济中，越来越多再分配精英开始进入市场创业，并利用自己的体制网络优势，迅速成为市场竞争中的赢家；而在资本主义导向的市场经济中，只有那些技术官僚才是市场弄潮儿。[2] 中国的经验研究也发现，民营企业主的工作来源存在阶段性。在改革开放初期，教育水平和干部身份在城市中阻碍了人们成为企业主，但是在农村中却并非如此，农村干部从一开始就具有较大优势成为企业主；随着改革开放的推进，自雇带来的好处越来越多，城市的再分配干部越来越可能成为企业主，也只有那些在改革开放的晚些阶段成为企业主的人能享有较大的收入优势。[3]

---

[1] 伊亚尔，塞勒尼，汤斯利. 无须资本家打造资本主义. 吕鹏，吕佳龄，译. 北京：社会科学文献出版社，2008.
[2] SZELENYI I, KOSTELLO E. The market transition debate: toward a synthesis?. American journal of sociology, 1996, 101（4）: 1082-1096.
[3] 宋时歌. 权力转换的延迟效应. 社会学研究, 1998（3）: 24-34. 吴晓刚. "下海"：中国城乡劳动力市场转型中的自雇活动与社会分层：1978—1996. 社会学研究, 2006（6）: 120-146.

第二章 │ 谁是市场弄潮儿？——民营企业主的社会来源与企业成长

上述观点主要讨论的是代内精英流动问题，也即过去工作经历对成为民营企业主的影响。那么家庭背景的影响又是怎样的呢？塞勒尼等人基于匈牙利的转型经验首先分析了这个问题。他发现，匈牙利改革初期的许多农民企业家来自资产阶级家庭，虽然这些家庭的企业发展在社会主义社会中突然中断了，但他们经营企业的经验与企业家精神却作为一种文化资本传递给了子代，因此一伺市场经济恢复，他们便很快把握住机会，成为市场精英，这一过程被称为"被中断的资产阶级化"。[①]

与匈牙利这类国家不同的是，中国经济改革的一大特点是渐进式改革，保持了政体的连续性。在这种背景下，再分配精英家庭与新兴市场精英的关系成为讨论焦点。孙立平认为，在中国存在一种独特的资本形式，即总体性资本，而所谓的政治资本、经济资本不过是这种总体性资本在不同领域中的表现，改革过程中出现了一个掌握文化资本、政治资本和经济资本的总体性资本精英集团。[②]郑辉与李路路从精英流动的角度揭示出，中国不同类型的精英群体之间互相渗透，已形成了一个合作的、没有分隔的精英阶层，并通过精英排他和精英代际转化实现精英阶层的再生产。[③]

另一些研究指出，精英阶层的代际转化更有可能存在于体制之内，而体制外精英与体制内精英依然存在一定的分隔。例如，吴愈晓的研究发现，中国农村中改革开放前精英的子女更可能成为政治精英，而新中国成立前精英的子女更可能成为经济精英，二者路径有所区别。[④]最

[①] 撒列尼，等.社会主义企业家：匈牙利乡村的资产阶级化.史普原，等译.北京：中国社会科学出版社，2015.塞勒尼，又译"撒列尼"。
[②] 孙立平.总体性资本与转型期精英形成.浙江学刊，2002（3）：100-105.
[③] 郑辉，李路路.中国城市的精英代际转化与阶层再生产.社会学研究，2009，24（6）：65-86.
[④] 吴愈晓.家庭背景、体制转型与中国农村精英的代际传承：1978—1996.社会学研究，2010，25（2）：125-150.

近的一项研究考察了全国层面的情况，同样支持精英代际再生产的二元路径。①

上述研究都认为，民营企业主这一新兴精英群体更多遵循精英代际再生产的路径。有争议的是，不同精英群体内部是存在着壁垒还是可以轻易转化。一种观点是精英转化论，认为不同类型精英的子女都更容易成为市场精英；另一种观点是精英分化论，认为体制内精英与体制外精英存在一定壁垒，而体制外精英的子女更可能继承市场精英的地位。

综上，无论是关于民营企业主的工作来源，还是关于他们的家庭来源，都存在许多理论争议。这些争议归纳起来主要有两点：（1）精英循环还是精英再生产？也即民营企业主主要来源于普通社会成员（或普通家庭）还是改革开放前的社会精英（或精英家庭）？（2）如果是精英再生产的话，那么具体是精英分化还是精英转化？也即不同类型的精英（或精英家庭）是拥有同样的机会成为新兴市场精英，还是存在机会差异？

上述许多研究是从静态视角来回答这些问题的，故而在经验上出现了许多不一致的地方。随着我国经济改革的推进，我国宏观经济环境发生了重要变化，市场化水平不断提高，民营经济的合法性也得到了肯定。与此同时，我国民营企业大量增加，民营企业的竞争日益激烈，从而民营企业主的社会来源也可能随之发生变化，因此，我们需要从动态视角来回答上述问题。

---

① 吕鹏，范晓光. 中国精英地位代际再生产的双轨路径：1978—2010. 社会学研究，2016，31（5）：114-138.

二、宏观经济变迁：影响与机遇

自改革开放以来，我国的宏观经济环境发生了重大变化，对民营经济产生了重要影响，也为其提供了发展机遇。

首先，从制度环境上说，正如表 1-1 所显示的，国家对民营企业经营活动的态度发生了重要转变，民营经济的合法性在不断巩固。在改革开放的前十年，国家允许存在小规模的经营活动，政府并未提供积极的扶持措施。直到 1988 年，《中华人民共和国宪法修正案》规定"国家允许私营经济在法律规定的范围内存在和发展。……国家保护私营经济的合法的权利和利益，对私营经济实行引导、监督和管理"，并于同年 6 月颁布了《中华人民共和国私营企业暂行条例》，允许私营企业在工商行政管理部门登记和注册。虽然从法律上说民营企业的合法性得到了肯定，但在实践中，创建企业依然具有很高的成本，经营企业同样面临很大风险。[1] 正因为如此，大量的民营企业"挂靠"在公有制企业或政府机构的名下。

1992 年之后，民营经济的合法性逐渐得到巩固，国家对民营经济的发展越来越重视。1999 年，《中华人民共和国宪法修正案》将民营经济从"补充地位"上升到了社会主义市场经济的"重要组成部分"；2001 年，《江泽民在庆祝中国共产党成立八十周年大会上的讲话》进一步明确了民营（私营）企业主的政治地位，将他们视为与其他劳动主体同等地位的社会主义事业建设者；2004 年，《中华人民共和国宪法修正案》赋予民营企业和国有企业同等的地位；2007 年，《中华人民共和国物权法》颁布，从法

---

[1] 倪志伟，欧索菲. 自下而上的变革：中国的市场化转型. 阎海峰，尤树洋，译. 北京：北京大学出版社，2016.

律层面平等保护国家、集体和私人的物权，保障一切市场主体的平等经济地位。① 由此，民营经济的合法性不断巩固，创业活动越来越频繁，民营企业的数量自 1992 年以后迅速增加。

其次，在制度环境发生变化的同时，市场环境也发生了重要转变。在改革开放初期，商品市场和劳动力市场虽然有所松动，但是规模受到明显限制，此时，国家掌控了各种社会资源，并且通过行政手段直接协调经济活动，市场协调的范围受到很大限制。1992 年以后，由于市场扩张带来的经济发展符合国家利益，国家开始主动甚至大力推动各种市场的拓展②，通过市场协调的社会资源越来越多。例如，城镇国有单位就业人数占城镇就业人数比重从 1978 年的 78.32% 下降到 2021 年的 12.04%；全社会固定资产投资中，公有制经济（包括国有经济与集体经济）的投资比例从 1980 年的 86.94% 下降到 2016 年的 22.75%。

如果以 1992 年作为分界线，那么与改革初期（1992 年之前）相比，民营经济的合法性在改革深化期（1992 年之后）得以完全确立，而且政府在实际的政策执行上也降低了企业注册与经营的各种成本，社会资源的分配也从原来的行政分配为主转向了市场分配为主。另外，随着创业活动越来越频繁，各种企业在不断增加，市场竞争的激烈程度也越来越高。这种竞争不仅体现在民营企业之间，也体现在国有企业与民营企业之间；这种竞争既是企业生产商品间的竞争，同时也是生产要素与劳动力之间的竞争。那么，随着宏观经济环境的变化，民营企业主的社会来源又会发生何种变化呢？

---

① 李汉林，魏钦恭. 嵌入过程中的主体与结构. 北京：中国社会科学出版社，2014.
② ZHOU X G. Economic transformation and income inequality in urban China: evidence from panel data. American journal of sociology, 2000, 105（4）: 1135-1174.

第二章 | 谁是市场弄潮儿？——民营企业主的社会来源与企业成长

随着宏观经济环境的变化，民营企业主获取资源的机会、途径、作用可能都会发生重要变化。那么这种变化更有利于社会普通成员还是更有利于社会精英呢？社会学中的新制度主义理论强调，合法性对于一个企业的生存十分重要。[1]西方研究认为，所有的创业活动都是高风险行为，而在一个新兴行业中尤其如此。这是因为对于一个新兴行业而言，存在着两种合法性的不足。一是认知合法性不足，也就是说关于该行业的运作、商品生产与服务的知识并不普及，创业者不知道如何运作企业、培训员工，消费者对其商品或服务抱有怀疑与不信任的态度，投资者也不确定投资的风险等等。[2]二是政策合法性不足，即法律制度与社会政策不一定认可该行业，创业者必须依靠他们的个人声誉以及与其他重要企业或知名人物的联系来增加自己创业活动的合法性。[3]但是，随着行业的发展与成熟，其合法性不断得到强化直至被社会广泛认可，此时新创企业在招募雇员、获取资源、拓展销售等方面都变得更加容易，因而创业门槛以及企业经营对创业者的要求都变得更低了。[4]

就中国的民营企业来说，同样发生了从合法性不足到合法性毋庸置疑

---

[1] MEYER J W, ROWAN B. Institutionalized organizations: formal structure as myth and ceremony. American journal of sociology, 1977, 83（2）: 340-363. DIMAGGIO P J, POWELL W W. The iron cage revisited: institutional isomorphism and collective rationality in organizational fields. American sociological review, 1983, 48（2）: 147-160.
[2] ALDRICH H E, FIOL C M. Fools rush in?: the institutional context of industry creation. The academy of management review, 1994, 19（4）: 645-670.
[3] DIMAGGIO P J. Cultural entrepreneurship in nineteenth-century Boston: the creation of an organizational base for high culture in America. Media, culture & society, 1982, 4（1）: 33-50. GRANOVETTER M, MCGUIRE P. The making of an industry: electricity in the United States. The sociological review, 1998, 46（1_suppl）: 147-173. DAVID R J, SINE W D, HAVEMAN H A. Seizing opportunity in emerging fields: how institutional entrepreneurs legitimated the professional form of management consulting. Organization science, 2013, 24（2）: 356-377.
[4] ALDRICH H E, FIOL C M. Fools rush in?: the institutional context of industry creation. The academy of management review, 1994, 19（4）: 645-670. HAVEMAN H A, HABINEK J, GOODMAN L A. How entrepreneurship evolves: the founders of new magazines in America, 1741-1860. Administrative science quarterly, 2012, 57（4）: 585-624.

的转变过程。在经济改革早期,创业活动与经营活动都面临着严格的政策限制,市场中也没有太多的社会资源可供企业主选择与使用,并且改革之前几十年的限制,使得许多人对经营企业是陌生的,所以改革初期很多企业主是"摸着石头过河"。然而随着民营经济的发展,上述问题都或多或少得到解决或缓解,此时创业与经营成本相对下降,也就吸引了更加多元的社会成员投入创业。

然而,社会学中的组织生态学理论提出了另一种观点,他们认为,组织的成立与生存,受到其种群规模与种群密度的强烈影响。随着种群规模的扩大、种群密度的增加,种群内的资源越来越稀缺,种群内的竞争越来越激烈,因此新成立的组织将越来越少,消亡的组织将越来越多。[1] 就企业的创业活动而言,许多研究指出,当一个行业刚刚起步时,其中大多数企业是新成立的小规模企业,既没有知名度也缺乏资源,那么对于外部的创业者而言,该行业进入门槛相对较低,因而会有更加多元的创业者加入这个行业。但随着该行业逐渐发展,日趋成熟,这个行业内部往往会形成一些历史悠久的大企业,新创的企业很难与它们竞争。一方面,这些大企业具有资源优势、规模效益,能够持续投入研发创新并在必要时发动价格战,这是新创企业难以承受的;另一方面,这些大企业已经与消费者和供应商建立了牢固的信任与交换关系,一般的新创企业难以介入,这就使得新创企业的需求与供给受到很大限制。也因此,新创企业将面临更大的失败风险,除非创业者本身拥有大量的财富与资源,否则创业活动很可能失

---

[1] HANNAN M T, FREEMAN J. The population ecology of organizations. American journal of sociology, 1977, 82(5): 929-964. HANNAN M T, FREEMAN J. The ecology of organizational founding: American labor unions, 1836-1985. American journal of sociology, 1987, 92(4): 910-943.

败，而这反过来又抑制了人们的创业意愿。[①]

当我们把上述理论应用在中国的创业活动中时，就意味着随着中国民营经济的发展，市场竞争日益激烈，民营企业的创业者将逐渐集中在资源丰富的人群中，因为资源丰富的创业者才更可能成功或者有能力承受创业失败的代价。

上述两种观点具有一定的竞争性，而中国民营企业的发展到底遵循何种路径，则需要通过实证数据来检验。根据企业主的工作经历，将其分为四类：（1）草根型企业主，主要包括工人、农民以及无业人员出身的创业者，他们自身所携带的资源相对较少。（2）市场型企业主，包括创业前在非国有单位从事管理或专业技术工作的人以及个体户，他们在创业前已经积累了较多与企业经营相关的企业家精神，对市场运行有一定的了解，而且与市场中的供应商、消费者以及其他利益相关者都建立了一定的关系，在必要的时候能够获得支持。（3）技术型企业主，主要是创业前在国有单位从事专业技术和供销工作的人，尽管他们是在体制内工作，但他们同时也直接参与了本单位的对外经济交易，或者因为专业技能而向单位外的机构、个体提供过服务，这使得他们可能兼具文化资本与政治资本。（4）管理型企业主，创业前一般是机关干部或国有企业管理者，他们具有一定的管理能力，而且与国有单位内的其他管理者联系密切，因而即使他们个人走出体制创业，这种联系也能为其企业带来更多合法性与资源。

[①] HAVEMAN H A, HABINEK J, GOODMAN L A. How entrepreneurship evolves: the founders of new magazines in America, 1741–1860. Administrative science quarterly, 2012, 57（4）: 585-624. FLIGSTEIN N. Social skill and the theory of fields. Sociological theory, 2001, 19（2）: 105-125.

参考上述分类,根据企业主的父母背景,企业主的家庭来源也可以分为四类:草根型家庭、市场型家庭、技术型家庭与管理型家庭。

相对于"草根型企业主"和"草根型家庭",其他企业主可以统一看作是"精英型企业主"或出身精英型家庭的企业主。下一节将具体分析企业主社会来源的影响。

第二节 谁更可能创业?

一、草根还是精英:创业者的社会来源

改革开放以来,自己创业成为推动我国经济发展与解决就业问题的重要机制,事实上,创业活动在世界上许多国家都是经济增长和财富创造的基本驱动力之一,因而关于创业的研究始终是国内外学术界关注的重要问题。总的来说,是否顺利创业与创业者个人特征、资源获取情况以及创业环境密切相关,目前关于创业活动的研究,大多也是从这三个方面来讨论。

首先,在经济学家和心理学家看来,一个人是否创业与其是否具备企业家精神高度相关。企业家精神是一个相对抽象、复杂的概念,具有丰富的内涵和鲜明的时代特点,学界对"企业家精神"的内涵尚未达成共识。经济学家熊彼特(Joseph Alois Schumpeter)指出,企业家是专注于采用多种形式的创新和新业务战略的经济发展的带头人,因此创新是企业家精神的灵魂。后续许多经济学家在此基础上予以拓展,其中提到比较多的特点

包括：创新精神、冒险精神和超前行动。① 可以看出，这种解释是一种行为导向解释，企业家精神体现在企业家的一些特点行为之中。与之不同，心理学家认为企业家精神是一种内在心理特质，以较强的成就动机、追求个人价值实现为主要特征，而且这种心理特质决定了经济学家所说的企业家行为倾向。②

其次，创业是一项需要大量资源持续投入的活动，因此创业者获取资源的能力也会影响其创业。这些资源既包括以资金、设备、厂房、土地等物质资本为主的显性资源，也包括以技能、知识等人力资本与社会资本为主的隐性资源。③ 资源丰厚，创业容易成功，不过资源对创业行为的影响不全是正向影响。例如，有研究发现，社会资本是重要的创业资源之一，政治联系、商业联系等社会资本能够促进创业者去创业，但创业者若过分依赖这些社会资本则会产生制约效果。④

最后，环境因素对创业行为同样具有重要影响。一方面，宏观经济发展越好，市场机会越多，相应地，参与创业的人也就更多。但是朱华晟和孔一粟的研究发现，创业水平与经济发展水平之间呈现 U 形

---

① MILLER D. A reflection on EO research and some suggestions for the future. Entrepreneurship theory and practice, 2011, 35（5）: 873-894. COVIN J G, SLEVIN D P. A conceptual model of entrepreneurship as firm behavior. Entrepreneurship theory and practice, 1991, 16（1）: 7-25. LUMPKIN G T, DESS G G. Clarifying the entrepreneurial orientation construct and linking it to performance. The academy of management review, 1996, 21（1）: 135-172.
② LEE D Y, TSANG E W K. The effects of entrepreneurial personality, background and network activities on venture growth. Journal of management studies, 2001, 38（4）: 583-602.
③ ALVAREZ S A, BUSENITZ L W. The entrepreneurship of resource-based theory. Journal of management, 2001, 27（6）: 755-775. CETINDAMAR D, GUPTA V K, KARADENIZ E E, et al. What the numbers tell: the impact of human, family and financial capital on women and men's entry into entrepreneurship in Turkey. Entrepreneurship and regional development, 2012, 24（1-2）: 29-51.
④ 李西垚, 弋亚群, 苏中锋. 社会关系对企业家精神与创新关系的影响研究. 研究与发展管理, 2010, 22（5）: 39-45.

关系。[1]另一方面，政府对创业的支持政策也会显著影响当地的创业活动。所谓支持政策包括基础设施的建设、创业补贴、创业过程中的公共服务等[2]，政策优惠力度越大、扶持力度越大、覆盖面越广，人们的创业意愿越强。

从社会学角度来看，一个人是否具备企业家精神和资源获取能力，与他的社会来源高度相关，他的受教育程度、工作经历、家庭背景都会影响其创业行为，或者说，社会来源是影响一个人创业行为的更根本的结构性因素。围绕市场转型理论的一个争论就是，原再分配精英是否更有可能"下海"创业。既有研究显示，创业者的社会来源在改革开放过程中可能发生了一定的变化。吴晓刚针对自雇职业的研究发现，城市干部与农村干部进入自雇职业的轨迹是不一样的：在农村，干部是最早抓住企业经营机会的群体之一，但他们的优势随着改革的推进而逐渐消失；与之相反的是，城市干部在改革早期进入自雇职业的可能性更低，但随着民营经济的发展，他们越来越可能这么做。[3]陈光金基于民营企业调查数据指出，民营企业主阶层正在经历精英循环向精英再生产的转变，在经济改革早期，有大量工人、农民、社会失业人员成为民营企业主，但这一比例在逐渐下降。[4]而从代际流动角度来看，不同精英型家庭的子女创业机会可能不一样。吴愈晓的研究发现，中国农村中改革开放前精英的子女更可能成为

---

[1] 朱华晟，孔一粟.我国区域创业水平与经济发展水平关系研究.华东经济管理，2018，32（10）：79-85.
[2] 朱红根，刘磊，康兰媛.创业环境对农民创业绩效的影响研究.农业经济与管理，2015（1）：15-25. 唐逸馨，周宇飞.返乡农民工创业的金融支持体系解析.中国集体经济，2017（6）：80-81.
[3] 吴晓刚."下海"：中国城乡劳动力市场转型中的自雇活动与社会分层：1978—1996.社会学研究，2006（6）：120-146.
[4] 陈光金.从精英循环到精英复制：中国私营企业主阶层形成的主体机制的演变.学习与探索，2005（1）：44-51.

政治精英，而新中国成立前精英的子女更可能"下海"创业，成为经济精英，二者路径有所区别。[1] 全国的数据同样支持精英代际再生产的二元路径。[2]

本节沿着上述社会学分析视角，重点分析创业者的社会来源。具体问题包括两个：第一次找工作时，谁更可能创业？现职人员，谁更可能创业？根据布劳-邓肯地位获得模型，家庭背景与个人文化价值观念会对其初职产生重要影响，而家庭背景、文化价值观念与初职会对其现职产生重要影响。

就家庭背景来说，从理性选择角度看，精英型家庭子女更倾向于接受风险挑战，选择创业式工作。[3] 这是因为：首先，精英型家庭子女没有太大的家庭负担，故而能够承受失败带来的较高经济损失；其次，他们能够从家庭中获得更多社会资源的支持，同时他们对自身能力更为自信，因此更有可能应对高风险工作的挑战；最后，大多数精英阶层正是通过顺利挑战创业式工作的风险而获得了目前的精英地位，他们的风险偏好也会直接影响到子代。[4] 国内有研究发现，家庭社会经济地位高的大学生倾向于去企业工作而不是到政府部门工作。[5]

---

[1] 吴愈晓. 家庭背景、体制转型与中国农村精英的代际传承：1978—1996. 社会学研究, 2010, 25（2）：125-150.
[2] 吕鹏, 范晓光. 中国精英地位代际再生产的双轨路径：1978—2010. 社会学研究, 2016, 31（5）：114-138.
[3] HALABY C N. Where job values come from: family and schooling background, cognitive ability, and gender. American sociological review, 2003, 68（2）：251-278. JOHNSON M K. Social origins, adolescent experiences, and work value trajectories during the transition to adulthood. Social forces, 2002, 80（4）：1307-1340.
[4] HALABY C N. Where job values come from: family and schooling background, cognitive ability, and gender. American sociological review, 2003, 68（2）：251-278. HÄLLSTEN M. The structure of educational decision making and consequences for inequality: a Swedish test case. American journal of sociology, 2010, 116（3）：806-854.
[5] 尉建文. 父母的社会地位与社会资本：家庭因素对大学生就业意愿的影响. 青年研究, 2009（2）：11-17.

从文化价值观念的角度来看，任何职业或者工作组织都有特定的职业文化或组织文化，求职者会根据自己的特点选择加入某一职业或组织[1]，而当他们的文化价值观念与这些职业文化或组织文化相契合时，他们将获得更高的认同感与满意度。[2] 通过家庭社会化过程，父母将自己的文化价值观念传递给子女，进而影响到他们的工作选择。有研究指出，通过知识积累和认知发展，教育能够促使人们倾向于自由选择[3]，精英阶层父母普遍受过更多教育，他们的市场竞争观念更突出，他们的子女因而更可能选择靠近市场的工作。

但在中国，精英内部的价值观念可能存在分化。[4] 魏昂德（Andrew G. Walder）认为，根据精英形成的不同路径，中国精英内部事实上存在着管理精英与技术精英之间的分隔。[5] 但是，魏昂德的分类是原再分配体制下的一种精英分隔，管理精英与技术精英都属于体制内精英，而我们则将体制外管理精英与技术精英都看作是市场精英。毫无疑问，由于精英工作环境的差异，他们的文化价值观念可能也会存在系统性差异。市场精英相对于体制内精英会有更强的市场竞争观念，如果这种观念在他们的子女身上得以延续，那么市场精英的子女会有更强的意愿去创业。

---

[1] SCHWAB D P, RYNES S L, ALDAG R J. Theories and research on job search and choice. Research in personnel and human resources management, 1987, 5（1）：129-166.
[2] CHATMAN J A. Matching people and organizations: selection and socialization in public accounting firms. Administrative science quarterly, 1991, 36（3）：459-484.
[3] PHELAN J, LINK B G, STUEVE A, et al. Education, social liberalism, and economic conservatism: attitudes toward homeless people. American sociological review, 1995, 60（1）：126-140.
[4] 李路路，钟智锋."分化的后权威主义"：转型期中国社会的政治价值观及其变迁分析. 开放时代，2015（1）：172-191.
[5] WALDER A G. Career mobility and the communist political order. American sociological review, 1995（60）：309-328. WALDER A G, LI B B, TREIMAN D J. Politics and life chances in a state socialist regime: dual career paths into the urban Chinese elite, 1949 to 1996. American sociological review, 2000, 65（2）：191-209.

综合理性选择和文化价值观念传递来看，相比于草根家庭子女，市场精英子女更有可能创业，其他精英子女的创业概率可能处于二者之间。

除了家庭背景以外，求职者的初职也会影响其现职。正如家庭背景的影响一样，初职也能影响求职者的社会资源与文化价值观念。那些职业地位较高的人往往拥有或能够联系到更多的社会资源，那些靠近市场工作的人则更能适应市场竞争。由此可以得到如下假设：

假设 2.1：精英出身的人更可能创业，尤其是市场精英出身的人创业可能性最大。

随着市场经济的发展，创业者的社会来源会发生什么变化呢？前文从合法性逻辑与竞争逻辑角度进行了讨论，在我们看来，对于大多数企业主而言，创业只是为了生存，刚创业时都是从小企业起步，对资源的需求比较少，此时个人与家庭所积累的资源与经验就足以支持创业与维持企业。这些创业者面临的更大问题恐怕是创业可能带来的法律风险与政策限制，以及创业失败后的其他选择机会较少。一旦民营经济的政策合法性与政策限制问题得到缓解，而经济增长又创造了大量社会流动机会，民营经济便会吸引越来越多的草根型创业者，这也就意味着民营企业主的社会来源将越来越多元化。

假设 2.2：创业者的社会来源将遵循合法性逻辑而趋于多元化，也即草根型创业者会越来越多。

二、创业者肖像及其变化

下面我们将利用调查数据描述中国创业者的社会来源，并对不同时代创业者的社会来源变化进行比较分析。

（一）样本与变量

1. 样本

本节使用的数据来自"中国综合社会调查"（CGSS）2018年和2021年的调查数据。这两次调查都由中国人民大学主持开展，使用多阶分层概率抽样设计得到了具有全国代表性的样本，都询问了被访者的初职、现职与父母职业，符合本节的设计要求，可作为我们的数据来源。为了进一步分析不同时期创业者社会来源的变化，我们根据被访者的出生时间将其划分为四个同期群——"50后""60后""70后""80后"，并选择调查时年龄在25岁及以上的样本。

2. 因变量

因变量是被访者是否创业，包括第一份工作和现在的工作，设置为二分类变量。如果是个体户或私营企业主，则视为创业，设置为1；其他工作设置为0。

3. 自变量

本节主要自变量包括被访者的家庭来源与工作来源，均为分类变量，但是两者的分类略有不同。问卷询问了被访者14岁时父亲的职业与单位，根据这两个信息可以将被访者的家庭来源划分为四类：草根型家庭、市场型家庭（体制外单位的技术人员与管理人员、民营企业主、个体户）、技术型家庭（体制内单位的技术人员）与管理型家庭（体制内单位的管理人员）。但是被访者的初职并未询问其初职的工作单位，故而只能根据被访者的第一份职业将其划分为一般工作人员、自雇人员（包括个体户与企业主）、技术人员与管理人员。

4. 控制变量

控制变量主要包括被访者的性别、户籍、受教育程度、党员身份等。

性别与户籍、党员身份设置为二分类变量,参照组分别为女性、农村户籍、非党员。受教育程度分为小学及以下、初中、高中、大专及以上四类,以小学及以下为参照组。

表 2-1 给出了各变量的简单描述统计。

表 2-1　各变量简单描述统计

因变量	比例（%）	控制变量	比例（%）
初职创业（1=是）	13.26	性别（1=男）	50.34
现职创业（1=是）	5.45	户籍（1=非农户籍）	43.11
		受教育程度	
自变量		小学及以下	28.86
家庭来源		初中	32.92
草根型家庭	86.55	高中	16.55
市场型家庭	5.57	大专及以上	21.67
技术型家庭	5.53	党员身份（1=中共党员）	11.29
管理型家庭	2.34		
工作来源		世代	
一般工作人员	84.48	50后	15.85
自雇人员	5.45	60后	21.73
技术人员	8.88	70后	24.38
管理人员	1.20	80后	38.04

（二）结果分析

首先来看初职创业的影响因素（见表 2-2）。模型 1.1 是所有样本,结果显示,户籍系数显著为正,说明非农户籍的人更可能在第一份工作时就创业。受教育程度中,高中系数显著为正,大专及以上系数显著为负,这可能显示出受教育程度对创业的影响不是线性的,而是倒 U 形的:相比于初级教育阶段,高中文凭者创业概率更大,但大学文凭者创业概率更小。

党员身份系数也显著为负,说明党员更不可能从一开始就创业。世代的系数均显著为正,说明与"50后"相比,后面世代创业的可能性都更大。从家庭来源来看,市场型家庭系数显著为正,而其他两类家庭系数为负,但不显著,说明与草根型家庭子女相比,市场精英子女更有可能创业,但其他两类精英子女没有明显差别。

模型1.2到模型1.5分别分析了"50后"到"80后"家庭的具体情况。可以看到,在不同世代,上述变量出现了一些变化。户籍只在"80后"群体中显著为正,而在其他世代中,并不显著,说明户籍只会影响"80后"群体的初职创业。就受教育程度来说,"50后"世代中,受教育程度系数均不显著;而在"60后"世代中,高中系数显著为正,"70后"世代中,初中系数显著为正,大学系数显著为负,说明在这两个世代,教育影响呈倒U形;在"80后"世代中,只有大学系数显著为负,说明此时创业者的教育来源趋于多元化,受教育程度低的人更可能创业。就家庭来源来说,在"50后""60后"世代中,家庭来源系数均不显著,"70后"与"80后"群体中,市场型家庭系数显著为正,不过系数值在变小,说明市场精英子女的创业优势先是累积后又趋于下降。

表2-2 初职创业的影响因素分析

	模型1.1 (所有样本) B/S.E.	模型1.2 (50后) B/S.E.	模型1.3 (60后) B/S.E.	模型1.4 (70后) B/S.E.	模型1.5 (80后) B/S.E.
性别(1=男)	0.047 0.089	0.231 0.300	-0.039 0.175	-0.050 0.153	0.120 0.150
户籍(1=非农户籍)	0.277* 0.112	0.195 0.322	-0.157 0.229	0.201 0.176	0.504** 0.192
受教育程度(参照组:小学及以下)					

续表

	模型1.1（所有样本）	模型1.2（50后）	模型1.3（60后）	模型1.4（70后）	模型1.5（80后）
	B/S.E.	B/S.E.	B/S.E.	B/S.E.	B/S.E.
初中	0.214	-0.053	0.061	0.556**	0.021
	0.121	0.365	0.220	0.192	0.279
高中	0.316*	-0.027	0.792**	0.363	0.138
	0.146	0.456	0.274	0.246	0.291
大专及以上	-0.572**	-0.476	0.466	-0.909*	-0.755*
	0.203	1.169	0.494	0.357	0.330
党员身份（1=中共党员）	-0.500*	-1.156	-1.394*	-0.369	-0.168
	0.223	1.039	0.572	0.316	0.361
世代（参照组：50后）					
60后	0.987***				
	0.170				
70后	1.521***				
	0.167				
80后	1.403***				
	0.180				
家庭来源（参照组：草根型家庭）					
市场型家庭	0.733***	1.056	0.505	1.014***	0.616**
	0.161	0.619	0.463	0.277	0.217
技术型家庭	-0.367	-0.695	-0.479	0.018	-0.791
	0.232	1.053	0.408	0.333	0.540
管理型家庭	-0.198	-0.124	0.133	-0.497	-0.119
	0.308	0.826	0.489	0.618	0.605
截距	-4.165***	-4.048***	-3.036***	-2.749***	-2.718***
	0.168	0.266	0.148	0.159	0.266
N	14 139	3 760	3 741	3 079	3 559
-2 Log Likelihood	6 308.85	434.07	1 236.82	1 922.15	2 672.89

注：* $p<0.05$；** $p<0.01$；*** $p<0.001$。

其次来看现职创业的影响因素（见表2-3）。模型2.1是所有样本，模型2.2到模型2.5分析的分别是"50后"到"80后"群体的情况。结果显示，性别变量系数显著为正，说明相比于女性，男性更可能创业；户籍系数总体不显著，但在"80后"群体中，户籍系数显著为负，说明此时非农户籍者创业的可能性反而更低。受教育程度的影响依然呈倒U形，相比于小学及以下文凭者，初中与高中文凭者创业的可能性更高，但大学文凭者的系数没有显著差异。分世代来看，随着世代的推移，初中与高中文凭者创业的可能性还在提高，大学文凭者没有什么变化。

从家庭来源来看，就整体而言，市场精英子女在创业上具有显著优势，而这种优势在"80后"群体中比较明显；对于"60后"群体，管理精英子女创业的优势比较大，但在随后的世代中，这种优势逐渐消失，说明不同精英家庭子女的优势发生了转换。进一步来看被访者个人的工作来源，相比于一般工作人员，自雇人员再创业的可能性更大，不过这种优势随着世代推移而有所下降；技术人员与管理人员在创业方面一直没有明显优势。

表2-3 现职创业的影响因素分析

	模型2.1 （所有样本） B/S.E.	模型2.2 （50后） B/S.E.	模型2.3 （60后） B/S.E.	模型2.4 （70后） B/S.E.	模型2.5 （80后） B/S.E.
性别（1=男）	0.253***	0.332	0.074	0.141	0.416***
	0.070	0.214	0.135	0.122	0.115
户籍（1=非农户籍）	−0.157	0.137	0.076	−0.027	−0.339*
	0.083	0.249	0.181	0.152	0.132
受教育程度（参照组：小学及以下）					
初中	0.564***	−0.613*	0.587***	0.683***	0.792***
	0.095	0.286	0.166	0.162	0.234
高中	0.627***	−0.140	0.284	0.513*	1.027***
	0.114	0.315	0.233	0.207	0.242

续表

	模型2.1（所有样本）B/S.E.	模型2.2（50后）B/S.E.	模型2.3（60后）B/S.E.	模型2.4（70后）B/S.E.	模型2.5（80后）B/S.E.
大专及以上	-0.015	-0.376	0.287	-0.190	0.284
	0.145	0.554	0.349	0.278	0.257
党员身份（1=中共党员）	-0.551***	-0.006	-1.242***	-0.114	-0.770**
	0.144	0.304	0.349	0.249	0.258
世代（参照组：50后）					
60后	0.588***				
	0.114				
70后	0.954***				
	0.113				
80后	0.917***				
	0.116				
家庭来源（参照组：草根型家庭）					
市场型家庭	0.660***	0.793	-0.137	0.384	0.796***
	0.139	0.501	0.552	0.260	0.173
技术型家庭	-0.186	-0.455	-0.123	-0.323	0.003
	0.170	0.451	0.321	0.262	0.335
管理型家庭	0.293	0.476	0.628*	0.131	-0.052
	0.202	0.474	0.304	0.386	0.530
工作来源（参照组：一般工作人员）					
自雇人员	2.905***	4.828***	3.086***	2.873***	2.676***
	0.111	0.388	0.203	0.180	0.188
技术人员	-0.019	-0.247	0.292	0.451	-0.374
	0.147	0.594	0.306	0.246	0.234
管理人员	0.347	—	-0.618	0.692	0.541
	0.338	—	1.025	0.570	0.479
截距	-3.308***	-3.169***	-2.671***	-2.400***	-2.644***
	0.123	0.198	0.138	0.151	0.222
N	12 450	2 807	3 227	2 911	3 485
-2 Log Likelihood	9 281.06	656.37	1 762.62	2 663.48	4 085.12

注：* $p<0.05$；** $p<0.01$；*** $p<0.001$；—表示数据缺失。

(三)小结

本节分析了我国改革开放以来创业者的家庭来源与工作来源等情况。无论对于初职还是现职而言,"70后"创业概率都是最高的,这有可能是因为在调查时,"70后"的年龄要大于"80后",前者工作时间更长,故而创业可能性更高。从创业者的教育来源来看,创业者的受教育程度整体上呈倒U形,也即高中文凭者创业的概率最高,而只受过初等教育和受过高等教育的人创业概率相对较低。前者可能是因为资源匮乏难以创业,后者可能是因为凭借高文凭足以找到一份高质量的稳定工作,所以不愿意创业。从创业者的家庭来源来看,市场精英子女更可能创业,其他家庭子女之间没有明显差别。技术精英家庭与管理精英家庭的子女应该同样具有创业的资源优势,他们之所以不愿意创业,很大程度上可能是因为风险与竞争意识不强,而这与其父母的价值观念有较大关系。从创业者的工作来源来看,自雇人员再创业的可能性更高,专业技术人员与管理人员的优势不明显,其背后原因可能与技术精英子女、管理精英子女不愿创业的原因类似。

比较不同世代创业者的社会来源,可以看出一些复杂的变化。就初职创业来说,创业者的社会来源出现了多元化的趋势,"60后""70后"世代中,中等教育者和市场精英子女具有创业优势,但到了"80后",这种优势要么减少要么消失了。而对于现职创业来说,创业者的社会来源出现了精英化与多元化并存的趋势,受教育程度对创业的影响在加强。精英型家庭子女的创业优势发生了转换,从管理精英家庭转换为市场精英家庭。这可能是因为在改革开放之初,创业合法性还不稳定,而管理精英子女能够借助家庭地位来增加自己的合法性,但随着改革开放深入,创业合法性日益增强,市场竞争日趋激烈,市场精英子女的优势就开始显现。从被访者的工作来源来看，创业者的来源又趋于多元化，自雇人员再创业的概率趋于下降。

初职创业与现职创业的社会来源变化之所以不太一样，很可能是因为从初职到现职转变过程中，一些创业者被市场淘汰了。而这些被淘汰者恰恰是社会来源一般的人，那么这就需要我们进一步去探讨创业者社会来源对创业后企业发展的影响。后面两节将对此展开讨论。

第三节 谁更可能成为大企业主？

一、多元化还是精英化：大企业主的工作来源变化

民营企业主作为民营企业的所有者和管理者，对民营企业的发展起着决定性作用。既有社会学研究主要从精英流动角度去讨论企业主的社会来源与其企业发展结果的直接关系，而忽视了其企业发展过程。创业者能否成为大企业主是与其企业组织的成长高度相关的，因此，要详细考察创业者的社会来源对企业发展的影响，就需要引入组织研究视角。一般情况下，大企业的形成包括企业创立与企业成长两个过程。无论是企业创立还是企业成长，基础都在于资源的汇聚与整合。企业主之所以重要，就因为他们是企业资源汇聚与整合的主体。在我国，早期的企业主大多数不是直接创业，而是有了一定的工作经历后才开始创业的，这些工作经历可能对他们的管理能力、社会关系网络、合法性认知产生重要影响，从而使得不同工作来源的创业者具有不同的连接、动员、获取、整合资源的能力。因此，企业主的工作来源将会影响企业创立时的规模和创立后的成长，最终

影响企业的规模。本节将要具体讨论的问题是：何种工作出身的企业主更可能成为大企业主？其背后的组织原因是怎样的？是因为创业时企业规模更大，还是因为企业成长更快？随着市场改革的深入，大企业主的工作来源以及大企业的成长过程是否发生了变化？

（一）创业时的企业规模

一些经验观察发现，在我国民营企业外部融资难度较大的条件下，创业者的家庭网络与外部关系网是其获取资源的重要渠道，而这对创业时的企业规模具有较大影响。[①] 一般认为，社会地位越高的人，社会资本也越高。[②] 因此，家庭网络中的资源往往取决于家庭成员的社会地位，而外部关系网的资源则取决于企业主创业前的社会地位。相对于草根型企业主，其他类型企业主可以看作是精英型创业者，后者在创业前就处于较高的社会地位，具有更丰富的外部关系网。与此同时，精英型创业者通常也来自精英型家庭，能从家庭网络中获取更多资源。因此，可以得到如下假设：

假设 2.3.1：相比于草根型企业主，其他类型企业主的初始企业规模更大。

（二）企业成长

关于企业成长的研究比较丰富，现有的研究大概存在三种理论：内部资源成长理论、网络化成长理论与合法化成长理论。

内部资源成长理论最早是由彭罗斯（E. T. Penrose）提出的。她认为，企业内部资源是企业成长的基本条件，能否最有效地利用企业所拥有的各

[①] 边燕杰，丘海雄．企业的社会资本及其功效．中国社会科学，2000（2）：87-99．边燕杰，张磊．网络脱生：创业过程的社会学分析．社会学研究，2006（6）：74-88．
[②] 张文宏．阶层地位对城市居民社会网络性质的影响．社会，2005（4）：25-38．

种资源取决于企业能力尤其是企业家的管理能力。[1]在此基础上形成的资源基础理论强调,企业就是一系列资源集合体,这里的资源包括"企业控制的所有资产、能力、组织过程、企业特质、信息、知识等"[2]。企业内部资源是企业制定及实施战略的基础,那些掌握有价值的、稀少的、不可模仿以及不可替代的资源的企业更容易获得持久的竞争优势和超额利润,进而为企业提供不断成长的机会。[3]近年来,针对新创企业"新生弱性"与"小而弱性"而导致的资源约束,有学者提出资源拼凑理论,认为通过对手头现有而常被忽视的实物资源、社会资源、制度资源进行创造性利用,就可以产生前所未有的新价值,这是突破新创企业资源约束推动企业成长的有效途径。[4]

然而,企业内部资源毕竟是有限的,要保证企业持续不断成长,获得企业外部环境的资源就很重要。自从格兰诺维特(Mark Granovetter)强调从社会网络视角来分析经济现象以来[5],越来越多的学者开始关心企业关系网对企业组织结果的影响,这也就包括企业关系网与企业成长的关系,并因此而形成了网络化成长理论。所谓网络化成长是指,单个企业与其他企业、组织建立正式的或非正式的合作关系,借助这些网络关系迅速获取和

---

[1] BARNEY J. Firm resources and sustained competitive advantage. Journal of management,1991,17(1):99-120.
[2] BARNEY J. Firm resources and sustained competitive advantage. Journal of management,1991,17(1):99-120.
[3] HABBERSHON T G, WILLIAMS M L. A resource-based framework for assessing the strategic advantages of family firms. Family business review,1999,12(1):1-25. HABBERSHON T G, WILLIAMS M, MACMILLAN I C. A unified systems perspective of family firm performance. Journal of business venturing,2003(18):451-465.
[4] BAKER T, NELSON R E. Creating something from nothing:resource construction through entrepreneurial bricolage. Administrative science quarterly,2005,50(3):329-366. 赵兴庐,张建琦,刘衡. 能力建构视角下资源拼凑对新创企业绩效的影响过程研究.管理学报,2016,13(10):1518-1524.
[5] GRANOVETTER M. Economic action and social structure:the problem of embeddedness. American journal of sociology,1985,91(3):481-510.

共享网络资源,从而促进企业成长。[1]创业网络中的资源往往取决于网络结构特征与关系质量。[2]大量经验研究显示,创业网络的规模、中心度、网络位置、关系强度等特征对新创企业的资源获取具有重要影响。[3]

与社会网络分析视角有所不同,新制度主义学派强调新创企业的合法性是其获取外部资源的主要约束。齐默曼(Zimmerman)和蔡茨(Zeitz)两人结合新制度主义理论与资源基础理论形成了"合法性-资源-成长"的合法化成长理论。在他们看来,新企业成长的本质是通过合法化战略跨越"合法性门槛",获取资源。[4]后续的许多经验研究也发现,拥有合法性的企业更有可能获得外部资源,从而支持企业成长。[5]

上述三种理论实际上都基于一个基本假设,即企业成长的基础在于资

---

[1] PENG M W, HEATH P S. The growth of the firm in planned economies in transition: institutions, organizations, and strategic choice. Academy of management review, 1996, 21(2): 492-528. 郗爱其. 企业网络化成长:国外企业成长研究新领域. 外国经济与管理, 2005, 27(10): 10-17.

[2] GNYAWALI D R, MADHAVAN R. Cooperative networks and competitive dynamics: a structural embeddedness perspective. Academy of management review, 2001, 26(3): 431-445. HITE J M, HESTERLY W S. The evolution of firm networks: from emergence to early growth of the firm. Strategic management journal, 2001(22): 275-286.

[3] AHUJA G. Collaboration networks, structural holes, and innovation: a longitudinal study. Administrative science quarterly, 2000, 45(3): 425-455. BURT R S. Structural holes and good ideas. American journal of sociology, 2004, 110(2): 349-399. STEAM W, ELFRING T. Entrepreneurial orientation and new venture performance: the moderating role of intra-and extraindustry social capital. Academy of management journal, 2008, 51(1): 97-111. 朱秀梅, 李明芳. 创业网络特征对资源获取的动态影响:基于中国转型经济的证据. 管理世界, 2011(6): 105-115. 窦红宾, 王正斌. 网络结构对企业成长绩效的影响研究:利用性学习、探索性学习的中介作用. 南开管理评论, 2011, 14(3): 15-25.

[4] ZIMMERMAN M A, ZEITZ G J. Beyond survival: achieving new venture growth by building legitimacy. Academy of management review, 2002, 27(3): 414-431.

[5] LOUNSBURY M, GLYNN M A. Cultural entrepreneurship: stories, legitimacy, and the acquisition of resources. Strategic management journal, 2001(22): 545-564. DELMAR F, SHANE S. Legitimating first: organizing activities and the survival of new ventures. Journal of business venturing, 2004, 19(3): 385-410. 郭海, 沈睿, 王栋晗, 等. 组织合法性对企业成长的"双刃剑"效应研究. 南开管理评论, 2018, 21(5): 16-29. 杜运周, 任兵, 陈忠卫, 等. 先动性、合法化与中小企业成长:一个中介模型及其启示. 管理世界, 2008(12): 126-138.

源的汇聚与整合。三者之间的关键差异在于如何获取资源，内部资源成长理论强调对企业内部既有资源的优化配置，让无用的资源发挥作用，相当于获取了新的资源；网络化成长理论与合法化成长理论则聚焦于从企业外部获取资源，前者认为企业所处的关系网是获取资源的重要渠道，后者则认为企业所具有的合法性对其外部资源获取具有重要影响。围绕这三种企业成长理论，已经产生了大量经验研究，但这些经验研究很少把企业主的社会出身与企业成长联系起来，也很少在中国经济改革的背景下讨论三种企业成长路径的变化。

首先，内部资源成长理论强调，较强的企业管理能力与创新能力有助于创业者整合、重构企业内部各种资源，使得那些看似无用的资源变成新的有用资源。相比于草根型企业主，其他类型企业主往往具有更强的管理能力与创新能力。这是因为：他们接受过更多教育，现代社会中，企业经营与管理的许多知识是通过教育传递的，教育也是提高个人创新能力的最重要方式[①]；而且，他们在创业前往往从事管理、创新、销售等与企业经营密切相关的工作，由此也积累了许多管理与创新经验。

其次，网络化成长理论认为，当创业者与其他企业、机构、个人建立了丰富的关系网后，就能获取或共享网络中的资源。正如前文所述，精英型企业主具有更丰富的社会关系网。

最后，合法化成长理论则强调，企业主选择的组织结构与战略行为如果符合社会共同规范与认知，那么其企业就会赢得大家的信任，就能以更小的成本获取外部资源。在中国，民营经济的合法性很大程度上是由国家决定的，民营企业能否获得合法性通常取决于企业结构与行为是否合乎国

---

① 吴长征.创业者受教育水平影响新创企业成长吗？：地区市场化水平的调节效应.中山大学学报（社会科学版），2019，59（1）：199-208.

家需求。许多研究显示，民营企业采取公司制、设立工会、采用多元化战略等，很多时候不是由效率决定的，而是为了获得合法性。[①] 精英型企业主因为掌握了更多市场运行的知识与信息，故而往往更了解国家对民营企业的要求，并按照这种要求来经营企业。

综上，由于精英型企业主的管理能力、社会关系网、企业合法性认知都要强于草根型企业主，因而在经营企业过程中，他们能够获取、整合更多资源，他们的企业成长必然也会快于草根型企业主的企业成长。由此得到如下假设：

假设 2.3.2：相比于草根型企业主，精英型企业主的企业成长速度更快。

基于假设 2.3.1 与假设 2.3.2，可以得到如下假设：

假设 2.3.3：相比于草根型企业主，精英型企业主的当前企业规模更大。

（三）大企业主工作来源的变迁

改革开放使得创业与企业经营的经济环境发生了重要变化，民营经济的制度合法性得到确认并巩固，国家逐渐收缩了资源控制的范围，许多资源转由市场自由协调交换。从合法性逻辑来看，这种变化大大降低了创业门槛，使得成功创业者的社会来源趋于多元化。资源竞争逻辑认为，随着民营企业数量的大幅增加，市场竞争将会越来越激烈，资源获得越来越困难，社会精英的优势可能反而扩大，这也就意味着成功创业者的社会来源

[①] 杨典.国家、资本市场与多元化战略在中国的兴衰：一个新制度主义的公司战略解释框架.社会学研究，2011，26（6）：102-131.李路路，朱斌.效率逻辑还是合法性逻辑？：现代企业制度在中国私营企业中扩散的社会学解释.社会学评论，2014，2（2）：3-18.朱斌，王修晓.制度环境、工会建设与私营企业员工待遇.经济社会体制比较，2015（6）：176-186.

将趋于精英化。上述两种理论逻辑导出不一样的流动结果，那么何种逻辑更适用于改革中的中国呢？也就是说，大企业主的工作来源是趋向于精英化还是多元化？其过程又是怎样的呢？

就初始企业规模而言，不同类型的企业主，其初始企业规模是不一样的，而初始企业规模的大小将会影响其是否能成为大企业主。虽然民营经济合法性有所提高，但新创企业从正式金融渠道融资的困难依然很大，家庭网络与非正式金融依然是创业者获取创业资金的主要渠道。[1] 随着竞争者的增加，这些网络对创业者来说变得更加重要。与此同时，社会结构性不平等日益扩大[2]，社会资源分布越来越不平衡，社会精英掌握了越来越多的资源。这意味着精英型企业主创业时能从关系网中动员的资源越来越多，他们所创企业的初始规模越来越大。因此，可以得到如下假设：

假设 2.4.1：随着经济改革的深入，精英型企业主的初始企业规模优势有所扩大。

就企业成长来说，制度环境与市场环境的变化可能会使得不同企业成长路径的相对重要性发生变化。一方面，随着民营经济日益得到国家肯定甚至鼓励和支持，民营企业即使采用了国家认可的组织结构，其带来的收益可能也会下降，这意味着企业合法性对于企业资源获取的作用可能会有所下降。另一方面，企业成长所需的资源如资金、生产资料、信息乃至政策优惠将越来越多，随着市场中相似企业数量的增多，企业之间的竞争日益激烈，此时通过一般的市场渠道引入资源的难度将越来越大，因此，企

---

[1] 胡金焱，张博.社会网络、民间融资与家庭创业：基于中国城乡差异的实证分析.金融研究，2014（10）：148-163.张龙耀，张海宁.金融约束与家庭创业：中国的城乡差异.金融研究，2013（9）：123-135.
[2] ZHOU X. Increasing returns to education, changing labor force structure, and the rise of earnings inequality in urban China, 1996–2010. Social forces, 2014, 93（2）: 429-455.

业主的管理能力与关系网络等对其资源获取的影响可能越来越大。有研究发现，社会资本的作用随着市场竞争程度的增加而强化[①]，这就意味着精英型企业主在经营企业过程中具有更大优势，其企业成长得更快。总的来说，宏观经济环境的变化一方面使得合法化成长路径的重要性下降，另一方面使得内部资源成长路径与网络化成长路径的重要性上升。因此，精英型企业主的企业成长优势在不同改革时期可能不会发生太大变化。由此得到如下假设：

假设 2.4.2：随着经济改革的深入，精英型企业主的企业成长优势保持相对稳定。

精英型企业主的企业成长优势保持稳定，而他们的初始企业规模优势不断扩大，因此他们当前企业规模优势也将随之扩大，故大企业主的社会来源总体上将遵循资源竞争逻辑而趋于精英化。由此得到如下假设：

假设 2.4.3：随着经济改革的深入，精英型企业主的当前企业规模优势将扩大。

（四）精英型企业主的分化

如果大企业主主要来源于原来的社会精英，那么不同类型的精英之间是否存在机会差异呢？相对于非精英群体，精英群体可以看作是拥有更多资本的群体，不同类型的精英拥有的资本类型也不一样，由此，精英之间能否流动与转化本质上取决于各种资本之间是否能够转化。

存在着两种精英理论观点。一种观点以米尔斯（Charles Wright Mills）的"权力精英理论"为代表，认为美国存在三种权力精英，即企业领导人、

---

① BIAN Y J, ZHANG L. Corporate social capital in Chinese guanxi culture//Contemporary perspectives on organizational social networks. Greenwich, Conn.: JAI Press, 2014: 421-443. 边燕杰，张文宏，程诚. 求职过程的社会网络模型：检验关系效应假设. 社会, 2012, 32（3）: 24-37.

政治家和军事领袖,由于三个领域的利益关联,这三方也是相互牵制、相互合作的,因此三个领域的成员之间可以相互转化。[1]在美国,我们经常能够看到离职的政府官员成为大企业高管,反过来也如是。

另一种观点"支配精英理论"则认为,即使在精英群体内部也存在着一个支配精英阶层,不同精英之间的转化并不是任意的。迈克尔·曼(Michael Mann)的"权力网络模型"认为,社会权力存在四种来源,即经济、意识形态、政治与军事,在不同历史时期,不同权力网络的互动会产生一个甚至多个具有支配性的权力网络,这种支配性权力的转移将会导致社会生活的重组。[2]与迈克尔·曼相一致,多姆霍夫(G. William Domhoff)强调美国社会是由大型企业的所有者和高级管理者支配的,借助于所掌握的支配性经济权力,他们控制了公共舆论的塑造以及社会政策的制定,并形塑了美国人的行为方式与价值观念,这些反过来又让企业共同体能够保持不断成长与获利。[3]

正如前文所言,伊亚尔等人研究认为,在特定社会中,不同资本的社会价值或者重要性是不一样的,而在社会变迁过程中,主导资本类型也会发生变化。随着东欧国家政治制度的改变,社会主导资本就从政治资本变为文化资本,故而只有那些掌握了一定文化资本的原再分配精英才更有可能成为转型之后的经济精英。[4]

中国的情况与东欧国家有所不同,中国的经济体制改革是在中国共产党的领导下渐进式推进的,在这种条件下,文化资本与经济资本的社会价

---

[1] 米尔斯.权力精英.王崑,许荣,译.南京:南京大学出版社,2004.
[2] 曼.社会权力的来源:第一卷.刘北成,李少军,译.上海:上海人民出版社,2007.
[3] 多姆霍夫.谁统治美国:权力、政治和社会变迁.吕鹏,闻翔,译.南京:译林出版社,2009.
[4] 伊亚尔,塞勒尼,汤斯利.无须资本家打造资本主义.吕鹏,吕佳龄,译.北京:社会科学文献出版社,2008.

值增加，而政治资本的重要性也没有下降。由此可以得到如下假设：

假设 2.5：比较各种精英，体制内的管理精英更可能成为大企业主，而且这种优势一直持续。

二、大企业主的成长轨迹

大企业主实际上来自企业的成长，故而下面将通过系统分析企业主工作来源与企业成长的关系与变化，来考察大企业主的成长轨迹。

（一）样本与变量

1. 样本

本节使用的数据来自中国私营企业调查中 1995 年和 2014 年的两次调查。由于需要比较精英型企业主的初始企业规模优势在不同历史时期的变化，而 2014 年调查样本包括 1995 年以前开业的企业，因此，为更好地比较 1995 年前后初始企业规模的变化，对 2014 年的调查样本，本节仅选择 1995 年以后开业的企业作为分析样本。在确定分析样本并删除各变量的缺失值后，两次调查最后进入模型的样本数分别为 2 363 和 2 731。

2. 因变量

因变量包括三个内容：创业时的初始企业规模、当前企业规模以及企业规模的年均增长率。企业规模综合体现了一个企业的发展程度，能够较好地反映创业者创业成功与否。衡量企业规模最常用的三个指标是企业净资产、企业雇员数与企业销售额。但本节不仅要知道企业当前规模，还需要知道企业创业时的规模，在上述三个指标中，只有企业净资产是询问了两个阶段的，而企业雇员数和企业销售额仅询问了当前阶段的，故而选择企业净资产作为企业规模的指标。由于企业净资产与净资产年均增长率并非正态分布，按照惯例，企业净资产取对数进入模型，净资产年均增长率转化为百分比后取对数进入模型。

3. 自变量

本节核心自变量是企业主工作来源，根据企业主创业前的工作经历可以分为四类：草根型企业主、市场型企业主、技术型企业主与管理型企业主。

内部资源成长理论强调企业主整合内部资源能力对企业成长的作用，这里使用企业主的受教育程度作为该能力的测量指标。如前所述，教育已成为现代社会培养人力和传递专业知识（包括企业经营与管理知识）的主要渠道，因此，受教育程度更高的人总体上具有更强的资源整合能力。企业主受教育程度分为初中及以下、高中、大专、本科及以上四类，以初中及以下为参照组。

网络化成长理论强调企业主的关系网对企业成长的影响，这里使用企业主的人大代表或政协委员身份作为其关系网指标。如果企业主具有这种政治身份，那么通过这些组织，其更有可能与政府及其他企业建立更多联系。该变量设置为虚拟变量，"是"为1，"否"为0。

合法化成长理论认为企业的某些组织特征将会提高企业的合法性，从而吸引更多外部社会资源，尽管这些特征并不一定会提高经营绩效。这里主要从企业组织特征来衡量其合法性，这些特征有很多，此处选择两个典型指标：一是该企业是否为改制企业。改制企业是由原来的公有制企业转变为私有制企业，国家既然同意改制，某种程度上也就认同了改制后的私有制企业。二是企业是否设立了党组织。党组织是一种组织嵌入的方式，企业设立党组织，有助于通过正式组织渠道与国家沟通，从而增强自身的合法性。[①] 上述两个指标均设置为虚拟变量。

4. 控制变量

控制变量主要包括企业主个人特征和企业特征。就企业主个人特征而言，本节对企业主的性别与年龄予以控制。性别设置为虚拟变量，以女性为参照组；年龄分为创业时年龄与现在年龄，根据不同的因变量使用不同年龄，均为连续变量。对于企业特征，控制企业生存时间、企业所在行业及企业所在地域。两次调查都询问了企业创业年份，企业生存时间用调查年份减去企业创业年份得到。企业所在行业主要分为五个：第一产业、制造业、其他第二产业、商业服务业、其他第三产业。企业所在地域则分为东部地区、中部地区与西部地区，以东部地区为参照组。表2-4为各变量简单描述统计。

表2-4 各变量简单描述统计

	1995（N=2 363）	2014（N=2 731）
企业初始净资产（对数）	3.01（1.69）	5.64（1.92）
企业调查时净资产（对数）	4.70（1.70）	6.23（2.32）
净资产年均增长率（对数）	3.58（1.69）	1.50（1.53）
企业主类型（%）		
草根型企业主	35.12	13.33
市场型企业主	37.37	42.33
技术型企业主	10.28	12.71
管理型企业主	17.22	31.64
企业主个人特征		
性别（男，%）	90.10	85.68
当前年龄	41.84（8.96）	46.15（8.31）

---

① 何轩，马骏. 执政党对私营企业的统合策略及其效应分析：基于中国私营企业调查数据的实证研究. 社会，2016，36（5）：175-196.

续表

	1995（N=2 363）	2014（N=2 731）
创业时年龄	37.22（9.00）	36.62（7.76）
企业生存时间（年）	4.62（3.87）	9.54（4.99）
企业所在行业（%）		
第一产业	4.32	8.24
制造业	41.52	35.37
其他第二产业	7.62	10.47
商业服务业	27.00	27.28
其他第三产业	19.55	18.64
企业所在地域（%）		
东部地区	65.21	54.34
中部地区	21.12	28.38
西部地区	13.67	17.28
企业主受教育程度（%）		
初中及以下	45.38	7.72
高中	37.66	24.21
大专	12.13	32.49
本科及以上	4.83	35.57
政治身份（%）	33.64	36.29
改制企业（%）	13.04	6.77
党组织（%）	7.20	40.29

（二）结果分析

1. 企业主的工作来源与初始企业规模

模型 3.1 和模型 3.2 的因变量是企业创业时的净资产，该变量是连续变量且符合正态分布，故而本节采用多元 OLS 模型进行分析，分析结果见表 2-5。可以看到，无论是改革初期，还是改革深入期，市场型企业主、技术型企业主与管理型企业主的系数均显著为正,说明他们的初始企业规模显著大于草根型企业主的初始企业规模。在改革初期,市场型企业主与技术型企业主的规模优势相似,管理型企业主的规模优势更为突出;而在改革深入期,市场型企业主、技术型企业主、管理型企业主的规模优势逐渐扩大。比较1995年与2014年的数据结果,三类精英型企业主的系数值均有所增加,不过市场型企业主与技术型企业主的系数增加值不显著,而管理型企业主的系数增加值则在0.05置信水平上显著。这说明三类精英型企业主的初始企业规模优势可能有不同程度的扩大,其中管理型企业主的规模优势扩大得最明显。

就控制变量而言,男性创业者的初始企业规模往往高于女性创业者的;创业年龄在改革深入期对初始企业规模有显著积极影响;相比第一产业,第三产业企业的初始规模显著更小,而第二产业的初始规模在改革初期更小,在改革深入期更大。从企业所在地域看,改革初期东部地区初始企业规模更大,但在改革深入期,这种差异不再明显。

表 2-5 企业主的工作来源与初始企业规模

	模型 3.1 (1995) B/S.E.	模型 3.2 (2014) B/S.E.	模型 3.2 VS 模型 3.1
性别(1=男)	0.432***	0.361***	-0.071
	0.116	0.099	
创业时年龄	0.004	0.009+	0.005
	0.004	0.005	
企业所在行业(参照组: 第一产业)			
制造业	-0.499**	0.237+	0.736**
	0.173	0.135	

续表

	模型 3.1 （1995）	模型 3.2 （2014）	模型 3.2 VS 模型 3.1
	B/S.E.	B/S.E.	
其他第二产业	-0.235	0.338*	0.573*
	0.206	0.160	
商业服务业	-0.709***	-0.963***	-0.254
	0.178	0.137	
其他第三产业	-0.803***	-0.693***	0.110
	0.182	0.145	
企业所在地域（参照组：东部地区）			
中部地区	-0.273**	0.028	0.301*
	0.086	0.081	
西部地区	-0.267**	-0.072	0.196
	0.103	0.096	
企业主类型（参照组：草根型企业主）			
市场型企业主	0.259**	0.373***	0.114
	0.081	0.108	
技术型企业主	0.258*	0.530***	0.272
	0.122	0.135	
管理型企业主	0.535***	0.853***	0.318*
	0.102	0.113	
截距	2.933***	4.793***	
	0.248	0.241	
N	2 363	2 731	
R^2	0.041	0.129	

注：+ $p<0.1$；* $p<0.05$；** $p<0.01$；*** $p<0.001$。

2. 企业主的工作来源与企业成长

模型 4.1 到模型 4.4（见表 2-6）的因变量都是企业净资产的年均增长率。模型 4.1 和模型 4.2 仅加入了控制变量与企业主类型，分别反映的是改革初期与改革深入期的企业成长情况。在这两个模型中，相比于草根型企业主，技术型企业主与管理型企业主的系数均显著为正，说明二者企业的成长速度比前者更快；市场型企业主系数在改革初期不显著，但在改革深入期显著为正，说明市场型企业主的企业成长速度在改革深入期更快。不过，比较两个模型中企业主类型的系数变化，虽然有差异但经检验都不显著。

接着在模型 4.3 和模型 4.4 中又加入了代表不同成长路径的变量。首先，就创业者的受教育程度而言，无论在哪个时期，受过高等教育的创业者企业成长速度要明显快于初中及以下创业者的企业成长速度，而高中水平创业者的企业成长速度没有明显差异。其次，创业者的政治身份对于企业成长也有着显著积极影响，具有政治身份的企业主的企业成长速度更快，虽然政治身份系数在改革深入期反而减小，但经检验不显著。最后，就合法化成长路径来说，在不同时期，不同合法性指标的作用是不一样的。在改革初期，改制企业的成长速度明显更快，而党组织作用不明显；到了改革深入期，改制企业的优势不再，而党组织作用显著为正。这说明在不同时期，能够提升企业合法性的组织结构也会发生相应变化。加入了上述三个变量后，企业主类型系数有所减小，显著性也下降。上述结果意味着，在改革过程中，精英型企业主保持了企业成长优势。

比较不同时期的控制变量可以看出，在改革初期，创业年龄对企业成长速度有显著负面影响，创业者年龄越大，企业成长速度越慢。在改革深入期，行业与地区的影响变得明显，与第一产业相比，其他产业的企业成长速度更慢，与东部地区企业相比，中部地区与西部地区企业的成长速度更慢。

表 2-6　企业主的工作来源与企业成长

	模型 4.1（1995）B/S.E.	模型 4.2（2014）B/S.E.	模型 4.3（1995）B/S.E.	模型 4.4（2014）B/S.E.
性别（1=男）	0.065	0.030	0.035	0.027
	0.137	0.095	0.136	0.095
创业时年龄	-0.010*	0.002	-0.010*	0.005
	0.004	0.004	0.005	0.004
企业所在行业（参照组：第一产业）				
制造业	0.296	-0.049	0.262	-0.076
	0.196	0.122	0.195	0.122
其他第二产业	0.039	-0.285*	0.011	-0.334*
	0.233	0.145	0.232	0.145
商业服务业	-0.209	-0.506***	-0.206	-0.465***
	0.202	0.127	0.201	0.127
其他第三产业	0.143	-0.356**	0.130	-0.379**
	0.206	0.133	0.205	0.133
企业所在地域（参照组：东部地区）				
中部地区	-0.204*	-0.177*	-0.194	-0.184*
	0.103	0.075	0.103	0.075
西部地区	0.148	-0.214*	0.150	-0.223*
	0.117	0.089	0.116	0.088
企业主类型（参照组：草根型企业主）				
市场型企业主	0.147	0.173+	0.117	0.164
	0.095	0.103	0.095	0.102
技术型企业主	0.280*	0.298*	0.112	0.213
	0.139	0.125	0.146	0.126
管理型企业主	0.328**	0.212*	0.234	0.109
	0.118	0.106	0.123	0.107

续表

	模型 4.1（1995）B/S.E.	模型 4.2（2014）B/S.E.	模型 4.3（1995）B/S.E.	模型 4.4（2014）B/S.E.
企业主受教育程度（参照组：初中及以下）				
高中			0.102	−0.053
			0.090	0.136
大专			0.284*	0.015
			0.138	0.132
本科及以上			0.535**	0.280*
			0.195	0.133
政治身份（1=是）			0.242**	0.167*
			0.084	0.069
改制企业（1=是）			0.369**	0.035
			0.136	0.125
党组织（1=是）			0.151	0.162*
			0.156	0.072
截距	3.662***	1.588***	3.522***	1.296***
	0.286	0.224	0.291	0.255
N	1 776	2 311	1 776	2 311
R^2	0.021	0.025	0.043	0.042

注：+ $p<0.1$；* $p<0.05$；** $p<0.01$；*** $p<0.001$。

前文假设，精英型企业主的企业成长速度会快于草根型企业主的企业成长速度，原因在于前者的管理能力更强、关系网更丰富、企业合法性更高。表2-7汇总了不同来源企业主在这些方面的差异。

首先，就受教育程度而言，无论是1995年还是2014年的调查，精英型企业主接受高等教育的比例都要明显高于草根型企业主接受高等教育的比例，其中技术型企业主与管理型企业主接受高等教育的比例又要略高于市场型企业主接受高等教育的比例。正如许多研究发现的，即使在再分配经济体制下，教育也是人们获得精英地位的重要影响因素，所以那些"下海"创业的国有管理者也具有较高的受教育程度。[①]

其次，从企业主的政治身份来看，在 1995 年，市场型企业主有政治身份的比例要高于其他类型企业主有政治身份的比例，说明市场型企业主的关系网可能是最丰富的。但到了 2014 年，数据显示，技术型企业主与管理型企业主变得更有优势，这可能是因为随着市场竞争日益激烈，二者越来越看重关系网的作用，故而积极发展各种关系网。

最后，就企业合法性而言，在 1995 年，改制企业的差异不显著，这可能是因为 20 世纪八九十年代有大量乡镇企业改制成私营企业，而有很多草根型创业者同样利用这个机会建立了自己的企业；不过在党组织的设立上，管理型企业主的企业设置比例显著更高。到了 2014 年，改制企业比例已经大大降低，而党组织设立比例大大提高，此时技术型企业主与管理型企业主具有一定优势。

表 2-7　不同来源企业主的特征差异　　　　　　单位：%

		草根型企业主	市场型企业主	技术型企业主	管理型企业主
1995 年					
企业主受教育程度	初中及以下	55.31	50.96	19.75	28.33
	高中	37.08	38.71	37.04	36.95
	大专	6.52	7.95	27.57	23.4
	大学及以上	1.09	2.38	15.64	11.33
政治身份		30.48	38.39	32.92	30.22
改制企业		13.29	13.78	14.81	9.88
党组织		5.31	7.70	6.17	10.57

① WALDER A G. Career mobility and the communist political order. American sociological review, 1995（60）：309-328.

续表

		草根型企业主	市场型企业主	技术型企业主	管理型企业主
2014 年					
企业主受教育程度	初中及以下	13.97	7.66	4.65	6.43
	高中	30.45	27.55	19.77	18.95
	大专	28.77	30.72	32.27	36.49
	大学及以上	26.82	34.07	43.31	38.13
政治身份		29.67	28.72	43.52	46.30
改制企业		4.42	2.60	6.94	13.30
党组织		34.41	30.50	41.48	54.02

下面使用 KHB 模型分析企业成长的具体路径，结果可见表 2-8。

第一，无论是在改革初期还是在改革深入期，企业主受教育程度都是解释精英型企业主的企业成长优势的主要中介变量，但在教育扩张背景下，越来越多企业主有机会上大学，企业主受教育程度的解释力度下降，尤其是对于技术型企业主与管理型企业主更是如此。这一结果意味着内部资源成长路径的重要性在改革深入期有所下降。

第二，政治身份是解释改革初期市场型企业主的企业成长的重要中介变量，但在改革深入期却是解释技术型企业主与管理型企业主的企业成长的重要中介变量。这意味着网络化成长路径对于改革初期的市场型企业主而言比较重要，而到了改革深入期，则对其他两类精英型企业主更重要。

第三，对于市场型企业主来说，改制企业与党组织对其企业成长基本都没有什么解释力，说明市场型企业主并不依靠合法化成长。对于技术型企业主与管理型企业主而言，改制企业与党组织对他们的企业成长有一定的解释力，在改革深入期，党组织的解释力有所增强，意味着合法化成长的重要性上升。

表 2-8　企业主社会来源影响企业成长速度的中间机制

		市场型企业主	技术型企业主	管理型企业主
1995 年调查	总效应	0.147	0.280*	0.328**
	直接效应	0.117	0.112	0.234+
	间接效应	0.031	0.168**	0.094*
	中介效应占比（%）			
	受教育程度	10.91	42.97	31.63
	政治身份	12.68	3.70	-0.76
	改制企业	-3.30	3.22	-4.96
	党组织	0.45	0.14	2.76
	合计	20.74	60.04	28.67
2014 年调查	总效应	0.173+	0.298*	0.212*
	直接效应	0.164	0.212+	0.109
	间接效应	0.010	0.086**	0.103**
	中介效应占比（%）			
	受教育程度	10.39	18.33	23.23
	政治身份	-0.87	7.21	11.15
	改制企业	-0.36	0.32	1.33
	党组织	-3.45	2.89	13.07
	合计	5.70	28.74	48.79

注：+ $p<0.1$；* $p<0.05$；** $p<0.01$；*** $p<0.001$。

3. 企业主的工作来源与当前企业规模

就不同工作来源的企业主在当前企业规模上的差异方面，模型 5.1 和模型 5.2 分别讨论了 1995 年和 2014 年的情况，结果见表 2-9。在这两次调查中，市场型企业主、技术型企业主与管理型企业主的系数都显著为正，说明三者企业的当前规模显著大于草根型企业主的企业规模，其中管理型企业主的企业规模最大，技术型企业主与市场型企业主的企业规模次之。比较两次调查的变化，精英型企业主系数在 2014 年均有所增加，其中管理型企业主的系数值增加最多，但只有市场型企业主与管理型企业主的系数差异值在 0.05 置信水平上显著。这意味着二者的企业规模优势在经济改革过程中扩大明显，而技术型企业主的企业规模优势可能也有所扩大，但不是那么突出。

表 2-9 企业主的工作来源与当前企业规模

	模型 5.1 (1995)	模型 5.2 (2014)	模型 5.2 VS 模型 5.1	模型 5.3 (1995)	模型 5.4 (2014)	模型 5.4 VS 模型 5.3
	B/S.E.	B/S.E.		B/S.E.	B/S.E.	
性别（1=男）	0.572***	0.306**	-0.266	0.344***	0.037	-0.306*
	0.112	0.114		0.096	0.081	
年龄	-0.010**	0.015**	0.025***	-0.007*	0.001	0.008
	0.004	0.005		0.003	0.004	
企业生存时间	0.031***	0.108***	0.077***	0.084***	0.079***	-0.005
	0.009	0.009		0.008	0.006	
企业所在行业（参照组：第一产业）						
制造业	-0.261	0.219	0.479*	-0.002	0.076	0.078
	0.168	0.154		0.144	0.110	
其他第二产业	-0.331+	0.251	0.583*	-0.219	0.014	0.233
	0.200	0.184		0.171	0.131	
商业服务业	-1.024***	-1.243***	-0.219	-0.657***	-0.480***	0.177
	0.172	0.157		0.148	0.112	
其他第三产业	-0.895***	-0.848***	0.047	-0.467**	-0.326**	0.140
	0.176	0.166		0.151	0.118	
企业所在地域（参照组：东部地区）						

续表

	模型 5.1 (1995) B/S.E.	模型 5.2 (2014) B/S.E.	模型 5.2 VS 模型 5.1	模型 5.3 (1995) B/S.E.	模型 5.4 (2014) B/S.E.	模型 5.4 VS 模型 5.3
中部地区	-0.606***	-0.116	0.490***	-0.433***	-0.188**	0.245*
	0.083	0.093		0.072	0.066	
西部地区	-0.098	-0.310**	-0.212	0.043	-0.276***	-0.319**
	0.099	0.110		0.085	0.078	
企业主类型（参照组：草根型企业主）						
市场型企业主	0.255**	0.553***	0.298*	0.141*	0.206*	0.065
	0.079	0.124		0.068	0.088	
技术型企业主	0.346**	0.621***	0.275	0.232*	0.238*	0.006
	0.118	0.155		0.101	0.110	
管理型企业主	0.444***	0.866***	0.422*	0.215*	0.247**	0.032
	0.099	0.131		0.085	0.093	
企业初始规模（对数）				0.519***	0.815***	0.296***
				0.018	0.016	
截距	4.976***	4.129***		2.984***	0.885***	
	0.251	0.305		0.225	0.225	
N	2 363	2 731		2 363	2 731	
R^2	0.104	0.219		0.346	0.607	

注：+ $p<0.1$；* $p<0.05$；** $p<0.01$；*** $p<0.001$。

接下来在模型 5.3 和模型 5.4 中又加入了初始企业规模。可以看到，初始企业规模对当前企业规模具有显著影响，而且这种影响变得更强，说明企业未来发展越来越受企业初始特征的影响。加入初始企业规模以后，精英型企业主的系数值仍然显著，但两次调查之间的差异变得很小，且不再显著，结合前文的分析结果，说明精英型企业主的企业规模优势之所以在改革过程中有所扩大，主要是因为他们的初始企业规模优势有了明显扩大，而企业成长速度优势并未显著增加。

一些控制变量对当前企业规模也具有重要影响。控制初始企业规模后，企业生存时间越长，企业规模就越大。企业行业与企业规模也有密切关系，相比于第一产业，第三产业的企业规模更小。当地的经济发展程度也与企业规模明显相关，东部地区企业的平均规模要大于中西部地区的。

（三）小结

我国改革开放以后，民营企业数量越来越多，其中大多数企业主在创业之前都有过工作经历，那么企业主的工作经历对其创业与经营有什么影响呢？本节重点分析了企业主的工作来源与企业规模的关系。以往研究多依据市场转型理论，从精英流动角度讨论上述问题，更关注流动起点与终点的直接关系，而忽视了中间的具体过程。笔者认为，企业主的成功是与企业发展密切相关的，故而引入了组织视角。一个基本假设是：当前企业规模是由初始企业规模与企业成长共同决定的，二者本质上是资源汇聚与整合的结果，因此，企业主能否成为大企业主关键在于其能否为企业带来更多资源。依据上述假设，上文对于大企业主的社会来源及其变迁进行了经验分析。

首先，相比于草根型企业主，精英型企业主（包括市场型企业主、技术型企业主与管理型企业主）创业前的关系网更为丰富，故而后者初始企业规模要高于前者。与此同时，由于精英型企业主拥有更强的管理能力、更丰富的关系网络（在这里主要是指政治联系），掌握更多合法化认知，因而他们的企业成长速度也更快。由于精英型企业主的初始企业规模与企业成长速度均要高于草根型企业主的，因而最终前者的企业规模也显著高于后者的企业规模，这支持了假设 2.3.1 至假设 2.3.3。

其次，比较改革初期与改革深入期，大企业主的社会来源总体上遵循资源竞争逻辑而趋于精英化，精英型企业主的规模优势越来越突出。这种优势的扩大主要来源于初始企业规模优势的扩大，而企业成长优势在不同时期并没有明显变化。这一结果支持假设 2.4.1 至假设 2.4.3。

再次，精英型企业主的成长优势之所以未发生明显变化，是因为随着宏观经济环境的变化，不同企业成长路径的作用总体上保持相对稳定，但与假设 2.3.2 相反的是，"内部资源成长"的重要性整体下降，而"网络化成长"与"合法化成长"的重要性对于体制内精英型企业主而言有一定上升。对于不同成长路径，变化原因可能不一样。其一，就"内部资源成长"来说，伴随教育扩张，企业主受教育程度普遍提升，企业主受教育程度对其企业成长的影响下降，而企业主之间的教育差异也有所减小，这共同造成"内部资源成长"作用的下降。其二，就"网络化成长"而言，企业主政治身份对企业成长的影响有微弱下降，不过体制内精英型企业主与其他企业主的政治身份差异日益明显，"网络化成长"对他们的作用也有所上升。其三，就"合法化成长"而言，企业改制对企业成长的影响几乎消失，而党组织的影响依然稳定，其中管理型企业主在企业改制与党组织设立方面的优势比较明显，这也使得"合法化成长"对其更加重要。

最后，精英型企业主内部也存在分化。总的来说，无论是初始企业规模还是当前企业规模，管理型企业主的优势都是最大的，而且这种优势在改革过程中还扩大了。相比于市场型企业主，技术型企业主在企成长方面有更大优势。管理型企业主与技术型企业主都有体制内工作经历，都可以看作是原再分配精英，从精英流动角度来看，上述结果支持了"精英再生产论"，也即原再分配精英"下海"创业后依然更有可能创业成功，成为大企业主。同时结果也发现精英内部存在分化，不过与伊亚尔、塞勒尼等人提出的"精英分化论"相反，管理型再分配者创业以后的优势比技术型再分配者的优势更大。这是因为，在中国，管理型再分配者的文化资本并不比技术型再分配者少；而且，中国经济改革保持了政治体制的持续性，这使得政治资本依然是分配社会资源的决定性力量，而管理型企业主的政治资本无疑是最丰富的，这从他们掌握的政治联系与合法性认知方面就能看出来。

第四节　寒门能否出大企业主？

一、企业成长背后的家庭力量

民营企业的发展往往离不开企业主家庭成员的支持，其中很重要的就是企业主的父母。民营企业主的家庭背景对其企业发展的影响可以看作是一种代际流动。一类代际流动研究是代际流动模式研究，将父代与子代划分为几类大阶层，然后利用流动表或对数线性模型分析父代阶层位置与子代阶层位置之间的关系，如父代阶层与子代阶层之间的总体关联度、不同阶层之间的相对流动机会等。这类研究常用来进行比较研究，对一个社会不同时期的代际流动机会进行历时比较，以及对不同社会的代际流动机会进行跨区域比较。[①]另一类代际流动研究是代际流动机制研究，往往是通过路径分析或结构方程来探索父代地位影响子代地位的具体路径与机制。布劳和邓肯的《美国的职业结构》是这类研究的奠基之作。该书提出的"地位获得模型"认为，父代地位对子代地位的影响主要有两种路径：一种路径是父代地位会影响子代受教育程度，即人力资本，进而影响子代现职获得；另一种路径是父代地位会直接影响子代的工作机会，精英父亲会帮助子女获得更好的工作。[②]

如果把民营企业发展放在地位获得的视角下来看，企业主的家庭背景就意味着父母拥有的社会资源不一样。总的来说，当企业主的父母是社会精英时，他们拥有的社会资源更丰富。在理论上父代可以通过两种途径影响子女企业发展：一方面，通过影响子女的教育与创业前工作，精英型家庭可以把各种社会资源间接传递到子女的企业中；另一方面，在企业经营过程中，精英型家庭的社会资源也可以产生直接影响，正如很多家族企业研究所发现的，企业的家族网络能为企业带来各种资源上的竞争优势。[③]因此，当企业主出身于精英型家庭时，其企业发展往往更好，可以得到如下假设：

假设 2.6：相比于草根型家庭，精英型家庭的企业主的企业规模更大。

那么，家庭背景的影响路径是什么？从地位获得模型以及前一节的

[①] ERIKSON R, GOLDTHORPE J H. The constant flux: a study of class mobility in industrial societies. Oxford: Clarendon Press, 1992.
[②] 布劳，邓肯. 美国的职业结构. 李国武，译. 北京：商务印书馆，2019.
[③] BARNEY J, CLARK C, ALVAREZ S. Where does entrepreneurship come from?: network models of opportunity recognition and resource acquisition with application to the family firm. Second Annual Conference on Theories of the Family Enterprise. Philadelphia, 2002. SIRMON D G, HITT M A. Managing resources: linking unique resources, management, and wealth creation in family firms. Entrepreneurship theory and practice, 2003, 27（4）: 339-358. DYER W G Jr. Examining the "family effect" on firm performance. Family business review, 2006, 19（4）: 253-273. 边燕杰，张磊. 网络脱生：创业过程的社会学分析. 社会学研究，2006（6）: 74-88.

研究可以看到，企业主的受教育程度与工作经历对其企业发展规模有着显著影响，而关于教育获得的研究则显示，家庭背景会显著影响子女的受教育程度[1]，但是家庭背景如何具体影响企业主创业前的工作经历则要复杂得多。

根据企业主创业前的工作经历，可以将企业主的创业路径分成三条：一是"草根型创业者"的"白手起家"，或者是毕业后直接创业，或者是从工人或农民岗位上开始创业。二是"市场型创业者"走的市场路径，即先在非公企业中工作一段时间，积累了一定企业生产与管理经验后再创业，或者是有创业经验后再创业。三是"技术型创业者"和"管理型创业者"的"下海"创业。这两种创业者都是在国有单位内积累了一定体制资本后再创业，不同的是，"技术型创业者"创业前在国有单位内从事专业或销售工作，而"管理型创业者"创业前在国有单位内从事管理工作。相比于"白手起家"，市场路径与"下海"创业为创业者积累了一定的市场能力与体制资本，无疑有助于创业者在高风险市场中占据竞争优势。但是，采用后两种路径无疑也更为困难，故而相比于草根型家庭，精英型家庭子女更可能选择后两种路径。然而，不同精英型家庭的创业路径是否一样呢？是代际转化还是代际分化呢？

对此存在三种观点：第一种观点支持精英代际转化，即精英群体与非精英群体之间存在明显排斥，而精英群体内部则是团结合作的，实现了人员的自由交换，再分配精英子女同样有优势成为市场精英。[2] 第二种观点认为，精英阶层的代际转化更有可能存在于体制之内，而体制外精英与体

---

[1] 郝大海.中国城市教育分层研究：1949—2003.中国社会科学，2007（6）：94-107. 李春玲.高等教育扩张与教育机会不平等：高校扩招的平等化效应考查.社会学研究，2010，25（3）：82-113.
[2] 郑辉，李路路.中国城市的精英代际转化与阶层再生产.社会学研究，2009，24（6）：65-86.

制内精英之间依然存在一定的分隔，再分配精英子女更可能成为再分配精英，而市场精英或新中国成立前精英子女更可能成为市场精英。[1]在前面两种观点的基础上，第三种观点强调，精英代际转化是单向的，不同精英之间的相对地位是不平等的，由于政治资本在中国处于支配性地位，所以政治精英与市场精英之间的转化也是不对等的，即政治精英子女可以转化为市场精英，但反过来则较为困难。[2]

笔者认为，在改革开放初期，体制内工作仍然是劳动力市场的主要部分，而且民营经济的合法性持续受到质疑，因此大多数精英型家庭子女会优先选择进入体制内工作，而且他们也更有可能成为体制内管理者与专业技术人员[3]，由此通过"下海"创业的可能性更大。但在改革深入期，随着体制外劳动力市场的发展，体制内工作越来越少，体制内管理者工作的获得更加困难，此时体制内的精英型家庭子女更有优势。[4]另外，创业者的合法性在不断上升，社会经济地位也水涨船高，因而市场型家庭子女更有可能通过市场路径成为创业者。考虑到单向代际转化的观点，政治资本在中国处于支配性地位，那么技术型家庭和管理型家庭（二者合称"内源型家庭"）子女具有更大优势通过"下海"创业成为创业者。基于上述考虑，可以得到如下假设：

假设2.7：在改革开放初期，市场型家庭与内源型家庭子女都有可能通过"下海"创业；但在改革深入期，内源型家庭子女更有可能通过"下

---

[1] 吴愈晓.家庭背景、体制转型与中国农村精英的代际传承：1978—1996.社会学研究，2010，25（2）：125-150. 吕鹏，范晓光.中国精英地位代际再生产的双轨路径：1978—2010.社会学研究，2016，31（5）：114-138.
[2] 朱斌.中国城市居民的配偶家庭与精英地位获得.社会，2017，37（5）：193-216.
[3] 李路路.制度转型与阶层化机制的变迁：从"间接再生产"到"间接与直接再生产"并存.社会学研究，2003（5）：42-51.
[4] 吕鹏，范晓光.中国精英地位代际再生产的双轨路径：1978—2010.社会学研究，2016，31（5）：114-138.

海"创业。

除了通过影响子女的教育与工作经历间接影响子女企业的发展以外，家庭背景是否会直接影响子女的企业发展呢？在改革开放初期，民营经济的合法性还不确定，利用家庭社会网络从体制内获取资源具有较大风险；而经过多次政治运动，市场型家庭原有的市场能力也在不断损耗。与此同时，此时的民营经济的规模还比较小，民营企业之间的竞争还不是很激烈，企业主个人的能力和关系网络对于企业发展具有决定性影响，因而精英型家庭更多是通过间接途径来影响子女企业的发展。

比较而言，在改革深入期，随着民营经济的合法性不断巩固，精英型家庭对子女企业进行支持的顾忌逐渐消失。更重要的是，随着民营经济规模的扩大，民营企业之间的竞争愈演愈烈，此时家庭社会网络与家庭积累的物质与人力资本，对于企业发展而言至关重要。正如已有研究显示，随着劳动力市场竞争程度与体制的不确定性程度上升，"体制洞"充斥市场空间，人们在求职时将会越来越依赖于社会关系网。[①]企业发展可能同样遵循这样的规律，当企业竞争加强时，市场因素以外的因素对企业发展的影响将会加强。那么可以得到如下假设：

假设 2.8：在改革开放初期，精英型家庭主要通过间接方式影响子女企业的发展；在改革深入期，家庭背景的影响也在扩大，精英型家庭不仅通过再生产方式间接影响子女企业的发展，还会通过其他方式发挥直接影响。

除了宏观经济环境的变化以外，另一个重要的时间维度是企业生命周期。企业生命周期理论的基本假设认为，企业如同有机生命一样，将会

[①] 边燕杰，缪晓雷. 如何解释"关系"作用的上升趋势?. 社会学评论，2020，8（1）：3-19. BIAN Y J. The prevalence and the increasing significance of guanxi. The China quarterly, 2018（235）：597-621.

经历一个从出生到死亡、由兴盛到衰退的生命过程。在企业生命的不同时期，企业的组织特征与面临的环境要求都是不一样的。这就要求企业管理者根据这些特征在管理方式与战略方向上做出适应性变化，如此才能保证企业持续性成长与发展。[1] 许多研究者根据企业的一些财务性指标如销售额、盈利额、固定资产、现金流的变动情况来界定企业生命周期阶段，然后又据此来讨论企业生命周期对企业发展的影响，某种意义上说这存在着同义反复、循环论证的问题。有学者指出，企业年龄是对企业所处生命周期阶段最有效的定义[2]，因此，本节将以企业年龄作为企业生命周期阶段的简单划分标准。企业年龄无疑是一个连续性的变量，但为了分析的方便，这里简单划分为两个阶段。现有多数调查都发现，我国民营企业的平均寿命较短，超过一半的新创企业在 5 年内破产，企业成立后 3~7 年的死亡率最高。例如：2005 年由中华全国工商联合会编写的《中国民营企业发展报告》统计，有 60% 的民营企业 5 年内破产，平均寿命只有 2.9 年；2011 年民建中央发布的专题调研报告《后危机时代中小企业转型与创新的调查与建议》显示，中国中小企业目前平均寿命仅 3.7 年；2013 年国家工商总局发布的《全国内资企业生存时间分析报告》显示，企业成立后的 3~7 年死亡率较高，随后渐趋平缓。故而本节以 5 年作为分界线，企业经营时间在 5 年及以下时，作为企业创业期，当企业经营时间超过 5 年时，则认为企业开始进入成长期。

在企业生命周期的不同阶段，企业发展所面临的环境要求与资源限制是不一样的。处于创业期的企业，企业规模较小，生产模式单一，时常面

---

[1] GREINER L E. Evolution and revolution as organizations grow. Harvard business review, 1998, 76 (3): 55-64.
[2] VAN WISSEN L J G. Demography of the firm: a useful metaphor?. European journal of population, 2002 (18): 263-279.

临着外部环境变化产生的生存压力,这些企业在市场中又往往缺少社会声誉和合法性,要想从市场中汇集资源通常具有很大难度,此时企业主往往只能从强关系网中寻找资源。[1]但是,随着企业经营时间的延长,新创企业逐渐进入成长期与成熟期,此时企业消费者与供应商都相对稳定,企业的发展开始加速,所依赖的资源更加多样,更依赖于外部关系网支持。[2]另外,随着企业经营时间的延长,其在市场中会逐渐积累社会声誉与合法性,从而能够更方便地从市场中寻找资源。[3]

比较企业主获取资源的主体,家庭/族成员与企业主是一种非常强的关系,涉入了很多情感与信任,无论在什么时候,他们都能为企业主提供大量人力资源、物质资源与社会资源。如家族成员通过信息共享能够更好地识别和把握机遇[4];家庭忠诚与责任感能够更好地凝聚领导与员工,共同为了家族财富而努力经营企业[5]。企业主个人关系网所连接的往往是外部社会成员,其中固然也有强关系,但更多的则是弱关系,这种关系虽然不像家庭关系那样紧密,但能提供更多异质性资源。[6]基于上述分析笔者认为,

---

[1] 边燕杰,张磊.网络脱生:创业过程的社会学分析.社会学研究,2006(6):74-88.
[2] JAWAHAR I M, MCLAUGHLIN G L. Toward a descriptive stakeholder theory: an organizational life cycle approach. Academy of management review, 2001 (26): 397-414. DODGE H R, FULLERTON S, ROBBINS J E. Stage of the organizational life cycle and competition as mediators of problem perception for small businesses. Strategic management journal, 1994, 15 (2): 121-134.
[3] 谭劲松,曹慧娟,易阳,等.企业生命周期与董事会结构:资源依赖理论的视角.会计与经济研究,2017,31(6):3-24.关涛.企业生命周期各阶段组织特征差异性的实证研究:纵向视角提取发展型企业的组织特征.上海经济研究,2012,24(7):83-93.
[4] BARNEY J, CLARK C, ALVAREZ S. Where does entrepreneurship come from?: network models of opportunity recognition and resource acquisition with application to the family firm. Second Annual Conference on Theories of the Family Enterprise. Philadelphia, 2002.
[5] WHYTE M K. The social roots of China's economic development. The China quarterly, 1995 (144): 999-1019. LIN N. Local market socialism: local corporation in action in rural China. Theory and society, 1995, 24 (3): 301-354.
[6] GRANOVETTER M S. The strength of weak ties. American journal of sociology, 1973, 78 (6): 1360-1380.

在企业创业期,企业主主要从强关系网络中获取资源,故而家庭关系网对企业发展具有更大影响;而在企业成长期,企业发展所需的资源越来越依赖于弱关系网络,故而外部关系网对企业发展具有更大影响。这一结果与家庭对于个体地位获得的影响非常相似,许多研究都发现,在个体求学早期或工作早期,家庭社会经济地位对其升学或晋升机会的影响更大,但随着时间的推移,家庭的影响逐渐削弱。[1] 由此可以得到如下假设:

假设 2.9:从创业期到成长期,企业主家庭来源对企业发展的影响变弱,而企业主工作来源对企业发展的影响变强。

二、家庭影响的路径

正如上文所说,企业主家庭背景对其企业成长的影响具有多种路径,下面通过实证分析来检验哪些路径真实存在,哪些路径在改革过程中发生了变化。

(一)样本与变量

1. 样本

本节使用数据来自中国私营企业调查中 1993 年和 2016 年两次调查。考虑到企业规模具有积累性,因此对 1993 年与 2016 年企业规模的分析恰好完整体现了 1977—1992 年与 1993—2016 年这两个经济改革阶段的特点。另外,之所以选择这两年的调查数据,也是因为这两年均询问了企业主家

---

[1] 朱斌. 中国城市居民的配偶家庭与精英地位获得. 社会, 2017, 37(5): 193-216. 唐俊超. 输在起跑线:再议中国社会的教育不平等: 1978—2008. 社会学研究, 2015(3): 123-145. LUCAS S R. Selective attrition in a newly hostile regime: the case of 1980 sophomores. Social forces, 1996, 75(2): 511-533.

庭背景情况。需要说明的是，1993年调查询问的都是该企业的创业者情况，2016年调查询问的是企业目前的企业主，其中有许多企业主不是创业者，而是继承家族企业的"二代"们。不过，2016年调查中询问了被访者是否是该企业的创办人，据此可以将创业者与继承者区分开来，从而只选择创业者样本。在确定分析样本并删除各变量的缺失值后，两年调查最后进入模型的样本数分别为1 124和2 813。

2. 因变量

同上一节一样，本节重点分析的是大企业主，而这通常取决于其企业规模，故而因变量就是企业规模。衡量企业规模最常用的三个指标是企业净资产、企业销售额与企业雇员数。本节首先使用因子分析方法检验三个指标是否可以合成一个公共因子，表2-10给出了因子分析结果。可以看到，无论是1993年还是2016年，三个指标均能较好地拟合成一个公共因子，而且三个指标在公共因子上的因子载荷是相似的，均为0.8左右，这就意味着，对于企业规模而言，三个指标的权重是差不多的。因此，此处将企业净资产、企业销售额与企业雇员数分别标准化后，再取三者的均值作为企业规模最后测量指标。由于该均值最小值为负，而且不是正态分布，因而需要进一步将其转化成0~10 000的标准值，然后取对数进入模型。

表2-10 企业规模旋转后的因子分析结果

	公共因子：企业规模	
	1993年	2016年
企业净资产（万元）	0.850	0.810
企业销售额（万元）	0.816	0.872
企业雇员数	0.786	0.751
特征值	2.01	1.98
累积方差贡献率（%）	66.85	65.98
KMO	0.680	0.644

3. 自变量

（1）企业主家庭来源。1993年和2016年调查中均询问了企业主父亲的职业与工作单位性质，根据这些信息可以将企业主家庭来源分为四类：草根型家庭、市场型家庭、技术型家庭与管理型家庭。

（2）家庭影响的中间路径。正如前文所说，家庭背景可能会通过子女的受教育程度和工作经历对其企业发展产生影响，这里将企业主的受教育程度分为四类——初中及以下、高中、大专、本科及以上，以初中及以下为参照组。企业主的工作经历（工作来源）则同上一节相似，分为四类：草根型企业主、市场型企业主、技术型企业主、管理型企业主。

4. 控制变量

控制变量主要包括企业主个人特征和企业特征两方面。企业主个人特征方面，控制其性别与年龄，性别设置为虚拟变量，以女性为参照组，年龄则为连续变量。企业特征方面，控制企业生存时间、企业所在行业及企业所在地域。企业生存时间用调查年份减去企业创业年份得到。由于两次调查的行业不完全一样，为了可比，我们把企业所在行业划分为三类大的行业——第一产业、第二产业和第三产业，以第一产业为参照组。企业所在地域则分为东部地区、中部地区与西部地区，以东部地区为参照组。

表2-11为各变量分时期的简单描述统计。

表2-11　各变量简单描述统计

	1993 （N=1 124）	2016 （N=2 813）
企业主家庭来源（%）		
草根型家庭	52.58	71.74
市场型家庭	17.79	14.40
技术型家庭	4.54	4.48

087

续表

	1993 (N=1 124)	2016 (N=2 813)
管理型家庭	25.09	9.38
企业主工作来源（%）		
草根型企业主	36.03	43.51
市场型企业主	31.67	34.94
技术型企业主	7.74	10.02
管理型企业主	24.56	11.52
企业主受教育程度（%）		
初中及以下	47.51	10.13
高中	35.32	29.15
大专	12.01	33.84
本科及以上	5.16	26.88
企业主性别（男，%）	90.21	82.65
企业主年龄（岁）	42.61（9.15）	46.29（8.95）
企业生存时间（年）	6.00（3.39）	9.16（5.83）
企业所在行业（%）		
第一产业	1.07	8.50
第二产业	57.74	43.12
第三产业	41.19	48.38
企业所在地域（%）		
东部地区	63.35	50.62
中部地区	21.26	23.85
西部地区	15.39	25.52

（二）结果分析

由于因变量企业规模是连续变量且符合正态分布，下文使用多元 OLS 回归模型进行分析，分析结果见表 2-12。模型 6.1 讨论了 1993 年的情况，先加入了控制变量与企业主家庭来源,主要看企业主家庭来源对其企业规模的影响。结果显示,相比于出身草根型家庭的企业主而言,出身管理型家庭的企业主的企业规模显著更大;市场型家庭与技术型家庭的系数都不显著,说明二者的企业规模与草根型家庭来源的企业规模没有显著差异。上述结果与塞勒尼等人的"被中断的资产阶级化理论"并不一致,该理论认为,原资产阶级子女由于继承了更多企业家精神,在市场转型过程中更有可能抓住市场机会。尽管有研究确实发现他们的子女更可能创业[①],但就企业发展而言,他们的子女似乎并不占优势。

表 2-12　企业主家庭来源与企业规模的关系

	模型 6.1 (1993) B/S.E.	模型 6.2 (1993) B/S.E.	模型 6.3 (2016) B/S.E.	模型 6.4 (2016) B/S.E.
控制变量	控制	控制	控制	控制
企业主家庭来源(参照组:草根型家庭)				
市场型家庭	−0.096 0.094	−0.105 0.093	0.489*** 0.099	0.267** 0.092
技术型家庭	0.078 0.168	−0.038 0.168	0.203 0.165	−0.111 0.154
管理型家庭	0.272** 0.085	0.133 0.088	0.544*** 0.118	0.070 0.112
企业主工作来源(参照组:草根型企业主)				
市场型企业主		0.085 0.083		0.567*** 0.073

---

① 吴愈晓.家庭背景、体制转型与中国农村精英的代际传承:1978—1996.社会学研究,2010,25(2):125-150.

续表

	模型 6.1 （1993） B/S.E.	模型 6.2 （1993） B/S.E.	模型 6.3 （2016） B/S.E.	模型 6.4 （2016） B/S.E.
技术型企业主		0.115		0.493***
		0.137		0.116
管理型企业主		0.279**		0.764***
		0.097		0.113
企业主受教育程度（参照组：初中及以下）				
高中		0.137+		0.382***
		0.079		0.114
大专		0.448***		1.126***
		0.117		0.115
本科及以上		0.380*		1.733***
		0.167		0.123
截距	0.678	0.661	-3.813***	-5.320***
	0.390	0.392	0.241	0.253
N	1 124	1 124	2 813	2 813
R^2	0.103	0.130	0.317	0.421

注：+p<0.1；*p<0.05；**p<0.01；***p<0.001。

模型6.2（1993年）进一步加入了企业主的工作来源和企业主受教育程度，可以看到，同家庭来源一样，管理型企业主的系数显著为正，而市场型企业主与技术型企业主系数都不显著，说明与草根型企业主相比，管理型企业主进入市场后会发展得更好。相比于接受初中及以下教育的企业主，接受过高中教育与高等教育的企业主企业规模明显更大。在加入企业主工作来源与受教育程度后，企业主家庭来源系数都不显著了，这说明企业主家庭对民营企业发展的影响很大程度上是通过影响子女的工作经历和子女教育而间接作用的。

模型 6.3（2016 年）分析了改革深入期企业主家庭来源对其企业发展的影响，市场型家庭与管理型家庭的系数均显著为正，说明与草根型家庭出身企业主相比，这两类精英型家庭出身的企业主拥有更大规模的企业。在精英内部，管理型家庭的优势依然要比市场型家庭更为突出。比较模型 6.1 和模型 6.3，市场型家庭优势在改革初期不显著，但在改革深入期变得显著，技术型家庭在两个时期都不显著，管理型家庭在两个时期都有显著优势。通过 Wald 检验发现，在改革深入期，市场型家庭与管理型家庭出身企业主的优势比改革初期有显著扩大（见表 2-13）。

模型 6.4（2016 年）加入企业主工作来源与受教育程度，所有变量均显著为正，说明市场型企业主、技术型企业主、管理型企业主的企业规模均大于草根型企业主的企业规模，企业主受教育程度对企业发展也具有显著影响。经过 Wald 检验发现，企业主工作来源和受教育程度的影响也显著增强（见表 2-13）。加入企业主工作来源与受教育程度后，管理型家庭的系数不再显著，而市场型家庭的影响虽然有所削弱，但依然非常显著，说明在改革深入期，市场型家庭对子女企业发展除了通过子女工作经历与受教育程度发挥间接影响外，还有较强的直接影响，如协助管理、财富转移、人脉疏通等等。

总的来说，比较 1993 年和 2016 年的结果，无论是企业主家庭来源，还是企业主工作来源与受教育程度，其影响都有了显著扩大。在改革初期，管理型家庭出身企业主的企业发展优势最明显，管理型家庭父母主要通过影响子女工作经历与受教育程度来间接影响子女企业发展；在改革深入期，市场型家庭与管理型家庭出身企业主的企业规模都有优势，管理型家庭父母依然主要通过间接路径影响子女企业发展，而市场型家庭父母则

表 2-13　不同时期的企业主社会来源系数 Wald 比较

企业主家庭来源	模型 6.3 VS 模型 6.1	企业主工作来源	模型 6.4 VS 模型 6.2	企业主受教育程度	模型 6.4 VS 模型 6.2
市场型家庭	0.585***	市场型企业主	0.482***	高中	0.245
技术型家庭	0.126	技术型企业主	0.378+	大专	0.678***
管理型家庭	0.272+	管理型企业主	0.485**	本科及以上	1.354***

注：+ p<0.1；* p<0.05；** p<0.01；*** p<0.001。

同时通过间接路径与直接路径来发挥作用。

上面的数据结果分析了企业主家庭来源对企业规模的影响，其中一个基本假设是企业主家庭来源会通过企业主的教育与创业前工作而影响到企业发展，下面则对此假设给予检验，结果见表 2-14。由于企业主受教育程度以及工作来源均为分类变量，故而采用多类别 Logit 模型。模型 7.1 和模型 7.2 分析了家庭来源对企业主受教育程度的影响。结果显示，在 1993 年的调查中，相比于草根型家庭，出身技术型家庭仅在上高中和上大专方面更有优势，而出身管理型家庭的企业主则更可能上高中和上大学。在 2016 年的调查中，所有精英型家庭的企业主都更可能获得高等教育，但在上高中方面，出身精英型家庭的企业主的优势消失了，这可能是因为这 20 多年中等教育得到大规模扩张，大部分人都能享受中等教育。

模型 8.1 和模型 8.2（见表 2-15）进一步分析了企业主家庭来源对其创业前工作的影响。可以看到：其一，总体上而言，相比于草根型家庭子女，精英型家庭子女更不可能白手起家，要么通过市场路径创业，要么"下海"创业。其二，无论是在 1993 年还是在 2016 年，市场型家庭子女都更可能通过市场路径创业，而技术型家庭和管理型家庭子女则更有可能"下海"创业，这显示出二者创业路径的分化。其三，从 1993 年到 2016

表 2-14 企业主家庭来源与企业主教育获得的关系

	模型 7.1（1993）			模型 7.2（2016）		
	B/S.E.			B/S.E.		
	高中/初等教育	大专/初等教育	本科及以上/初等教育	高中/初等教育	大专/初等教育	本科及以上/初等教育
控制变量	控制	控制	控制	控制	控制	控制
企业主家庭来源（参照组：草根型家庭）						
市场型家庭	-0.120	-0.088	-0.421	0.359	0.631**	0.841***
	0.184	0.292	0.566	0.237	0.232	0.235
技术型家庭	1.027**	1.144*	0.932	0.171	0.769+	1.210**
	0.339	0.463	0.794	0.414	0.393	0.393
管理型家庭	0.906***	1.430***	2.193***	0.559	1.558***	2.031***
	0.178	0.236	0.329	0.377	0.357	0.358
截距	0.993*	-1.462*	-2.631**	1.798***	2.591***	3.043***
	0.397	0.614	0.854	0.405	0.401	0.415
N	1 124			2 813		
-2 Log Likelihood	2 407.485			7 185.503		

注：+ $p<0.1$；* $p<0.05$；** $p<0.01$；*** $p<0.001$。

年，精英型家庭子女在市场路径创业上的差异日益缩小，与之相反，在"下海"创业上的差异却更加突出。具体而言，在1993年的调查中，市场型家庭子女相对于草根型家庭子女更可能通过市场路径创业，但技术型家庭、管理型家庭与草根型家庭子女事实上没有显著差异。而到了2016年的调查，所有精英型家庭的子女相对于草根型家庭子女而言，均更有可能通过市场路径创业。"下海"创业则恰恰相反，技术型家庭与管理型家庭子女仍然有显著优势，而市场型家庭子女的优势则消失。总的来说，上述结果显示，不同精英型家庭子女的创业路径发生变化：在改革开放初期，体制内精英子女更可能先进入体制内单位工作，再"下海"创业，市场精英子女则同时通过市场路径与"下海"路径创业；而到了改革深入期，体制内精英子女"下海"创业优势更大，同时通过市场路径创业的机会也增加了，而市场精英子女则集中于市场路径创业。

表 2-15 企业主家庭来源与创业路径的关系

	模型 8.1（1993）			模型 8.2（2016）		
	B/S.E.			B/S.E.		
	市场型/草根型	技术型/草根型	管理型/草根型	市场型/草根型	技术型/草根型	管理型/草根型
控制变量	控制	控制	控制	控制	控制	控制
企业主家庭来源（参照组：草根型家庭）						
市场型家庭	0.516**	0.094	0.519*	0.973***	0.653**	-0.246
	0.193	0.386	0.241	0.126	0.217	0.276
技术型家庭	0.485	1.957***	1.547***	0.583*	1.794***	0.892**
	0.444	0.494	0.433	0.245	0.273	0.325
管理型家庭	0.063	0.786**	0.960***	0.392*	1.220***	1.359***
	0.199	0.298	0.213	0.181	0.219	0.204
企业主受教育程度（参照组：初等教育）						
高中	-0.065	0.485+	0.983***	0.522**	0.800*	0.963*
	0.165	0.285	0.200	0.161	0.341	0.413
大专	0.203	1.248**	2.140***	1.017***	1.855***	2.798***
	0.293	0.395	0.281	0.162	0.332	0.391
本科及以上	0.148	2.100***	2.790***	1.235***	2.586***	3.576***
	0.551	0.558	0.454	0.173	0.338	0.399

续表

	模型 8.1（1993）			模型 8.2（2016）		
	B/S.E.			B/S.E.		
	市场型/草根型	技术型/草根型	管理型/草根型	市场型/草根型	技术型/草根型	管理型/草根型
截距	-0.168	-4.056***	-4.843***	-2.439***	-8.143***	-10.603***
	0.448	0.802	0.566	0.308	0.599	0.665
N	1 124			2 813		
-2 Log Likelihood	2 619.504			6 032.749		

注：+ $p<0.1$；* $p<0.05$；** $p<0.01$；*** $p<0.001$。

上述分析的对象是所有企业，正如前文所说，不仅我国整体经济体制在变化，任何一个企业所面临的环境也都随着时间而变化。随着时间的推移，新创企业将逐渐调整完善规章制度、组织结构、管理经营策略等，变得愈加成熟，那么在企业生命周期的不同阶段，企业主的家庭来源与企业发展的关系是否会发生变化呢？下面的分析将以2016年调查数据为分析对象，这是因为1993年调查时，我国民营经济发展时间还不够长，创业活动本身也因为各种市场环境因素而受到限制。

模型9.1分析的是那些生存时间在5年及以下的企业，模型9.2分析的是生存时间超过5年的企业（见表2-16）。数据结果显示，无论是企业主家庭来源还是企业主工作来源都具有显著影响，相比于草根型企业主，其他来源的企业主都有发展优势。比较两个阶段的企业，在企业初创阶段，市场型家庭与管理型家庭出身的企业主的企业规模优势很明显，而在企业成长阶段，管理型家庭系数不再显著，市场型家庭系数也有所下降，虽然在统计上不显著。与之相反，企业主受教育程度的影响总体上升。企业主工作来源的影响有升有降，市场型企业主的优势在扩大，而技术型企业主与管理型企业主的优势有所下降。

总的来说，企业主家庭来源的影响在创业早期明显更强，这是因为新创企业总是缺少社会声誉与合法性，也难以吸引外在的社会资源，家庭网络中的资源因此就成为企业发展的重要推力。但随着企业持续成长与发展，企业发展所需的资源越来越依赖于企业主本人社会网络中的资源，也越来越依赖于企业主本人的经营能力或企业家精神。

表 2-16 分阶段企业主社会来源与企业规模的关系

	模型 9.1 B/S.E.	模型 9.2 B/S.E.
控制变量	控制	控制
企业主家庭来源（参照组：草根型家庭）		
市场型家庭	0.360*	0.280*
	0.151	0.119
技术型家庭	0.244	-0.174
	0.309	0.180
管理型家庭	0.592**	0.007
	0.219	0.132
企业主工作来源（参照组：草根型企业主）		
市场型企业主	0.277*	0.679***
	0.117	0.096
技术型企业主	0.903***	0.579***
	0.240	0.137
管理型企业主	1.081***	0.786***
	0.307	0.129
企业主受教育程度（参照组：初中及以下）		
高中	0.472**	0.360*
	0.169	0.157
大专	1.067***	1.212***
	0.179	0.155

续表

	模型 9.1	模型 9.2
	B/S.E.	B/S.E.
本科及以上	1.379***	1.966***
	0.193	0.163
截距	−4.873***	−4.991***
	0.386	0.356
N	969	1 844
R^2	0.208	0.298

注：* $p<0.05$；** $p<0.01$；*** $p<0.001$。

（三）小结

本节重点讨论了企业主家庭来源对其企业规模的影响。结果显示，相比于草根型家庭子女，精英型家庭子女的企业规模更大，这主要是通过影响子女的受教育程度与工作经历间接发挥作用的。精英型家庭子女的受教育程度往往更高，故而具有较强的人力资本。除此以外，精英型家庭子女"白手起家"的可能性比较小，他们更可能积累充分的市场能力与体制资本之后再创业，一旦创业则更具竞争力。例如，市场型家庭子女更可能通过市场渠道累积市场经验，循序渐进创业，而技术型家庭与管理型家庭子女则更可能先在体制内单位积累一定的体制资本再创业。

我们接着从两个时间维度探讨了上述影响的变化。一是从历史时期来看，大企业主的家庭来源同样遵循竞争逻辑，企业主家庭来源对企业规模的影响越来越强。这不仅是因为家庭影响的中间路径——子女受教育程度与工作经历的影响更强了，也是因为精英型家庭可能通过一些途径进行直接影响。另外，家庭背景对子女创业路径的影响既具有一定的连续性，在改革过程中也存在一定的分化。在改革开放初期，由于民营经济合法性没有保障，精英型家庭子女更可能先进入体制内单位工作，获取体制资本后再"下海"创业；而到了改革深入期，民营经济合法性得到确认，市场竞争激烈，市场对能力的要求提高，精英型家庭子女更可能通过市场渠道积累一定市场经验后再创业。

二是从企业生命周期来看，就像在人的生命历程中家庭的影响会随着个人成长而变化，在企业生命周期的不同阶段，家庭网络提供的资源支持也会发生变化。本节结果显示，在创业期，家庭网络提供的资源是影响企业发展的重要因素，但这种影响随着企业成长而削弱，企业的进一步发展越来越取决于企业从更广阔的社会网络中获得的资源，尤其是市场网络中的资源发挥越来越重要的作用。

最后，精英的分化在精英再生产中同样出现，管理型家庭子女的优势在任何时期都是最强的，而技术型家庭子女的优势并不突出。这在某种程度上反映出中国的经济体制改革是中国共产党领导下的渐进式改革，政治资本在中国依然占有支配性地位，而体制内单位技术人员某种程度上并不真正掌握再分配权力，故而对子女企业的帮助并没有想象中那么大。

第三章 | 网络与绩效：民营企业的多元发展策略

正如第一章所说，关于民营企业的发展，一类研究是以民营企业主为主，另一类研究则聚焦于民营企业本身。民营企业在改革开放初期面临着政治合法性不确定、市场规则不完善、经济政策不稳定、生产资源相对匮乏等一系列不利条件，那么它们是如何在这样的经济环境中一步一步发展起来的呢？对于这个问题，不同学科都给予了大量关注，其中社会学形成了三种基本解释观点，即"市场中心论""国家中心论""社会中心论"。[①]这三种观点的侧重点虽有不同，但很大程度上都秉持着"嵌入性"视角，也即民营企业的发展是嵌入在特定宏观社会结构中的，只不过不同观点强调的宏观结构有所不同。"市场中心论"侧重于改革过程中趋于成熟的市场制度，"国家中心论"强调相对稳定的政治体制，而"社会中心论"则关注更为长久的传统家庭文化与结构。基于"嵌入性"视角，民营企业可以通过不同类型关系网络与宏观结构建立连接，从中动员自己所需的资源，降低交易成本，提高生存与发展的能力。事实上，民营企业更可能同

[①] 边燕杰，张展新.关于中国新兴私有经济的社会学解释//徐淑英，边燕杰，郑国汉.中国民营企业的管理和绩效：多学科视角.北京：北京大学出版社，2008.

时嵌入这三种社会结构中，只不过随着经济环境的变化，加上企业自身特征的差异，不同企业面临的结构限制是不一样的，因而它们的发展模式也变得多元化。本章力图揭示我国民营企业发展的多元模式，从而为我国民营经济发展提供一个更完整的解释框架。

第一节　三家争鸣：关于民营经济兴起的讨论

西方现代化理论认为，现代经济之所以能在西方最先出现与发展，同西方社会经济体制与文化传统密切相关，其他国家要想发展现代经济，也需要具备这样的制度与文化基础。例如，经济学的新制度主义认为，欧洲国家率先建立了产权制度，健全了激励机制，从而使得那些具有企业家精神的人能够积极投资，创新企业组织形式，最终促进了西方现代经济的长期增长。[1] 文化主义观点以韦伯的研究为代表，认为宗教改革形成的新教伦理与资本主义精神存在亲和性，随着新教在西方世界的扩散，资本主义精神也战胜了经济传统主义，并为西方现代经济的形成创造了条件。[2]

20 世纪 60 年代开始，随着日本和亚洲四小龙经济的腾飞，上述两种思路受到了较大挑战。首先，针对新制度主义观点，研究者们更加强调这些新兴经济体的政府在推动市场经济发展过程中的决定性作用，这些国家与地区的政府不是仅仅建立了产权制度，而是全面深入参与到市场经济的建立过程中，包括规划产业发展战略、协调国内生产资源、制定市场法律制度等等。其次，针对文化主义的观点，即西方资本主义的兴起与新教伦

---

[1] 诺斯, 托马斯.西方世界的兴起.贾拥民, 译.北京：中国人民大学出版社, 2022.
[2] 韦伯.新教伦理与资本主义精神.康乐, 简美惠, 译.上海：上海三联书店, 2019.

理存在着历史亲和性，而中国儒家文化则对市场经济发展具有阻碍作用，许多学者提出反驳，他们认为儒家文化及其社会结构对市场经济同样具有推进作用，儒家文化所强调的勤劳、节俭、重视教育这些传统观念都有助于经济发展，而传统家族结构与规范也有助于企业内部资源获得与问题解决。[1]

改革开放以来，中国的经济发展尤其是民营经济的发展同样对西方现代化理论构成了重大挑战。20世纪80年代，乡镇企业异军突起，成为中国经济中最有活力的一部分，其中许多乡镇企业实际上是伪装的民营企业。而从20世纪90年代开始，乡镇企业在很短时间内要么破产要么改制为民营企业，此后民营企业进入快速发展的时期。然而，从西方现代化理论来看，无论在制度上还是文化上，中国民营企业似乎都不具备如此快速发展的条件。一方面，中国市场经济体制的建立不是一蹴而就的，而是在摸索中逐渐完善成熟的；另一方面，中国传统家族伦理与民营企业经营紧密结合，形成了以家族主义为特点的公司治理机制[2]，与西方所崇尚的体现理性精神的现代企业组织形式也不完全一样。那么，中国民营经济到底是如何发展起来的呢？

第一种观点是"市场中心论"，认为富有企业家精神的创业者们对民营经济发展起着关键性作用。面对不确定的经济环境，他们不断调整组织形式与经营策略，同时团结周边企业形成商业社群，推动市场制度的建立与完善，从而改善自身的生存环境。[3] 在改革开放初期，创业是一件

---

[1] WHYTE M K. The social roots of China's economic development. The China quarterly, 1995 (144): 999-1019.
[2] 李新春. 中国的家族制度与企业组织. 中国社会科学季刊（香港），1998（3）：109-120.
[3] 倪志伟，欧索菲. 自下而上的变革：中国的市场化转型. 阎海峰，尤树洋，译. 北京：北京大学出版社，2016.

非常困难的事情,国家对民营企业一直抱有怀疑态度,直到1988年才出台了《私营企业暂行条例》,尽管如此,民营企业进入市场的门槛依然很高,在获取资本、技术以及劳动力等资源方面也存在明显劣势。在这种条件下,一些企业主将企业注册为集体企业或挂靠在公有制企业下。倪志伟认为,这种产权形式是一种混合产权或者模糊产权,可以帮助企业在市场制度不健全的条件下降低交易成本、提高资源获取能力,从而在局部改革过程中更有效率。[1]

随着自由竞争的市场经济体制进一步发展完善,混合产权带来的交易成本逐渐增加,此时越来越多的混合产权企业转变为产权明晰的民营企业形式。与公有制企业相比,民营企业的政策性负担较少,如企业冗员、退休职工、职工福利等;市场监督与预算约束更强,企业主要对企业的盈亏负全部责任,他们必须在市场竞争中求生存[2];与此同时,民营企业依然面临着合法性与资源获取的劣势。为此,许多民营企业自己组织起来形成了产业集群与商业社群,通过非正式的社会网络交流各种信息,包括技术、资本、销售市场等,同时通过这些网络中的信任和规范对市场主体的市场行为进行约束,大幅降低了交易成本,由此使得民营企业表现出了突出的生产效率与持续的成长。[3]

第二种观点是"国家中心论",强调国家与政府在推动民营经济发展中的决定性作用。在这种观点看来,国家全面深入参与了市场经济体制的建设,包括制定经济法律政策、规划产业发展战略、协调国内生产资源

---

[1] NEE V. Organizational dynamics of market transition: hybrid forms, property rights, and mixed economy in China. Administrative science quarterly, 1992, 37(1): 1-27.
[2] PENG YS. Chinese villages and townships as industrial corporations: ownership, governance, and market discipline. American journal of sociology, 2001, 109(5): 1045-1074.
[3] 倪志伟,欧索菲.自下而上的变革:中国的市场化转型.阎海峰,尤树洋,译.北京:北京大学出版社,2016.

等。对于民营企业而言,与政府之间的正式或非正式关系对其生存与成长具有重要影响。首先,对于那些伪装成集体企业的民营企业而言,集体产权使得企业与地方政府之间直接建立起产权联系,并由地方政府协调各经济事业单位。[1] 该理论认为,20 世纪 80 年代的财政改革刺激了地方政府发展经济的积极性,同时地方政府也是地方集体企业的真正所有者,有权任免企业经理、做出重要的投资决定、处置资产以及索取部分净利润。故而地方政府不仅有动机同时也有能力推动这些企业发展。具体来说,地方政府不仅可以帮助这些企业免于高额税费负担,而且可以在稀缺资源分配、行政服务、资金贷款等方面予以帮助。[2] 与国有企业相比,地方政府可以直接对这些企业进行干预和控制,通过对企业进行直接而密切的监督,强化预算约束,从而解决了困扰国有企业的委托-代理问题。[3]

其次,对于那些产权明晰的民营企业而言,没有产权联系之后,企业与政府之间的组织联系或个人联系构成了政治联系的主要部分。民营企业通过这些政治联系可以得到各种有利资源,同时可以规避政治和政策的不利影响。例如,当私有产权不受国家意识形态保护时,政治联系可以减少地方官员的任意干涉与掠夺,或者国家政策突变带来的冲击,从而维护自己的社会地位和经济权益。对于一些学者来说,政商关系是一种双向庇护的关系,因为地方政府也从民营经济的发展中获得了好处。地区的经济发展越快,企业财务绩效越好,当地政府的财政收入增长也越多。此外,民营企业还能为辖区提供就业机会、社会保险和住房基金,并为其他企业稳

---

[1] OI J C. Fiscal reform and the economic foundations of local state corporatism in China. World politics, 1992, 45(1): 99-126.
[2] OI J C. Fiscal reform and the economic foundations of local state corporatism in China. World politics, 1992, 45(1): 99-126.
[3] WALDER A G. Local governments as industrial firms: an organizational analysis of China's transitional economy. American journal of sociology, 1995, 101(2): 263-301.

定地提供生产资料等非财务利益。[1]

第三种观点是"社会中心论"。该观点将民营企业的兴起与发展归因于中国以家庭为中心的社会结构。尽管经历了几十年的变革，但传统的家庭文化与家庭结构却在改革之后有所复兴，并为刚刚起步的民营企业提供了重要动力和资源。[2] 韦伯认为西方现代经济的兴起与新教伦理存在着历史亲和性，而儒家文化则对现代经济发展具有阻碍作用，然而随着亚洲新兴经济体的出现，越来越多的学者对该观点提出了质疑。他们认为，传统儒家伦理与商人精神并不相悖，实际上，唐宋以后儒家伦理的入世转向使得商人精神与活动被社会普遍接受，商人地位也得到了相应提高[3]，儒家文化所强调的家庭责任、勤劳节俭、重视教育这些传统理念都有助于经济发展，而传统家族结构与伦理也有助于企业内部资源获得与问题解决[4]。林南对大邱庄的研究发现，大邱庄的乡镇企业附着在一个由核心家庭及其宗族成员构成的家族网络上，或者说大邱庄就是一个企业，村庄领导人凭借个人威望，通过动员社区内部传统社会文化力量来推动社区的经济发展。[5]

事实上，中国大多数民营企业都是家族企业，企业由企业主或者一个核心家庭控制。许多研究显示，家族企业的经营绩效不输于非家族企业。

---

[1] WANK D L. Commodifying communism: business, trust, and politics in Chinese city. New York: Cambridge University Press, 1999. WANK D L. The institutional process of market clientelism: guanxi and private business in a South China city. The China quarterly, 1996 (147): 820-838.

[2] WHYTE M K. The social roots of China's economic development. The China quarterly, 1995 (144): 999-1019. LIN N. Local market socialism: local corporatism in action in rural China. Theory and society, 1995, 24 (3): 301-354.

[3] 余英时. 中国近世宗教伦理与商人精神. 北京: 九州出版社, 2014.

[4] WHYTE M K. The social roots of China's economic development. The China quarterly, 1995 (144): 999-1019.

[5] LIN N. Local market socialism: local corporatism in action in rural China. Theory and society, 1995, 24 (3): 301-354.

首先，家族企业中企业所有者和企业经营者往往高度重合，二者的目标和利益高度一致，企业内部的代理成本微乎其微，尤其在不完善的制度环境下，较低的内部代理成本对于企业绩效的提升效果更明显。[1] 其次，家族网络能给企业带来一些稀缺资源。例如在民营企业创立和经营过程中，家族网络是流动资金的重要来源[2]；家族成员的政治联系能够为企业提供非制度保护[3]；家族成员通过信息共享能够更好地识别和把握机遇[4]。最后，家族文化的传统使得家族成员对家族事业具有较高忠诚度，能够对家族企业做出更多更高的承诺，而且家族主义可以延伸到非家族员工，以对待家族成员的方式对待非家族员工。这种泛家族主义管理方式有利于家族企业与非家族员工建立相互信任的关系，进而提高员工的积极性。[5]

上述三种观点从不同角度分析了我国民营经济持续发展的原因，但都强调了社会关系网络的重要作用，只是不同观点侧重于不同的关系网络。面对还不完善的市场经济体制，"市场中心论"与"国家中心论"分别从企业与政府出发，分析了民营企业发展的自下而上路径与自上而下路径，企业与其他市场主体之间的关系网络为民营企业自下而上的生长提供了支持，而企业与政府之间的关系网络则有助于企业获得政府自上而下的扶持。"社会中心论"则认为中国传统家族网络从内部为新生民营企业

---

[1] 连燕玲，张远飞，贺小刚，等. 亲缘关系与家族控制权的配置机制及效率：基于制度环境的解释. 财经研究，2012，38（4）：91-101.

[2] 边燕杰，张磊. 网络脱生：创业过程的社会学分析. 社会学研究，2006（6）：74-88.

[3] 吴文锋，吴冲锋，芮萌. 中国上市公司高管的政府背景与税收优惠. 管理世界，2009（3）：134-142. 余明桂，潘红波. 政治关系、制度环境与民营企业银行贷款. 管理世界，2008（8）：9-21，39.

[4] BARNEY J, CLARK C, ALVAREZ S. Where does entrepreneurship come from?: network models of opportunity recognition and resource acquisition with application to the family firm. Second Annual Conference on Theories of the Family Enterprise. Philadelphia, 2002.

[5] 李新春，陈灿. 家族企业的关系治理：一个探索性研究. 中山大学学报（社会科学版），2005（6）：107-115.

的发展提供了助力，以弥补外在制度支持的不足。这三种观点虽然各有侧重，但都试图解释中国民营经济是如何发展起来的，并且对西方现代化理论提出了挑战。在西方现代化理论看来，只有在完善的市场经济体制与工具理性导向的现代企业组织形式的基础上，企业才能实现效率最大化与长足发展。但上述三种观点却认为，经济发展路径未必只有这一条，企业与其他企业、政府、家族建立的关系网络，能够帮助企业突破不完善的外部市场体制与内部企业结构带来的限制，这样企业同样能够保持高效率与快成长；而且，企业、政府、家族这些行动主体之间的关系互动，反过来甚至会进一步推动市场经济体制与企业组织形式的成熟。

围绕上述理论观点，形成了大量经验研究，极大地丰富了我们关于相关问题的认识，不过既有研究还有值得深入讨论的内容。

其一，上述三种观点本身也构成了一种竞争，尤其是"国家中心论"与"社会中心论"本身是在批判"市场中心论"基础上提出来的，但大多数经验研究聚焦于其中一种观点进行直接检验，那么，即使该观点得到了支持，也很难否定其他观点。事实上，任何一个民营企业都有可能嵌入多种组合的关系网络中，其发展的动力来源也可能不止一种，因此，进一步的研究需要系统检验我国民营企业发展的动力来源是单一的还是多维的。

其二，近年来，一些关于中国劳动力市场的研究发现，个人的关系网络作用会随着外部市场环境的变化而变化。[①] 随着我国经济改革的进行、民营企业自身的发展，民营企业面临的内外环境也在变化，那么民营企业的各种关系网络作用是否也会变化呢？或者说，在不同市场环境下，不同

---

① 张顺，程诚. 市场化改革与社会网络资本的收入效应. 社会学研究，2012，27（1）：130-151.
边燕杰，缪晓雷. 如何解释"关系"作用的上升趋势？. 社会学评论，2020，8（1）：3-19.

类型的民营企业的发展模式是否一样，前述三种关系网络是对所有民营企业同样适用，还是对不同企业有不同适用性？

本章将分为三部分对此进行讨论：第二节重点讨论家族联系与企业经营绩效，第三节重点讨论政治联系与企业经营绩效，第四节则将几种关系网络结合起来讨论我国民营企业的多元发展模式。

第二节　家族纽带：企业发展的起点

一、家族企业的争议

（一）家族是否有力量？

当企业嵌入家族关系网络时，人们关心的问题是：传统家族主义与现代理性主义是否能在同一组织中相协调？这样的企业组织是否具有合理性？其经营绩效是否优于非家族企业？然而，无论在理论上还是经验研究中，人们对这些问题都难以给出一个明确回答。家族如何影响企业绩效？委托－代理理论和资源基础理论是目前回答这个问题的两种主要理论视角。[1]

委托－代理理论的主流经济学认为，由于家族企业所有者和管理者的利益一致，所以家族企业的代理成本为零，或者仅有微乎其微的代理成

---

[1] CHRISMAN J J, CHUA J H, SHARMA R. Current trends and future directions in family business management studies: toward a theory of the family firm. Coleman white paper series, 2003, 4（1）：1-63. CHRISMAN J J, KELLERMANNS F W, CHAN K C, et al. Intellectual foundations of current research in family business: an identification and review of 25 influential articles. Family business review, 2010, 23（1）：9-26.

本。[①] 持相反意见的学者则强调，主流代理理论把家族企业代理问题看得过于简单，事实上，家族企业的代理成本并不低于非家族企业的。首先，当家族企业的所有权高度集中时，所有者控制将会削弱代理人市场、资本市场等外部治理机制的有效性。例如，企业难以通过职务晋升手段来激励职业经理人，从而增加了雇佣低效率代理人的风险。其次，在所有者与家族经理人之间，因为利他主义的存在，一些家族成员很容易出现搭便车、偷懒行为，导致企业内部资源配置的低效率。[②] 最后，控股家族可以利用其所有权和控制权的优势，直接或通过管理层间接以其他小股东的利益为代价从事牟取私利和家族利益的活动，这种掠夺导致在满足家族股东效益最大化的同时降低企业价值。[③]

资源基础理论强调企业是一系列资源集合体，这里的资源，是指"企业控制的所有资产、能力、组织过程、企业特质、信息、知识等"[④]。企业内部的资源是企业制定及实施战略的基础，那些掌握有价值的、稀少的、不可模仿的以及不可替代的资源的企业更容易获得持久的竞争优势和超额利润。[⑤] 一些学者认为，家族主义和家族网络能为企业带来各种资源（如

---

① JENSEN M C, MECKLING W H. Theory of the firm: managerial behavior, agency costs and ownership structure. Journal of financial economics, 1976, 3（4）: 305-360.
② SCHULZE W S, LUBATKIN M H, DINO R N. Toward a theory of agency and altruism in family firms. Journal of business venturing, 2003, 18（4）: 473-490. SCHULZE W S, LUBATKIN M H, DINO R N, et al. Agency relationships in family firms: theory and evidence. Organization science, 2001, 12（2）: 99-116. GOMEZ-MEJIA L R, NUNEZ-NICKEL M, GUTIERREZ I. The role of family ties in agency contracts. Academy of management journal, 2001, 44（1）: 81-95.
③ MORCK R, YEUNG B. Agency problems in large family business groups. Entrepreneurship theory and practice, 2003, 27（4）: 367-382.
④ BAENEY J. Firm resources and sustained competitive advantage. Journal of management, 1991, 17（1）: 99-120.
⑤ HABBERSHON T G, WILLIAMS M L. A resource-based framework for assessing the strategic advantages of family firms. Family business review, 1999, 12（1）: 1-25. HABBERSHON T G, WILLIAMS M, MACMILLAN I C. A unified systems perspective of family firm performance. Journal of business venturing, 2003（18）: 451-465.

物质资源、人力资源、组织资源）上的竞争优势；另一些学者却发现，家族网络的封闭性可能导致企业排斥家族外部的特殊资源，从而丧失企业成长与发展的机会。[1]

基于这些理论，国外形成了大量经验研究成果，却没有得出一致的结论。结合两篇文献综述所分析的 68 篇文章来看，其中 44% 的研究认为家族企业的绩效高于非家族企业的绩效，18% 的研究认为两者之间的绩效没有差别，只有 12% 的研究认为家族企业的绩效低于非家族企业的绩效，另有 18 篇文章认为是其他因素决定了企业绩效。[2] 在中国，关于家族企业与非家族企业的经营绩效的直接比较研究还不多见，但也有一些研究成果。邓德强等人基于上市公司的研究发现，我国家族上市公司的整体绩效优于非家族上市公司的整体绩效[3]；陈凌等人基于浙江非上市中小型公司的研究也发现，家族企业的绩效高于非家族企业的绩效[4]。但另外一些同样基于上市公司的研究则发现，总体而言，家族管理对企业生产率和企业价值有负面效应。[5]

目前研究结果之所以出现这么大的争议，一个重要原因是研究者对家

---

[1] BARNEY J, CLARK C, ALVAREZ S. Where does entrepreneurship come from?: network models of opportunity recognition and resource acquisition with application to the family firm. Second Annual Conference on Theories of the Family Enterprise. Philadelphia, 2002. SIRMON D G, HITT M A. Managing resources: linking unique resources, management, and wealth creation in family firms. Entrepreneurship theory and practice, 2003, 27（4）: 339-358. DYER W G Jr. Examining the "family effect" on firm performance. Family business review, 2006, 19（4）: 253-273.
[2] JASKIEWICZ P, KLEIN S, SCHIERECK D. Family influence and performance—theoretical concepts and empirical results. FERC Conference. Portland, Oregon, 2005. 赵杨，孔祥纬，谭洁. 国外家族企业治理结构与企业绩效的关联性研究：一个文献综述. 管理现代化, 2010（3）: 62-64, 35.
[3] 邓德强，谷祺. 我国家族上市公司的效率评价与改进. 财经问题研究, 2007（5）: 42-47.
[4] 陈凌，鲁莉劼. 家族企业、治理结构与企业绩效：来自于浙江省制造业的经验证据. 中山大学学报（社会科学版）, 2009, 49（3）: 203-212.
[5] 李善民，刘英，陈涛. 家族管理与企业生产率. 管理科学, 2009, 22（2）: 24-31. 王明琳，陈凌，叶长兵. 中国民营上市公司的家族治理与企业价值. 南开管理评论, 2010, 13（2）: 61-67, 96.

族企业的界定不同[1]，而不同的标准对家族企业与非家族企业之间的企业价值差异会有很大影响[2]。由于对家族企业的界定难以统一，而绝大多数民营企业又都受到家族不同程度的影响，新的一些研究已经摒弃"家族企业—非家族企业"的二分法，而将民营企业看作是家族涉入水平连续分布的变量。我们也将使用"家族涉入"的概念。使用这一概念的优势在于，可以更加精确地考察家族因素对企业绩效的影响及其动态变化，而这在完全对立的"家族—非家族"视角中是难以观测到的。

即使如此，争议或分歧依然存在。关于家族涉入所有权的一些研究表明，中国民营企业具有"一股独大"的优势[3]，家族持股比例与企业绩效（或者企业价值）之间存在正向关系[4]。但是，也有学者认为家族股份过于集中，会杜绝外部投资者的进入，无法形成有效的治理机制，因此强化对家族股权的控制有碍于家族企业的成长[5]。其他一些研究针对这两种对立观点提出，家族持股比例与企业绩效之间呈复杂的曲线关系，但具体是何种曲线也有争议，有研究认为是倒 U 曲线[6]，也有人发现是 U 曲线[7]。

家族企业的管理权来源于企业所有权，有研究发现，家族成员涉入企

---

[1] 储小平. 华人家族企业的界定. 经济理论与经济管理，2004（1）：49-53.
[2] VILLALONGA B, AMIT R. How do family ownership, control and management affect firm value？. Journal of financial economics，2006，80（2）：385-417.
[3] 杨龙志，朱世平. 家族企业治理结构与经营绩效关系的实证研究：基于浙江非上市中小家族企业的调查数据. 商业经济与管理，2006（10）：17-21.
[4] 李春琦. 影响我国家族企业绩效的经验证据：基于对家族上市公司控股比例和规模的考察. 统计研究，2005（11）：55-58. 丁健南，石本仁，石水平. 中国家族企业治理要素与企业绩效实证研究. 山西财经大学学报，2008，30（3）：73-81.
[5] 贺小刚，李新春，连燕玲. 家族权威与企业绩效：基于广东省中山市家族企业的经验研究. 南开管理评论，2007（5）：75-81.
[6] 陈文婷，李新春. 上市家族企业股权集中度与风险倾向、市场价值研究：基于市场化程度分组的实证. 中国工业经济，2008（10）：139-149. 贺小刚，连燕玲. 家族权威与企业价值：基于家族上市公司的实证研究. 经济研究，2009，44（4）：90-102.
[7] 陈晓红，尹哲，吴旭雷. "金字塔结构"、家族控制与企业价值：基于沪深股市的实证分析. 南开管理评论，2007（5）：47-54.

业管理职位有利于提升企业绩效,但过多家族成员的涉入则会提高企业内部委托-代理成本,从而对提升绩效没有帮助。[1] 与之不同的是,陈德球等人认为,在家族股权控制的情况下,引入职业经理人更有利于提升企业绩效。[2]

目前关于家族涉入对企业绩效影响的研究在两个方面有明显不足。首先,这些研究大都是在相同情境下的静态分析,而事实上企业特征、企业所处环境也都会对此影响进行调节[3],企业规模就是尤为重要也总是被忽视的企业组织特征。组织规模的差异是解释组织其他方面差异乃至社会差异的最基本维度[4],不同规模企业的组织结构、企业环境与管理行为可能会完全不一样。例如,权变理论认为,随着企业规模的扩大,企业内部的科层化和结构分化程度也在提高。前者表现为专业化、规范化(或者说文牍化)、分权程度的提高,后者表现为部门、单位、职位的分化。[5] 在经济学中,规模报酬是决定企业边界的重要因素之一[6],当所有投入的增加促成产出水平以更大比例增加时,就形成规模经济。形成规模经济的一个主要原因在于企业有效组织内部劳动分工,形成专业化生产。但是,随着企业规模的扩大,企业内部等级层次增多,关系复杂,协调难度加大,将导致企

---

[1] 贺小刚,连燕玲.家族权威与企业价值:基于家族上市公司的实证研究.经济研究,2009,44(4):90-102.吴炯,王启山.家族成员涉入管理团队与公司绩效:基于我国家族上市公司的实证研究.南京财经大学学报,2011(5):66-73.
[2] 陈德球,杨佳欣,董志勇.家族控制、职业化经营与公司治理效率:来自 CEO 变更的经验证据.南开管理评论,2013,16(4):55-67.
[3] 贺小刚,李新春,连燕玲.家族权威与企业绩效:基于广东省中山市家族企业的经验研究.南开管理评论,2007(5):75-81.苏启林,朱文.上市公司家族控制与企业价值.经济研究,2003(8):36-45.
[4] BARON J N. Organizational perspectives on stratification. Annual review of sociology, 1984, 10(1): 37-69.
[5] DONALDSON L. The contingency theory of organizations. California:Thousand Oaks, 2001: 62-76.
[6] 萨缪尔森,诺德豪斯.经济学:第19版.萧琛,译.北京:商务印书馆,2013.

业内部的交易成本增加，一旦这类交易成本超过劳动分工与专业化带来的收益，就会出现规模不经济的现象。[1] 上述研究所说的规模报酬一般是指增加所有生产要素所产生的综合作用，在本书中，我们将家族联系当作一种生产要素，并考察这种生产要素本身的规模报酬是否会随着企业整体规模的变化而变化。

其次，在经验研究中，家族涉入水平往往以家族所掌握的企业所有权和管理权来衡量。但是，一些学者认为，家族企业作为家族与企业的契合体，仅仅在结构上的涉入并不能完全说明家族企业的实质，家族成员的认知也是考察家族涉入企业的一个重要维度，杨学儒等人在构建家族涉入指数时即将家族意图作为一个重要指标纳入。[2] 我们将家族涉入区分为两个维度：一是家族对企业所有权和管理权的涉入，称之为家族控制；二是家族成员在认知上涉入企业，称之为家族意图。目前国内家族企业研究中还没有经验研究考察家族意图与企业绩效的关系，下文将对此做具体分析。

（二）家族涉入的认知维度：家族意图

家族涉入所有权与管理权固然重要，但只有当它们确实能够影响企业的目标、战略、组织结构时才能完整地体现家族企业本质。[3] 从这个角度来说，家族意图对于理解家族涉入对企业的真实影响就很重要。所谓家族意图，是指家族成员对于在企业中维持家族发展、家族控制以及家族继承等方面的认知与理念。[4] 国内学者进一步将家族意图具体区分为价值观、

---

[1] 威廉姆森. 市场与层级制. 蔡晓月，孟俭，译. 上海：上海财经大学出版社，2011.
[2] 杨学儒，李新春. 家族涉入指数的构建与测量研究. 中国工业经济，2009（5）：97-107.
[3] CHUA J H, CHRISMAN J J, SHARMA P. Defining the family business by behavior. Entrepreneurship theory and practice, 1999, 23（4）：19-39.
[4] LITZ R A. The family business: toward definitional clarity. Family business review, 1995, 8（2）：71-81. CHUA J H, CHRISMAN J J, SHARMA P. Defining the family business by behavior. Entrepreneurship theory and practice, 1999, 23（4）：19-39.

家族所有意图、家族控制意图、家族管理意图、家族继任意图五个维度。[①]正因为家族意图的存在，家族企业的行为方式才与非家族企业不一致。

具体而言，家族意图可以从两个方面影响企业行为。第一，家族意图可以影响企业的董事会、CEO等正式组织结构，并进而影响由科层制衍生的正式组织行为，如家族所有人与职业经理人之间的委托－代理行为。李新春等人的研究就发现了企业主的家族控制意图与家族控制行为有密切关系。[②]第二，家族意图可以通过形塑企业中的人际关系、企业文化等非正式组织结构，进而影响企业的"类家长式"领导、"泛家族主义"等非正式组织行为方式。郑伯埙的研究发现，重亲主义的企业主与重才主义的企业主对不同类型人才的信任格局不一样。[③]因此，在衡量家族涉入时，应该同时考虑结构和认知两个维度。

家族涉入的两个维度很可能交织在一起，即家族意图直接催生了家族控制结构，这也是家族意图常常被研究者忽视的原因之一。基于李新春等人的研究，我们认为，家族意图的水平会影响家族涉入企业所有权与管理权的水平。由此得出如下假设：

假设3.1：企业主家族意图越强，家族涉入企业所有权与管理权的水平越高。

（三）家族涉入、企业规模与企业绩效

正如上文所言，我们将家族因素作为一种企业生产要素，那么家族涉入就是这种生产要素的投入。基于委托－代理理论和资源基础理论，我们

[①] 李新春，任丽霞.民营企业的家族意图与家族治理行为研究.中山大学学报（社会科学版），2004（6）：239-248.
[②] 李新春，任丽霞.民营企业的家族意图与家族治理行为研究.中山大学学报（社会科学版），2004（6）：239-248.
[③] 郑伯埙.差序格局与华人组织行为.本土心理学研究，1995（3）：142-219.

认为，在不同规模的民营企业中，家族涉入的边际代理成本和边际收益是不同的，因而家族涉入与企业经济绩效的关系模式也可能存在较大差异。

1. 家族涉入的边际代理成本

一般的委托－代理问题存在于企业所有者与管理者之间，由于存在目标不一致和信息不对称，代理人可能会从自己的利益最大化角度出发，做出损害委托人利益的行为。[1]主流代理理论认为，家族企业中企业所有者与管理者高度重合，所以代理成本微乎其微；但是，已有学者指出，家族涉入同样会带来代理成本，这取决于家族经营者在企业中所扮演的是代理人角色还是管家角色。代理人理论与管家理论基于不同的人性假设。前者认为人都是理性经济人，具有追求利益最大化倾向，家族经营者为了自身利益最大化会牺牲企业所有人的利益；后者则基于社会人假设，认为家族经营者的个人目标往往服从于企业整体目标，因此不会牺牲企业利益来谋求个人利益。[2]综合言之，我们可以将企业内的代理成本分为两类：一是家族涉入引起的家族代理成本，二是非家族涉入引起的一般代理成本。这两类代理成本是一种此消彼长的关系。那么，企业规模的扩大会给企业内的代理成本带来什么样的影响呢？

首先，企业规模扩大往往引起企业结构的复杂化，从而增加企业内部处理信息的数量，而信息不对称的大幅增加将推升监督代理人行为的成本，也将扩大代理行为的空间。随着企业的发展，企业将不得不引入非核心家庭成员。考虑到中国的社会关系是以"己"为中心的"差序格局"[3]，

---

[1] JENSEN M C, MECKLING W H. Theory of the firm: managerial behavior, agency costs and ownership structure. Journal of financial economics, 1976, 3 (4): 305-360.
[2] DAVIS J H, SCHOORMAN F D, DONALDSON L. Toward a stewardship theory of management. Academy of management review, 1997, 22 (1): 20-47.
[3] 费孝通. 乡土中国 生育制度. 北京：北京大学出版社, 1998.

非核心家庭成员的引入可能会诱发家族内的激烈冲突。企业规模越大，增加一个单位的家族涉入，引入的非核心家庭成员就越多，管理层内部目标和利益不一致也就越突出，在企业结构复杂化的条件下，家族代理成本增加得也就越多。这就是说，企业规模的扩大将会使得家族涉入的边际代理成本（FMC）增加。同理可得，非家族涉入的边际代理成本（GMC）事实上也会随着企业规模的扩大而增加。用函数形式表示即为：FMC(S) = $α_1+β_1 S$，GMC(S) = $α_2+β_2 S$。其中 S 表示企业规模，且 $β_1>0$，$β_2>0$。

其次，由于不对称利他主义的存在[1]，家族所有者会容忍家族经营者的一些代理行为，尤其在中国传统家族文化的影响下，不对称利他主义更加严重，而这反而会促使某些家族经营者成为代理人，为个人利益而牺牲企业利益。与之相反的是，企业所有者对职业经理人的代理行为可能会高度警惕，会通过各种监督和激励机制努力控制代理成本。因此，我们认为，家族代理成本的弹性要大于非家族代理成本，那么，随着企业规模的变化，FMC 的变化幅度要大于 GMC 的变化幅度，也即 $β_1>β_2>0$。

2. 家族涉入的边际收益

从资源优势的角度来看，家族网络带来的一些资源对任何规模的企业都是有用的，而家族网络带来的另一些资源的有效性则可能会随着企业规模的变化而变化。首先，在我国民营企业外部融资难度较大的条件下，家族网络是我国民营企业流动资金的重要来源[2]，可是企业规模一旦扩大，企业所需要的资金往往不再是一个家族所能完全提供的。其次，家族文化的传统使得家族成员对家族事业具有较高忠诚度，能够对家族企业做出更

---

[1] SCHULZE W S, LUBATKIN M H, DINO R N. Toward a theory of agency and altruism in family firms. Journal of business venturing, 2003, 18（4）：473-490.
[2] 边燕杰，张磊. 网络脱生：创业过程的社会学分析. 社会学研究, 2006（6）：74-88.

多更高的承诺,在小规模企业中,家族主义可以较容易地延伸到非家族员工,以对待家族成员的方式对待非家族员工,这种泛家族主义管理方式有利于家族企业与非家族员工建立相互信任的关系,进而提高员工的积极性;可是随着企业规模扩大,企业内部逐渐形成稳定的科层制,公司治理从关系治理向契约治理转变[①],家族成员之间、家族成员与员工之间的距离越来越大,员工积极性将受到削弱。最后,企业规模扩大必然伴随着企业管理的复杂化,这要求更加专业、更有能力的职业经理人参与企业管理,但是家族网络的封闭性可能使得企业拒绝职业经理人的进入,这将对民营企业的绩效和成长产生负面影响。[②]

总体而言,在规模小的企业,家族涉入的增加会显著提高企业在资本、人力、信息等多种资源上的优势;但是随着企业规模扩大,家族涉入的增加不会明显增加资源优势,甚至会因为排斥外部资源而引起资源优势的减少。因此,我们认为,增加一个单位的家族涉入,企业越大,资源优势的增加越少,也即家族涉入的边际收益(FMR)会随企业规模的扩大而减少。与之相反的是,非家族涉入的边际收益(GMR)则可能会随企业规模的扩大而增加,因为劳动分工与专业化生产只有在规模更大的企业中才更有效率。用函数形式表示即为:$FMR(S)=\alpha_3+\beta_3 S$,$GMR(S)=\alpha_4+\beta_4 S$。其中 S 表示企业规模,且 $\beta_3<0$,$\beta_4>0$。

3. 家族涉入与企业绩效的综合分析

设家族涉入为 F,是 0~1 之间的连续变量,非家族涉入为 $1-F$,企业规模为 S,家族涉入的代理成本为 FTC,非家族涉入的代理成本为 GTC,

---

[①] 李新春,陈灿. 家族企业的关系治理:一个探索性研究. 中山大学学报(社会科学版),2005(6):107-115.
[②] 储小平. 职业经理与家族企业的成长. 管理世界,2002(4):100-108,147.

家族涉入的收益为 FTR，非家族涉入的收益为 GTR，企业净收益为 TP。因为 FMC=$\frac{\partial FTC}{\partial F}$=$α_1+β_1S$，对该式求积，则得 FTC=（$α_1+β_1S$）*$F+C_1$，其中 C_1 为积分常数。而 GMC=$\frac{\partial GTC}{\partial (1-F)}$=$α_2+β_2S$，对该式求积，则得 GTC=（$α_2+β_2S$）*（$1-F$）+$C_2$，其中 C_2 亦为积分常数。同理可得，FTR=（$α_3+β_3S$）*$F+C_3$，GTR=（$α_4+β_4S$）*（$1-F$）+C_4。根据以上诸式，可得：

TP=（FTR+GTR）-（FTC+GTC）=（$α_4-α_2$）+（$α_3-α_4-α_1+α_2$）*F+（$β_3-β_4-β_1+β_2$）*SF+（$β_4-β_2$）*S+（$C_3+C_4-C_1-C_2$）=$αF+βS*F+γS+C$　　　①

其中，$α=α_3-α_4-α_1+α_2$，$β=β_3-β_4-β_1+β_2$，$γ=β_4-β_2$，C=（$α_4-α_2$）+（$C_3+C_4-C_1-C_2$）。

鉴于以往大多数经验研究的结果，我们得出的一般判断是：总体而言，对于以中小企业为主的民营企业来说，家族涉入对企业绩效有积极影响，也即 $α>0$。由于 $β_1>β_2>0$，所以 $β_2-β_1<0$，又因为 $β_3<0$，$β_4>0$，所以 $β<0$。那么等式①用文字描述即为：**家族涉入水平对企业绩效具有积极影响，但随着企业规模扩大而弱化（假设 3.2）**。考虑到家族涉入的结构维度，我们做出以下假设：

假设 3.2.1：家族所有权涉入水平对企业绩效具有积极影响，但随着企业规模扩大而弱化。

假设 3.2.2：家族管理权涉入水平对企业绩效具有积极影响，但随着企业规模扩大而弱化。

在讨论假设 3.1 时我们曾经指出，在衡量家族涉入时应该同时考虑结构和认知两个维度。假设 3.1 强调了家族意图与家族控制结构之间的联系，但是，正如前面已经指出的那样，家族意图作为认知维度，能够相对独立地影响企业的家族管理模式，即使企业中不存在正式的家族所有权和管理

权。考虑到家族涉入的这一认知维度,我们假设:

假设 3.2.3:企业主的家族意图对企业绩效具有积极影响,但随着企业规模扩大而弱化。

(四)企业规模与家族涉入水平

最后,企业规模带来的影响不仅仅表现为调节家族涉入与企业绩效的关系,事实上,企业规模对家族涉入本身也会产生影响。这是因为,当企业主发现随着企业规模扩大,家族无法适应企业发展的资源需求和组织管理的理性化要求而导致企业绩效下降时,一部分企业主会主动降低家族涉入水平,而另一部分不愿意做出改变的企业则可能因为企业绩效的下降而逐渐在市场竞争中被淘汰。因此,我们预测:

假设 3.3:家族涉入水平会随着企业规模扩大而下降。

二、不可忽视的家族纽带

家族涉入到底会给企业带来何种影响,我们可以从数据中找到答案。本节数据来自 2010 年进行的第九次中国私营企业调查,剔除与本研究相关的各变量信息不全的样本,有效样本为 2 748 个。

(一)变量

1. 因变量

由于此次调查的企业大多数不是上市企业,因此我们对企业绩效的测量主要考察其盈利能力。一般以净资产收益率(又称所有者权益报酬率,ROE)和销售利润率(ROS)作为企业盈利能力指标。净资产收益率=(净利润/所有者权益)*100%,销售利润率=(净利润/销售额)*100%,

二者均将净利润为负的企业设置为0。由于上述两个指标右偏分布，因此在实际操作中取对数进入模型。

2. 自变量

正如上文指出的，家族涉入包括结构维度和认知维度，我们分别以家族控制与家族意图表示。需要注意的是，本节还考察了企业规模对家族涉入本身的影响，此时，家族涉入水平被当作因变量。家族涉入水平具体界定如下。

家族控制：我们用家族所有权和家族管理权来衡量家族涉入企业的结构维度。家族所有权是指家族成员所掌握的所有者权益与企业总的所有者权益之比。家族管理权是指家族管理者人数与企业全部管理者人数之比，这里的管理者是指企业各部门负责人。如果一个管理者与企业主具有血缘或婚姻关系，我们认为该管理者属于家族管理者，否则就属于一般管理者。

家族意图：在问卷中采用了5分制里克特量表测量企业主家族意图。量表包括7道题目，分别是：A1，家族应该拥有企业大于50%的股权；A2，企业的战略决策权必须由家族成员掌控；A3，企业的关键岗位应该由家族成员担任；A4，家族参与管理更有利于企业的发展；A5，为家族成员提供就业机会是企业主的一项义务；A6，家族成员只有确实胜任才能被雇佣；A7，家族成员应该获得与其他员工不同的薪酬安排。1表示很不同意，5表示非常同意，其中A6是逆向问题，分析时做了逆向处理。

由于题目数量较多，而且考察具体内容相似，因此本节拟运用因子分析法提取公共因子。我们用Stata软件对这7个问题进行了因子分析（见表3-1和表3-2），发现这7道题可以合成2个公共因子，累积方差贡献率达到68%。但是，A6一题几乎完全负荷在公共因子2上，其他6道题主要负荷在公共因子1上，考虑到A6是逆向问题，我们猜测可能有许多被访企业主在填答此题时出现了错误，因此我们仅将公共因子1作为企业主家族意图的测量指标。企业主家族意图的分值是标准分，分值越高，表明企业主的家族意图越明显，反之则说明家族意图不明显。

企业规模：我们以企业2009年雇佣员工人数作为企业规模指标，为了方便系数的解释，将雇工人数除以100进入模型。

表3-1 旋转后的因子特征值及方差贡献率

公共因子	特征值	累积方差贡献率（%）
公共因子1	3.46	49.42
公共因子2	1.29	67.85

表3-2 旋转后的因子负荷矩阵

变量	公共因子1	公共因子2
A1	0.593	0.511
A2	0.811	0.249
A3	0.844	0.154
A4	0.851	0.049
A5	0.644	0.241
A6	−0.023	−0.915
A7	0.774	−0.214

3. 控制变量

企业经营绩效还受到其他诸多因素的影响，在企业层面，本节主要对企业所在行业与企业生存时间予以控制。由于问卷让企业主列出了三个主营行业，因此我们通过两个变量控制企业行业影响，一是企业是否从事制造业，二是企业是否从事多个行业，分别以虚拟变量代入。企业生存时间则用调查年份（2010年）减去企业开业年份，不足1年的算作1年。

与此同时，我们还控制了企业主性别、年龄、受教育程度与政治身份。企业主性别作为二分类变量，参照组是女性；企业主年龄是连续变量；企业主的受教育程度区分为初中及以下、高中、大专及以上三个水平，以初中及以下为参照组；企业主的政治身份则以企业主是否担任人大代表或者政协委员来测量，若企业主担任各级人大代表或者政协委员，则设置企业主的政治身份为1，否则为0。

表3-3呈现了各变量的简单描述统计。我们发现，在接受调查的民营企业中，家族所有权比例平均达到80%，而家族管理权比例平均只有25%，可见中国民营企业中，家族对所有权的控制程度要远高于对管理权的控制程度。

表3-3 各变量简单描述统计

因变量		控制变量	
净资产收益率（对数）	2.14（1.33）	企业主性别（1=男，%）	85.52
销售利润率（对数）	1.76（1.17）	企业主年龄（岁）	45.64（8.72）
		企业主受教育程度（%）	
自变量		初中及以下	9.61
家族所有权涉入	0.80（0.29）	高中	27.40
家族管理权涉入	0.25（0.32）	大专及以上	62.99
家族意图	0.02（1.01）	企业主政治身份（1=人大代表/政协委员，%）	46.87
企业规模（员工数）	1.83（3.94）	制造业（1=是，%）	41.48
		多元化（1=是，%）	22.53
		企业生存时间（年）	8.75（4.64）

注：对于连续变量，括号内为标准差。

（二）结果分析

1. 企业规模、家族意图与家族控制

表3-4中模型1.1、模型1.3和模型1.5分别讨论了企业规模对家族涉

涉入水平的影响。在三个模型中，企业规模的系数均显著为负，说明随着企业规模的扩大，家族在企业所有权和管理权上的涉入水平会降低，企业主的家族意图也会变弱，这一结果与假设3.3相吻合。企业主受教育程度的系数均为负数，表明企业主受教育程度越高，家族涉入水平越低，越趋向于现代理性主义。从企业属性来看，采用多元化战略的企业家族涉入水平都更高，但制造业与非制造业的区别不明显。值得注意的是，企业生存时间的影响不同于企业规模的影响。一般认为，企业生存时间越长，企业规模越大，家族对企业的涉入水平就越低，但模型显示企业生存时间对家族所有权和管理权涉入水平具有显著正向影响。这可能是因为：一方面，尽管企业生存时间与企业规模具有显著正相关关系，但是它们之间只具有弱相关关系（相关系数为0.29），所以企业生存时间长并不意味着企业规模的扩大；另一方面，企业生存时间与企业规模的影响机制可能不一样，企业生存时间越长，越可能引起家族成员对企业的特殊情感，家族成员也就越不愿意放弃企业所有权与管理权。

模型1.2和模型1.4刻画了企业主家族意图对家族所有权涉入水平与家族管理权涉入水平的影响。在控制其他变量的条件下，企业主家族意图对二者都有显著正向影响，即企业主家族意图越强，家族涉入企业所有权和管理权的水平越高，这一结果支持假设3.1。

表3-4 企业规模、家族意图与家族控制（N=2 748）

	模型1.1（家族所有权涉入）	模型1.2（家族所有权涉入）	模型1.3（家族管理权涉入）	模型1.4（家族管理权涉入）	模型1.5（家族意图）
	B/S.E.	B/S.E.	B/S.E.	B/S.E.	B/S.E.
企业主性别（1=男）	0.011	0.010	0.006	0.003	0.034
	0.016	0.015	0.017	0.016	0.055

续表

	模型1.1（家族所有权涉入）	模型1.2（家族所有权涉入）	模型1.3（家族管理权涉入）	模型1.4（家族管理权涉入）	模型1.5（家族意图）
	B/S.E.	B/S.E.	B/S.E.	B/S.E.	B/S.E.
企业主年龄	−0.003***	−0.003***	−0.001+	−0.001+	−0.001
	0.001	0.001	0.001	0.001	0.002
企业主受教育程度（参照组：初中及以下）					
高中	−0.032	−0.028	−0.102***	−0.093***	−0.088
	0.020	0.020	0.022	0.021	0.071
大专及以上	−0.106***	−0.090***	−0.228***	−0.195***	−0.321***
	0.019	0.019	0.021	0.020	0.067
政治身份	0.013	0.018	−0.025+	−0.014	−0.104*
	0.012	0.012	0.013	0.012	0.041
多元化	0.030*	0.031*	0.023	0.023+	−0.007
	0.013	0.013	0.015	0.014	0.047
制造业	−0.008	−0.005	0.000	0.006	−0.056
	0.011	0.011	0.012	0.012	0.04
企业生存时间	0.006***	0.006***	0.003*	0.002+	0.003
	0.001	0.001	0.001	0.001	0.004
企业规模	−0.007***	−0.005***	−0.008***	−0.005***	−0.024***
	0.001	0.001	0.002	0.002	0.005
家族意图		0.049***		0.103***	
		0.005		0.006	
截距	0.961***	0.944***	0.473***	0.438***	0.341**
	0.037	0.037	0.041	0.039	0.131
R^2	0.040	0.068	0.077	0.178	0.034

注：+ $p<0.1$；* $p<0.05$；** $p<0.01$；*** $p<0.001$。

2. 家族涉入、企业规模与经营绩效

模型 2.1 至模型 2.5 分析了家族涉入、企业规模对企业净资产收益率（ROE）的影响，分析结果见表 3-5。模型 2.1 是基本模型，从该模型中可以看到，如果单独考虑企业规模对净资产收益率的影响，其系数显著为正，表示我国民营企业经济中存在规模经济效应，企业规模越大，净资产收益率越高。企业历史对净资产收益率也具有显著正向影响，企业生存时间越长，企业绩效越高，因为企业生存时间越长，发展越成熟，其应对外部环境的能力越强。从行业来看，制造业的企业绩效与非制造业没有显著区别。多元化战略对企业绩效的影响也不显著。企业主的政治身份对企业绩效具有积极作用，但是企业主受教育程度系数基本不显著。

模型 2.2、模型 2.3、模型 2.4 分别加入了家族所有权、家族管理权、家族意图以及这些变量与企业规模的交互项。在模型 2.2 中，家族所有权的系数显著为正，"家族所有权 * 规模"的系数显著为负。这说明，虽然家族所有权的比例越大，企业绩效越高，但是家族所有权对净资产收益率的积极影响将随着企业规模扩大而减弱，当企业雇佣员工超过一定规模时，家族所有的股份比例越大，净资产收益率反而越低。在模型 2.3 中，家族管理权的影响与家族所有权的影响类似，家族成员参与企业的管理有利于净资产收益率提高，但随着企业规模的扩大，家族管理权对净资产收益率的影响也在减弱，这一结果支持假设 3.2.2。同样，模型 2.4 支持假设 3.2.3，家族意图变量显著为正，"家族意图 * 规模"系数显著为负，说明企业主的家族意图对净资产收益率的正面作用将随企业规模扩大而弱化。

模型 2.5 在基本模型基础上加入了所有变量，我们发现，所有核心自变量的显著性均减弱甚至消失，这可能与它们之间具有一定的相关性有关。即使如此,"家族意图 * 规模"的影响在 0.05 的置信水平上仍然是显著的,这说明家族意图除了通过影响企业正式组织行为来影响企业绩效外,确实还能通过影响其他非正式组织行为来影响企业绩效。

表 3-5　ROE（对数）回归模型的最小二乘估计（N=2 087）

	模型 2.1 B/S.E.	模型 2.2 B/S.E.	模型 2.3 B/S.E.	模型 2.4 B/S.E.	模型 2.5 B/S.E.
企业主性别（1=男）	−0.048	−0.055	−0.052	−0.052	−0.058
	0.085	0.085	0.085	0.085	0.085
企业主年龄	−0.009*	−0.009*	−0.009*	−0.009*	−0.008*
	0.004	0.004	0.004	0.004	0.004
企业主受教育程度（参照组：初中及以下）					
高中	0.136	0.141	0.163	0.140	0.165
	0.106	0.106	0.106	0.106	0.106
大专及以上	0.065	0.088	0.139	0.084	0.149
	0.100	0.100	0.102	0.100	0.102
政治身份	0.143*	0.143*	0.159*	0.145*	0.154*
	0.063	0.063	0.063	0.063	0.063
多元化	−0.055	−0.057	−0.060	−0.041	−0.052
	0.069	0.069	0.069	0.069	0.069
制造业	0.076	0.071	0.080	0.075	0.074
	0.060	0.060	0.060	0.060	0.060
企业生存时间	0.023***	0.022**	0.022***	0.023***	0.022**
	0.007	0.007	0.007	0.007	0.007
企业规模	0.047***	0.089***	0.062***	0.042***	0.075***
	0.008	0.019	0.010	0.008	0.020

续表

	模型 2.1 B/S.E.	模型 2.2 B/S.E.	模型 2.3 B/S.E.	模型 2.4 B/S.E.	模型 2.5 B/S.E.
家族所有权		0.318** 0.116			0.203+ 0.120
家族所有权 * 规模		−0.057* 0.024			−0.029 0.026
家族管理权			0.380*** 0.098		0.299** 0.106
家族管理权 * 规模			−0.105* 0.046		−0.071 0.049
家族意图				0.072* 0.032	0.032 0.034
家族意图 * 规模				−0.022** 0.007	−0.016* 0.008
截距	2.153*** 0.198	1.867*** 0.226	1.993*** 0.203	2.124*** 0.198	1.825*** 0.226
R^2	0.036	0.040	0.043	0.040	0.047

注：+ $p<0.1$；* $p<0.05$；** $p<0.01$；*** $p<0.001$。

模型 3.1 至模型 3.5（见表 3-6）和模型 2.1 至模型 2.5 一样，只是将因变量更换为销售利润率。就我们关心的家族涉入水平而言，家族所有权、家族管理权与家族意图系数显著为正，"家族所有权 * 规模"与"家族意图 * 规模"系数显著为负，"家族管理权 * 规模"系数不显著，这一结果意味着家族所有权与家族意图对于销售利润率的积极作用随着企业规模而下降，而家族管理权的积极作用会保持相对稳定。

表 3-6　ROS（对数）回归模型的最小二乘估计（$N=2\ 444$）

	模型 3.1 B/S.E.	模型 3.2 B/S.E.	模型 3.3 B/S.E.	模型 3.4 B/S.E.	模型 3.5 B/S.E.
控制变量	控制	控制	控制	控制	控制
企业规模	−0.010 0.006	0.025$^+$ 0.014	−0.004 0.007	−0.011$^+$ 0.006	0.014 0.015
家族所有权		0.282** 0.094			0.075 0.097
家族所有权 * 规模		−0.046* 0.018			−0.032$^+$ 0.019
家族管理权			0.549*** 0.079		0.427*** 0.086
家族管理权 * 规模			−0.010 0.026		0.011 0.028
家族意图				0.153*** 0.026	0.100*** 0.027
家族意图 * 规模				−0.016** 0.006	−0.012* 0.006
截距	2.328*** 0.164	2.075*** 0.185	2.058*** 0.167	2.279*** 0.163	2.021*** 0.184
R^2	0.021	0.025	0.041	0.035	0.048

注：+ $p<0.1$；* $p<0.05$；** $p<0.01$；*** $p<0.001$。

（三）小结

通过对第九次中国私营企业调查数据的分析，本节从静态和动态两个方面讨论了家族涉入对企业绩效的影响。在控制了企业相关属性以及企业主个人能力变量后，家族涉入对中国民营企业的经营绩效具有积极影响，即家族涉入越深，企业经营绩效越好；但是，如果动态分析家族涉入的影响，将企业规模这一组织特征引入分析之后，我们发现这种正效应随着企业规模扩大而减弱，当企业突破一定规模后，家族涉入甚至对企业经营绩效产生消极影响。

之所以家族涉入会出现这样的效应，主要的原因在于：第一，小规模的民营企业本身就是企业丛林中的弱者，由于企业自身力量弱小，它们很容易在市场竞争中遭到大企业的倾轧，并在市场变化和竞争中处于一个相对更不稳定的状态之中。第二，在中国这样一个正在经历转型、市场发育不完善、关于民营企业的法制不健全的社会中，小规模的民营企业同时也处在一个相对不稳定的政策和法制环境中，相对更容易受到来自权力部门和政策变化的影响。此时，家族将对企业的生存与发展起到重要作用。无论是家族所有权还是家族管理权，都使得家族利益更紧密地附着在企业利益上，家族成员借助于血缘关系等先天性关系联结在一起，目标一致，不但对企业具有高度承诺，而且对企业有高度的控制，这降低了企业经营中的代理成本，而家族网络所汇聚的各种稀缺资源将为企业成长注入重要力量。

然而，随着企业规模扩大，企业需要更多地汲取外部的社会资源，企业的组织结构和管理日益复杂化。在这样的背景下，建立在具有封闭性的血缘关系基础上的家族网络可能会产生负面作用：第一，排斥外部的社会资源，而这些资源对于企业扩大规模和发展至关重要；第二，家族联系的特殊主义有可能无法应对组织管理的理性化需求，甚至造成家族成员与职业经理人冲突的出现以及家族成员之间冲突的扩大。综上所述，企业规模的变化要求企业结构与经营管理行为同步变化，当家族不能适应这种变化时，家族涉入将会阻碍企业的继续发展。事实上，我们的研究也发现，中国民营企业中，家族涉入水平的影响确实随着企业规模扩大而减弱。

本节同时还讨论了企业主的家族意图对家族控制的影响。我们发现，企业主家族意图越明显，越倾向于控制企业的所有权和管理权。在以往经济学研究中，学者们着重讨论了企业结构、战略管理与企业绩效的关系，很少关注价值理念对企业结构及企业绩效的影响，但从马克斯·韦伯的经典研究开始，社会学就一直关注文化与经济的关系。在中国，传统儒家文化一直把家庭/家族作为社会结构中的最基本单位，家庭/家族对个人来说同时是生产、消费、生活的基本单位。虽然家族传统历经变革而衰弱，但是它的影响还远未消失，家族传统将会通过社会化而内化成企业主的价值观念，并进而对企业的组织结构和组织行为产生影响。我们的研究表明，民营企业主的家族意图随着企业走向成熟而减弱。在现代化过程中，民营企业主将越来越认识到伴随企业规模扩大而引起的资源需求和管理要求是家族网络所不能完全提供的，因此他们的家族意图将随着企业规模的扩张而减弱，进一步导致家族对企业所有权和管理权的控制随着企业规模的扩张而减弱。

家族作为一种传统力量是否会降低企业经营效率甚至阻碍经济现代化，一直是学界的争论焦点，而我们的研究有助于进一步理解家族与企业发展之间的真实联系。钱德勒（Alfred D. Chandler）基于西方企业史研究发现，家族对企业的控制将随着企业成长而松动。[①] 本节的经验研究也发现，家族涉入对民营企业绩效的影响随企业规模扩大而减弱，甚至产生不利影响，从某种角度来说，中国民营企业中的家族影响与西方社会民营企业中的家族影响是一致的。尽管如此，中国民营企业中的家族涉入水平还是高于西方民营企业中的家族涉入水平[②]，这一现象可能与中国特殊的传统

---

① 钱德勒.看得见的手：美国企业的管理革命.重武，译.北京：商务印书馆，1987.
② 杨玉秀.中日美家族企业比较：基于文化的视角.亚太经济，2013（1）：82-86.

文化和市场环境有关。一方面,中国传统文化强调家族在社会结构中的重要作用;另一方面,不健全的市场或政策环境对民营企业的生存是个很大的威胁,而家族网络是维持企业生存的最重要力量。以此推论,在现代化过程中,随着中国传统文化进一步势弱以及市场和政策环境逐渐改善,中国民营企业中的家族因素也会进一步退出。

第三节　政治联系:企业发展的双刃剑

一、扶持之手 VS. 干预之手

由于中国特殊的政治经济体制,很多学者都关注中国民营企业的政治联系行为策略及其影响,然而,政治联系并不是中国的独特现象,事实上,对于所有国家的民营企业而言,政商关系都是需要谨慎处理的关系,政商关系的建立也是民营企业的普遍现象。[1]关于民营企业的政治联系如何影响其经营绩效,目前存在两种主要观点。第一种观点认为,在中国市场经济体制还不完善的背景下,国家与政府依然掌握大量的稀缺资源,企业政治联系有利于企业获得更多资源,从而提高经营绩效。其中一些资源是企业经营直接需要的资金或补助。例如有研究发现政治联系有利于获得更多贷款,同时贷款利息更低、贷款周期更长[2];还有研

---

[1] FACCIO M. Politically connected firms. The American economic review, 2006, 96 (1): 369-386.
[2] 余明桂,潘红波.政治关系、制度环境与民营企业银行贷款.管理世界,2008 (8): 9-21,39.连军,刘星,杨晋渝.政治联系、银行贷款与公司价值.南开管理评论,2011, 14 (5): 48-57.何镜清,李善民,周小春.民营企业家的政治关联、贷款融资与公司价值.财经科学,2013 (1): 83-91.

究发现政治联系有利于获得更多政府补助[①]。另一些资源是间接获得的。例如，政治联系可以帮助企业降低税费负担[②]，进入一些壁垒较高的行业[③]。

之所以如此，是因为：第一，政治联系可以为民营企业获得外部合法性。正如前文所说，民营经济曾长期得不到承认，即使在经济改革过程中，民营经济合法性在制度与法律上逐渐巩固，但在实际经营过程中，私有产权有时依然得不到充分保护。民营企业与政府建立联系会有助于提高企业的社会与政治合法性，这会起到一定的保护作用。

第二，政治联系可以提供一种重要的信号。市场上总是存在着各种信息不对称，企业的各种信息如生产技术、产品市场、盈利能力、发展前景都无法被政府、市场乃至消费者完全掌握。此时，企业的政治联系则可能被认为是企业具有良好的发展前景和社会贡献的标志或一种信号显示机制，提高投资者等利益相关者对企业的信心和信任。此外，具有政治联系的民营企业也可以更好地向政府传递企业的相关信息，减少政府与企业之间的信息不对称。

第三，一些政治联系可以帮助民营企业直接参与政府决策或者充分了解政府政策，从而为自身经营赢得有利条件。民营企业若与政府正式往来频繁，能够洞悉政府政策新方向，则可顺应政策方向，有效配置企业

[①] 余明桂，回雅甯，潘红波.政治联系、寻租与地方政府财政补贴有效性.经济研究，2010，45（3）：65-77. 郭剑花，杜兴强.政治联系、预算软约束与政府补助的配置效率：基于中国民营上市公司的经验研究.金融研究，2011（2）：114-128.

[②] 罗党论，魏翥.政治关联与民营企业避税行为研究：来自中国上市公司的经验证据.南方经济，2012（11）：29-39. 吴文锋，吴冲锋，芮萌.中国上市公司高管的政府背景与税收优惠.管理世界，2009（3）：134-142.

[③] 谢琳，李孔岳，周影辉.政治资本、人力资本与行政垄断行业进入：基于中国私营企业调查的实证研究.中国工业经济，2012（9）：122-134. 罗党论，刘晓龙.政治关系、进入壁垒与企业绩效：来自中国民营上市公司的经验证据.管理世界，2009（5）：97-106.

资源，提高企业资源利用效率。企业管理人员具有政治背景或政治联系，熟悉政府的运作规则，了解政府的政策动向，则其与政府官员的沟通会更为有效，这可以为企业减少与政府的沟通成本，在获得政府支持方面提供便利。

与上述观点不同，第二种观点认为，民营企业的政治联系虽然可能会帮助企业获得更多资源，但在获取与使用这些资源的过程中，也会产生大量交易与代理成本，从而降低资源配置效率，乃至降低企业经营绩效。

一方面，政治联系是一种互惠关系，民营企业在获取稀缺资源的同时，也要承担额外的交易成本。与企业相比，政府的目标更为多元，包括最大化员工利益、促进地区经济发展、维护社会稳定、维持物品的低价格等，为了实现这些目标，往往需要民营企业的配合，而那些具有政治联系的企业更可能受到政府干预，承担更多的社会责任。例如，许多研究发现，具有政治联系的企业往往雇佣人数更多、雇佣成本更高[1]，同时非生产性支出如摊派、接待费用也可能更高[2]。

另一方面，政治联系可能会弱化公司治理对高管应有的监督和约束机制，加剧企业内部代理问题，导致代理成本增加、资源配置效率降低。当企业管理人员具有政治联系时，这可能会成为他们职业安全的"保护伞"，减少高管因业绩恶化而离职的可能性[3]，这些管理人员就没有足够的动力来努力提高公司效率，他们在做投资决策时就不会那么慎重考虑，容易造成

---

[1] 何德旭，周中胜．民营企业的政治联系、劳动雇佣与公司价值．数量经济技术经济研究，2011，28（9）：47-60．梁莱歆，冯延超．民营企业政治关联、雇员规模与薪酬成本．中国工业经济，2010（10）：127-137．

[2] 周中胜，何德旭．民营企业的政治联系、非生产性支出与R&D投资．科学学研究，2013，31（12）：1854-1863．杜兴强，陈韫慧，杜颖洁．寻租、政治联系与"真实"业绩：基于民营上市公司的经验证据．金融研究，2010（10）：135-157．

[3] 游家兴，徐盼盼，陈淑敏．政治关联、职位壕沟与高管变更：来自中国财务困境上市公司的经验证据．金融研究，2010（4）：128-143．

过度投资[1]；同时他们也没有长远战略考虑，经常会挤压研发投入而用于短期容易出效果的投资[2]。

围绕上述两种观点，已经形成了大量经验研究，但这些研究结论却相互对立：一些研究认为企业政治联系有助于提高企业经营绩效[3]；另一些研究发现恰恰相反，认为企业政治联系与企业经营绩效之间是负向关系或没有关系[4]。围绕这些完全对立的经验证据，我们认为，企业政治联系与经营绩效的关系可能存在异质性，这种异质性主要表现在两个方面：一是不同类型的政治联系的影响不一样；二是在不同的制度环境下，政治联系的影响也不一样。

首先，几乎所有学者都认为，企业政治联系的影响与外在制度环境有关。支持政治联系积极作用的学者认为，企业政治联系是一种重要的非正式治理方式，可以用来弥补制度不完善的不足，那么随着制度的逐步完善，企业政治联系对经济绩效的积极作用会被弱化。[5]另一些学者则认为，

---

[1] 张兆国, 刘亚伟, 亓小林. 管理者背景特征、晋升激励与过度投资研究. 南开管理评论, 2013, 16 (4): 32-42.
[2] 陈爽英, 井润田, 龙小宁, 等. 民营企业家社会关系资本对研发投资决策影响的实证研究. 管理世界, 2010 (1): 88-97. 陈爽英, 井润田, 廖开容. 社会资本、公司治理对研发投资强度影响：基于中国民营企业的实证. 科学学研究, 2012, 30 (6): 916-922. 连军, 刘星, 连翠珍. 民营企业政治联系的背后：扶持之手与掠夺之手：基于资本投资视角的经验研究. 财经研究, 2011, 37 (6): 133-144.
[3] 罗党论, 黄琼宇. 民营企业的政治关系与企业价值. 管理科学, 2008, 21 (6): 21-28. 罗党论, 刘晓龙. 政治关系、进入壁垒与企业绩效：来自中国民营上市公司的经验证据. 管理世界, 2009 (5): 97-106. 李维安, 徐业坤. 政治关联形式、制度环境与民营企业生产率. 管理科学, 2012, 25 (2): 1-12.
[4] 邓建平, 曾勇. 政治关联能改善民营企业的经营绩效吗. 中国工业经济, 2009 (2): 98-108. 杜兴强, 郭剑花, 雷宇. 政治联系方式与民营上市公司业绩："政府干预"抑或"关系"?. 金融研究, 2009 (11): 158-173. 潘红波, 余明桂. 政治关系、控股股东利益输送与民营企业绩效. 南开管理评论, 2010, 13 (4): 14-27. 李维安, 邱艾超. 民营企业治理转型、政治联系与公司业绩. 管理科学, 2010, 23 (4): 2-14.
[5] 吴文锋, 吴冲锋, 刘晓薇. 中国民营上市公司高管的政府背景与公司价值. 经济研究, 2008 (7): 130-141. 李维安, 徐业坤. 政治关联形式、制度环境与民营企业生产率. 管理科学, 2012, 25 (2): 1-12.

由于政府的干预，企业政治联系会带来消极作用，而在制度不完善的地方，政府干预更加厉害，因而政治联系的消极作用会更明显。[1]总的来看，虽然学者们对政治联系是积极作用还是消极作用有争论，但基本都同意，随着制度的完善，政治联系的作用趋于弱化。

其次，民营企业的政治联系类型非常丰富，有研究区分为代表委员类和政府官员类[2]，还有研究根据联系的政府级别或代表委员级别进行区分[3]。综合来看，民营企业的政治联系至少可以从两个方面来区分：其一，根据联系对象的性质可以分为个人联系与组织联系。所谓个人联系是指企业高管（包括企业主与管理人员）具有政治背景或者与政府部门人员之间具有个人联系，如企业主曾经在政府部门工作过，或者是人大代表与政协委员，或者与政府官员有私人关系等。组织联系是指企业和政府作为两个组织，通过股权持有、项目合作、组织嵌入而建立了良好的关系，例如政府持有企业部分股权，或者在企业中建立党组织等。其二，根据联系的稳定性可以区分为正式联系与非正式联系。前者是指通过一定的制度或契约形式确定的关系，不轻易变动；后者则更多是私人关系或者偶然性的合作关系。由此可以得到四种政治联系：个人正式联系、个人非正式联系、组织正式联系、组织非正式联系。既有研究显示，相比于个人联系与非正式联系，组织联系与正式联系是一种组织化、制度化的关系，在获取优势资源的同时付出的成本更低，同时这种联系也更稳定，不会

---

[1] 邓建平，曾勇.政治关联能改善民营企业的经营绩效吗.中国工业经济，2009（2）：98-108. 连军，刘星，连翠珍.民营企业政治联系的背后：扶持之手与掠夺之手：基于资本投资视角的经验研究.财经研究，2011，37（6）：133-144.
[2] 杜兴强，郭剑花，雷宇.政治联系方式与民营上市公司业绩："政府干预"抑或"关系"?.金融研究，2009（11）：158-173.
[3] 李维安，邱艾超.民营企业治理转型、政治联系与公司业绩.管理科学，2010，23（4）：2-14.

因为政府人员的变动而发生重大变化,故而这两种政治联系对企业经营绩效往往具有积极影响。[①]

除了上述争论以外,另一个有待深入挖掘的是政治联系影响企业经营绩效的中间机制。目前大多数研究都只是理论探讨,实证检验尚未充分。结合既有研究,我们认为,这种影响至少存在三种机制:一是政治联系有助于企业获得更多社会资源,无论是资金、土地还是政策信息等,这些稀缺资源均有利于提高企业绩效。二是政治联系的维持需要一定的成本。正如资源依赖理论所说的[②],企业一旦从政府那里获得稀缺资源,就会对政府产生依赖,由此便产生了权力关系。当政府有需要时,就会要求这些企业予以满足,对于企业而言,这就增加了经营成本。三是政治联系可能会为企业高管提供保护伞,由此导致他们滥用企业资源尤其是通过政治联系获得的资源,从而增加企业内部的代理成本,降低内部资源配置效率。

我们认为,上述四种政治联系都有助于获得外部稀缺资源,但是对企业成本的影响可能存在不一致。比较正式联系与非正式联系,正式联系的制度化程度更高,维持成本可能相对更低;与此同时,正式联系对企业高管的保护更强,这可能增加企业内部的代理成本。比较个人联系与组织联系,高管个人联系往往更不稳定,需要花费更多成本予以维持,但是高管个人联系对高管本人的保护更强,这可能会增加潜在的代理问题。如果把上述预测汇总到一张表内(见表3-7),那么可以进一步预测不同类型的政

[①] 何晓斌,郑刚,滕颖. 民营企业家的政治关联类型与企业绩效:基于2014年全国私营企业调查数据的实证检验. 学海,2019(6):73-81. 王龙伟,王文君,王立. 政治关联与企业绩效:基于组织和私人层面的比较研究. 管理评论,2021,33(3):213-224.
[②] 菲佛,萨兰基克. 组织的外部控制:对组织资源依赖的分析. 闫蕊,译. 北京:东方出版社,2006.

治联系对企业经营绩效的影响。由此可以得到如下假设：

假设 3.4：个人正式联系对企业经营绩效没有影响或具有消极影响，其他政治联系对企业经营绩效具有积极影响。

表 3-7 不同类型政治联系的影响机制与结果

	资源获取	维持成本	代理成本	经营绩效
个人正式联系	++	++	+++	-
个人非正式联系	++	+++	+	+
组织正式联系	++	+	++	++
组织非正式联系	++	++	++	+

注：+ 代表积极影响，- 代表消极影响。

二、丰富多彩的政治联系

表 3-7 总结了各种政治联系的影响机制与结果，下面通过 2016 年第十二次中国私营企业调查数据来检验。之所以使用该次调查数据，是因为该数据关于企业政治联系的问题比较全面。剔除与本研究相关的各变量信息不全的样本，有效样本为 3 351 个。

（一）变量

1. 因变量

本节的因变量是企业经营绩效，目前常用的绩效测量指标包括销售利润率（ROS）和净资产收益率（ROE），一些研究使用净利润或销售额作为盈利指标，但这两个指标和企业规模密切相关，而 ROS 和 ROE 较好地平衡了净利润与企业规模的关系。由于企业净资产缺失较多，故而本节使用销售利润率考察其盈利能力。销售利润率=（净利润/销售额）*100%，净利润为负的企业统一设置为0。由于销售利润率右偏分布，因此在实际操作中取对数进入模型。

2. 自变量

本节自变量是企业政治联系，正如上文所说，企业政治联系包括个人正式联系、个人非正式联系、组织正式联系、组织非正式联系。具体指标如下。

个人正式联系：当企业主或企业管理者现在是人大代表或政协委员时，我们认为企业与政府建立了正式的个人联系，通过人大或政协渠道可以进行制度化交流。具有个人正式联系设置为1，否则设置为0。

个人非正式联系：我们用企业主与企业管理者的个人经历来测量个人非正式联系。当企业主或企业管理者曾经是政府官员时，意味着他们很可能认识许多政府官员，即使创业以后依然可能得以保持。具有个人非正式联系设置为1，否则设置为0。

组织正式联系：主要是指设立党组织，通过党组织系统，企业能和政府建立制度化联系。该变量设置为虚拟变量，有党组织为1，否则为0。

组织非正式联系：当企业中有专职处理与政府关系的部门或人员时，企业与政府也具有组织层面的联系，不过这种联系只是企业单方面建立的，还不像党组织那般制度化，因此可以看作是组织非正式联系。有的话设置为1，否则设置为0。

3. 中介变量

资源获取：这里以两个指标来衡量，一是企业是否能从国有银行获得贷款，二是企业是否能得到当地政府的特殊优惠和资金扶持。二者均设置为虚拟变量，如果有设置为1，没有则设置为0。

维持成本：问卷中没有直接询问政治联系的维持成本，这里使用企业缴纳规费或者接受摊派作为维持成本的指标。按照理论推测，那些具有政治联系的企业更可能缴纳规费或接受摊派，这是维持政治联系的一种手段。当企业缴纳过各种规费或有接受摊派的经历时，设置为1，否则设置为0。

代理成本：企业代理成本体现为企业高管是否合理使用资源，我们使用企业新增投资作为合理使用资源的一种判断方式。如果企业有新增投资，那说明企业高管很可能将政治联系得来的企业资源用在了企业生产中，否则则是用在了其他非生产活动中。该变量也设置为虚拟变量，如果有新增投资设置为1，否则设置为0。

4. 控制变量

本节控制变量同样包括个人特征与企业特征两个层面。在个人特征层面，控制了企业主的性别、年龄、受教育程度。企业主性别作为二分类变量，参照组是女性；企业主的受教育程度区分为初中及以下、高中、大专及以上三个水平，以初中及以下为参照组。在企业特征层面，主要对企业所在行业、企业规模以及企业生存时间予以控制。根据企业经营主业将企业所在行业分为第一产业、制造业、其他第二产业、商业服务业、其他第三产业五类，以第一产业为参照组。同时还控制了企业多元化策略，也即企业是否从事多个行业，以虚拟变量代入。企业规模使用企业员工人数进行测量，由于员工人数差异较大，取对数代入模型。企业生存时间则用调查年份（2016年）减去企业开业年份，不满1年算1年。

表3-8是各变量的简单描述统计。

表 3-8 各变量简单描述统计

因变量		控制变量	
销售利润率（对数）	1.76（1.33）	企业主性别（1=男，%）	81.80
		企业主年龄	45.83（9.39）
自变量		企业主受教育程度（%）	
高管从政经历（1=是，%）	12.24	初中及以下	8.06
高管政治身份（1=是，%）	34.02	高中	26.47
企业公关部门（1=有，%）	7.73	大专及以上	65.47
党组织（1=有，%）	29.84	企业所在行业（%）	
		第一产业	8.27
		制造业	35.57
中介变量		其他第二产业	9.67
贷款（1=有，%）	42.91	商业服务业	31.24
政府扶持（1=有，%）	34.44	其他第三产业	15.25
规费摊派（1=有，%）	56.22	多元化（1=是，%）	22.68
新增投资（1=有，%）	52.55	企业规模（员工数对数）	3.67（1.72）
		企业生存时间	10.42（6.80）

（二）结果分析

模型 4.1 至模型 4.4 分析了企业政治联系对各中介变量的影响（见表 3-9），由于各中介变量都是二分类变量，故而使用的是 Logistic 模型。模型 4.1 的因变量是能否获得银行贷款。政治联系指标中，除了企业公关部门的系数不显著外，其他三个变量的系数均显著为正，说明高管政治身份、高管从政经历、企业设立党组织均有利于民营企业获得国有银行贷款。模型 4.2 的因变量是能否获得政府扶持。模型结果与模型 4.1 恰恰相反，除了企业公关部门的系数显著为正外，其他三个政治联系变量系数均不显著，说明只有企业公关部门显著有助于企业获得政府的政策与资金扶持。模型4.3的因变量是企业缴纳规费和接受摊派情况。结果显示，高管政治身份与从政经历的系数显著为正，说明那些高管有政治身份或从政经历的企业更可能缴纳规费或接受政府摊派；组织政治联系系数也为正，但不显著，表明个人政治联系的维持成本确实高于组织政治联系的维持成本。最后，模型4.4以是否新增投资作为因变量。结果显示，除了党组织以外，其他三个变量系数都显著为正，这意味着个人政治联系和企业公关部门都能促进企业将更多资源用于生产，而党组织却未发挥这样的作用。这和我们的预测不太一致。我们预测高管政治身份最有可能带来代理成本，从而降低企业资源配置效率，但实际上高管政治身份的作用并不是这样的，这可能是因为高管政治身份的维持本身需要花费成本，故而这些高管反而会慎重配置企业内部资源。

模型5.1和模型5.2分析了企业政治联系对销售利润率的影响，使用的模型是多元OLS回归模型。模型5.1仅加入了控制变量与企业政治联系变量。先来看企业政治联系的影响，在四个指标中，高管从政经历系数显著为正，党组织系数显著为负，其他两个变量系数为正但不显著。这说明当企业高管具有从政经历时，企业销售利润率显著提高，而企业党组织可能会降低企业销售利润率，其他指标没有显著影响。

再来看控制变量的结果。企业主年龄系数显著为负，说明企业主年龄越大，企业销售利润率越低；企业主受教育程度中，高中与大专及以上的系数都显著为负，说明企业主受教育程度越高，企业销售利润率反而越低；在企业所在行业中，各产业的系数都显著为负，说明相比于第一产业，这些产业的销售利润率更低；多元化经营系数显著为正，那些经营多元化的企业销售利润率更高；企业规模系数显著为负，说明企业规模越大，企业销售利润率越低；其他控制变量的系数都不显著，意味着没有显著影响。

模型 5.2 在模型 5.1 基础上加入了中介变量，重点来看中介变量的情况。首先，银行贷款系数显著为负，说明国有银行贷款并不能有效提高企业绩效，反映出国有银行资源的配置效率较低。其次，政府扶持系数显著为正，说明如果得到地方政府的政策和资金扶持，企业销售利润率可以显著增加。再次，令人比较意外的是，规费摊派系数虽然为正，但不显著。最后，新增投资系数显著为正，说明将更多资源用于扩大生产和经营，能够显著提高企业销售利润率。在加入了中介变量后，大部分政治联系变量系数绝对值都减小了，说明企业政治联系很有可能是通过这些中介变量来影响企业销售利润率的。

表 3-9　企业政治联系与经营绩效的关系（N=3 351）

	模型 4.1（银行贷款）	模型 4.2（政府扶持）	模型 4.3（规费摊派）	模型 4.4（新增投资）	模型 5.1（销售利润率）	模型 5.2（销售利润率）
	B/S.E.	B/S.E.	B/S.E.	B/S.E.	B/S.E.	B/S.E.
企业主性别（1=男）	0.167	0.019	0.065	0.255*	0.055	0.036
	0.112	0.101	0.096	0.103	0.060	0.059
企业主年龄	0	−0.012**	−0.006	−0.016***	−0.017***	−0.015***
	0.005	0.005	0.005	0.005	0.003	0.003
企业主受教育程度（参照组：初中及以下）						
高中	0.070	0.242	0.086	0.056	−0.182*	−0.193*
	0.168	0.158	0.146	0.155	0.091	0.090

141

续表

	模型 4.1（银行贷款）	模型 4.2（政府扶持）	模型 4.3（规费摊派）	模型 4.4（新增投资）	模型 5.1（销售利润率）	模型 5.2（销售利润率）
	B/S.E.	B/S.E.	B/S.E.	B/S.E.	B/S.E.	B/S.E.
大专及以上	0.055	0.181	0.127	−0.056	−0.318***	−0.320***
	0.162	0.153	0.142	0.150	0.088	0.087
企业生存时间	0.013+	−0.008	0.034***	−0.011	0.001	0.002
	0.007	0.007	0.007	0.007	0.004	0.004
企业所在行业（参照组：第一产业）						
制造业	−0.090	−0.514***	0.364*	0.043	−0.476***	−0.469***
	0.156	0.140	0.143	0.153	0.089	0.088
其他第二产业	−0.728***	−0.360*	0.374*	−0.549**	−0.319***	−0.285**
	0.192	0.170	0.174	0.185	0.107	0.106
商业服务业	−0.661***	−0.639***	0.288*	−0.342*	−0.425***	−0.395***
	0.159	0.142	0.144	0.153	0.089	0.089
其他第三产业	−0.979***	−0.713***	0.310*	−0.475**	−0.259**	−0.226*
	0.178	0.158	0.158	0.168	0.098	0.098
多元化	0.151	−0.185*	0.108	0.274**	0.100+	0.086
	0.102	0.094	0.093	0.099	0.056	0.056
企业规模	0.461***	0.209***	0.254***	0.504***	−0.062***	−0.100***
	0.035	0.030	0.031	0.034	0.018	0.019
高管政治身份	0.643***	−0.028	0.168+	0.417***	0.069	0.052
	0.096	0.092	0.093	0.097	0.057	0.057
高管从政经历	0.281*	0.164	0.312*	0.559***	0.211**	0.168*
	0.129	0.114	0.123	0.132	0.071	0.071
党组织	0.519***	0.083	0.058	0.131	−0.130*	−0.128*
	0.103	0.098	0.100	0.105	0.061	0.060

续表

	模型 4.1（银行贷款）	模型 4.2（政府扶持）	模型 4.3（规费摊派）	模型 4.4（新增投资）	模型 5.1（销售利润率）	模型 5.2（销售利润率）
	B/S.E.	B/S.E.	B/S.E.	B/S.E.	B/S.E.	B/S.E.
企业公关部门	0.032	0.470***	0.232	0.363*	0.090	0.049
	0.159	0.135	0.148	0.163	0.086	0.085
银行贷款						−0.142**
						0.054
政府扶持						0.141**
						0.048
规费摊派						0.053
						0.048
新增投资						0.402***
						0.052
截距	−2.345***	−0.502+	−1.335***	−1.138***	3.301***	3.139***
	0.324	0.290	0.286	0.302	0.175	0.175
Pseudo R^2/R^2	0.230	0.036	0.076	0.170	0.047	0.069
−2 Log Likelihood	3 524.25	4 161.92	4 244.11	3 849.61		

注：+ $p<0.1$；* $p<0.05$；** $p<0.01$；*** $p<0.001$。

上述模型只能推测出企业政治联系是通过中介变量来影响企业销售利润率的，但具体路径是怎样的，则比较模糊。为此我们又使用 KHB 模型对各政治联系变量的影响机制做了具体分析，结果可见表 3-10。首先，虽然高管政治身份系数不显著，但中介变量却能够解释约 25% 的总影响。高管政治身份之所以对企业销售利润率影响不显著，很大程度上是因为银行贷款这条中间路径产生了负面影响，高管政治身份有助于企业获得贷款，但贷款不利于提高企业销售利润率。其他中间路径中，新增投资的中介效应最为明显。其次，就高管从政经历来说，中介变量可以解释约 20% 的总影响，其中主要也是通过新增投资这一机制来影响的。高管从政经历能够促进新增投资，而新增投资又有利于提高企业销售利润率。再次，加入中介变量后，党组织的系数几乎没有变化，但拆分各个中介变量的影响，可以看到党组织之所以对企业销售利润率有消极影响，很大程度上是因为党组织对于获得银行贷款有积极影响，但银行贷款对企业销售利润率有负面影响。最后，加入中介变量后，企业公关部门的系数变化显著，间接效应占到总效应的约 45%，主要是通过政府扶持与新增投资来产生影响的。

表 3-10 企业政治联系影响经营绩效的中间机制

	高管政治身份	高管从政经历	党组织	企业公关部门
总效应	0.07	0.21**	−0.13*	0.09
直接效应	0.05	0.17*	−0.13*	0.05
间接效应	0.02	0.04+	0.00	0.04+
中介变量解释百分比（%）				
合计	25.04	20.04	1.53	45.44
银行贷款	−28.19	−3.45	12.90	−0.64
政府扶持	−1.36	2.48	−2.09	17.52
规费摊派	2.99	1.62	−0.51	2.64
新增投资	51.60	19.39	−8.77	25.92

（三）小结

本节重点分析了政治联系对民营企业经营绩效的影响。我们将企业政治联系区分为四种类型：个人正式联系、个人非正式联系、组织正式联系、组织非正式联系。一方面，这些政治联系可以为企业带来更多社会资源，例如银行贷款、政府扶持等；另一方面，为了维持这种政治联系，可能会增加企业的经营成本，如缴纳各种规费与接受摊派，但是政治联系似乎没有带来更多内部代理成本，事实上，政治联系促使企业高管增加了生产和经营投资。由于不同类型的政治联系的作用机制不一样，其对企业经营绩效的影响也不一样。

数据结果发现，以企业高管政治经历为代表的个人非正式联系总体上对企业经营绩效有积极影响，主要是因为这种联系促进了企业新增投资。虽然企业高管通过这种政治联系获得了一些资源、付出了一些成本，但这些影响并不重要。理论上认为组织正式联系对企业经营绩效的积极作用最强，但数据结果恰恰相反，党组织的建立反而不利于企业经营绩效的提升，这可能是因为在这种制度化联系的加持下，企业能够以较低成本获得重要资源，由此不会太重视资源利用效率，从而造成资源浪费。高管政治身份与企业公关部门总体上都未带来明显的绩效提升，但是中介变量确实能够解释部分系数值的变化，其背后的原因还有待进一步讨论。

上述结果与前文理论预测不完全一致，说明政治联系对企业经营的影响比较复杂。比较而言，个人非正式联系与组织正式联系是两种典型的政治联系。前者花费相当成本才能获得稀缺资源，故而对这些资源的使用比较积极，配置效率较高；而后者比较容易获得稀缺资源，反而不注意资源使用的效率，导致经营绩效的降低。而个人正式联系与组织非正式联系处于二者中间，影响机制更为复杂。总的来说，个人政治联系与组织政治联系差异比较明显，前者需要花费成本获取资源，后者获取资源相对容易，反过来也使得前者资源配置效率可能更高。正式联系与非正式联系之间的差别并不是很明显,这也是经验结果与理论预测不太一致的重要原因。

以上数据结果在政策上的启发是:虽然一些政治联系表现为互惠关系,企业获得资源的同时也积极回报政府,这种互惠关系有利于企业绩效提升;但从政府角度来说,要使资源配置更有效率,不能仅仅依靠关系输出,也不能依靠企业管理者个人能动性,而是要在资源分配与使用过程中加强监督,避免一些企业以较低成本获得资源却不善加利用。

第四节 民营企业的多元发展模式

一、民营企业发展模式的理想类型

正如第一节所回顾的,关于民营企业的发展,目前存在三种观点,从嵌入性视角来看,意味着民营企业的发展是建立在市场、国家与家族的联系基础上的。第二节和第三节单独讨论了家族联系与政治联系对企业经营绩效的影响,但未将这些关系网络与企业经营绩效放在一起综合考虑,本节将重点分析市场联系、政治联系与家族联系对企业经营绩效的综合影响。这三种关系网络中,市场联系与政治联系都是企业与外部行动主体之间的关系网络:市场联系主要是企业与其他市场主体之间的联系,政治联系主要是企业与政府之间的联系。家族联系主要是指企业与特定家族的联系。这里的家族可能是一个家族,也可能是数个具有紧密联盟关系的家族;这里的联系可能是指企业主与其家族成员的联系,也可能是指家族成员直接进入企业内部,成为企业所有者、管理者或工作人员。虽然这些关系网络的性质各异,但它们对企业绩效的影响机制却是相似的,主要包括两点:加强资源获取与降低交易成本。

首先,关系网络中蕴藏了各种社会资源,其中许多资源是民营企业生产与经营所需要的稀缺资源,包括资金、技术、生产原料、劳动力、信息、政策补贴、市场机会等。大量研究显示,民营企业通过各种关系网络可以获取更多社会资源[1],从而提高自己的经营绩效。

其次,关系网络中的非正式社会规范能为不同行为主体提供信任,从而加强各自的行为预期、促进合作的达成或者快速地解决双方之间的问题,从而降低交易成本。例如,有研究发现,家族规范和家族信任在动员集体资源、预防管理者的委托-代理问题、解决内部发生的冲突方面发挥了重要作用,有效保护了改革初期私营企业的产权。[2] 关于长三角地区产业集群的研究也发现,私营企业之间的商业关系网络以及企业主个人的人际关系网络均有助于敦促各方遵守商业规范与商业契约,降低商业风险与交易成本。[3] 同样,许多研究认为,与政府部门的关系能提高企业合法性,为企业提供保护,防止许多不必要的行政干预,帮助企业应对制度环境的

---

[1] 李路路.社会资本与私营企业家:中国社会结构转型的特殊动力.社会学研究,1995(6):46-58.李路路.社会结构变迁中的私营企业家:论"体制资本"与私营企业的发展.社会学研究,1996(2):93-104.李路路.私营企业主的个人背景与企业"成功".中国社会科学,1997(2):134-146.石秀印.中国企业家成功的社会网络基础.管理世界,1998(6):187-196,208.边燕杰,丘海雄.企业的社会资本及其功效.中国社会科学,2000(2):87-99.边燕杰,张磊.网络脱生:创业过程的社会学分析.社会学研究,2006(6):74-88.吴文锋,吴冲锋,芮萌.中国上市公司高管的政府背景与税收优惠.管理世界,2009(3):134-142.余明桂,潘红波.政治关系、制度环境与民营企业银行贷款.管理世界,2008(8):9-21,39.何晓斌,郑刚,滕颖.民营企业家的政治关联类型与企业绩效:基于2014年全国私营企业调查数据的实证检验.学海,2019(6):73-81.
[2] PENG Y S. Kinship networks and entrepreneurs in China's transitional economy. American journal of sociology, 2004, 109(5):1045-1074.
[3] 倪志伟,欧索菲.自下而上的变革:中国的市场化转型.阎海峰,尤树洋,译.北京:北京大学出版社,2016.

不确定性。[1]

总的来说，本节基本预测是上述三种关系的建立均有助于提升民营企业的经营绩效。然而，三者的性质并不一样，其发挥作用的条件或许也不一样。

首先，家族成员具有高度家族忠诚、责任感，遵循家族内部规范，相互之间具有特殊主义信任[2]，当这些家族成员进入企业，与企业内部的组织结构相结合时，会影响企业的决策、管理与经营。一些学者认为，家族目标与企业目标不完全一致，甚至存在冲突，家族企业将社会情感财富作为企业追求的首要目标[3]，这包括维持家族对企业的控制、实现家族继承、维持家族成员的家族忠诚与企业认同、增加企业社会声望等[4]。有时候企业控制家族会为了追求社会情感财富而牺牲企业经济目标[5]，这意味着家族联系未必总是有助于提高企业经营绩效。

正如第二节结果所显示的，在企业初创阶段或者企业规模较小时，企业内部结构简单、外部合法性弱、资源获取困难、生存压力较大，此时家族所提供的资源对于企业生存与发展十分关键，家族主义的管理方式也更适合企业团结员工；但随着企业成长、企业规模扩大，企业内部结构的复杂化提高了家族主义管理带来的代理成本，家族所提供的资源

---

[1] OI J C. Fiscal reform and the economic foundations of local state corporatism in China. World politics, 1992, 45（1）：99-126. CHE J H, QIAN Y Y. Insecure property rights and government ownership of firms. The quarterly journal of economics, 1998, 113（2）：467-496.
[2] 李新春. 信任、忠诚与家族主义困境. 管理世界, 2002（6）：87-93, 133-155.
[3] GOMEZ-MEJIA L R, CRUZ C, BERRONE P, et al. The bind that ties：socioemotional wealth preservation in family firms. The academy of management annals, 2011, 5（1）：653-707.
[4] BERRONE P, CRUZ C, GOMEZ-MEJIA L R. Socioemotional wealth in family firms：theoretical dimensions, assessment approaches, and agenda for future research. Family business review, 2012, 25（3）：258-279.
[5] GÓMEZ-MEJÍA L R, HAYNES K T, NÚÑEZ-NICKEL M, et al. Socioemotional wealth and business risks in family-controlled firms：evidence from Spanish olive oil mills. Administrative science quarterly, 2007, 52（1）：106-137.

难以满足企业扩张的需要，此时企业外部关系网络的重要性相对提高。因此，家族联系在不同规模企业中的作用也不一样。由此可以得到如下假设：

假设 3.5：相比于大企业，家族联系的积极作用在中小企业中更明显。

其次，市场联系与政治联系都是企业与外部行动主体之间的联系，与家族联系相比，这些外部关系网络的建立与维持需要一定的成本。例如，许多研究发现，具有政治联系的民营企业往往需要承担更多政府所期待的社会责任，包括解决当地的劳动力就业[1]、承担更高的税负[2]、更多的慈善捐赠等[3]。因此，在不同的市场环境中，维持市场联系与维持政治联系的收益与成本不一样，它们对企业绩效的作用也不一样。

在市场化水平较低的地区，法律对私有产权的保护不确定，政府可以任意干预企业经营，或对企业进行各种罚款；经济政策经常变化，提前获知政策出台或调整消息对于企业战略规划至关重要；政府控制着大量的稀缺生产资源，金融市场发展落后，企业难以通过市场融资或者购买稀缺生产资源。在这些地区，民营企业通过政治联系能够获得在市场中难以获得的资源、信息与机会，同时能够大大降低政府与企业之间的交易成本，政治联系为企业带来的收益远远超过成本，所以政治联系对企业经营绩效的

---

[1] 郭剑花.制度环境、政治联系与政策性负担：基于民营上市公司的经验证据.山西财经大学学报，2011，33（7）：33-40.何德旭，周中胜.民营企业的政治联系、劳动雇佣与公司价值.数量经济技术经济研究，2011，28（9）：47-60.
[2] 冯延超.中国民营企业政治关联与税收负担关系的研究.管理评论，2012，24（6）：167-176.
[3] 高勇强，何晓斌，李路路.民营企业家社会身份、经济条件与企业慈善捐赠.经济研究，2011，46（12）：111-123.梁建，陈爽英，盖庆恩.民营企业的政治参与、治理结构与慈善捐赠.管理世界，2010（7）：109-118.

积极作用更明显[1]，企业也更有动力去建立和维持政治联系[2]。而在市场化水平较高的地区，随着市场正式制度日益完善，民营企业的合法性逐渐巩固，经济政策比较稳定，产品市场与金融市场大力发展，民营企业的经营得到法律保护，也可以通过市场获得经营所需的资源，此时企业之间的市场联系对于企业资源获得、信息流通、交易合作就越来越重要[3]，而政治联系所带来的收益可能会下降。考虑到我国不同地区经济改革的不均衡，可以做出如下假设：

假设 3.6：在市场化水平较高的地区，市场联系的积极作用更明显；而在市场化水平较低的地区，政治联系的积极作用更明显。

综上所述，如果把企业规模与企业所在地域结合起来，对于这四类企业，影响经营绩效的关系网络各有不同，可以归纳出四种民营企业的发展模式。

其一，就中小企业而言，家族可能是最重要的，家族伦理可以比较容易地把家族成员团结起来，共同为企业发展而努力。但在市场化水平较低的地区，政治联系能够起到锦上添花的作用。在中国，政治联系与家族联系具有一定的同构性，二者某种程度上都属于特殊主义关系，只不过二者特殊主义的基础不一样，家族联系的特殊标准是血缘，而政治联系的特殊标准在于互惠。在传统社会，家族企业的发展往往离不开地方政府的支

---

[1] 李维安，徐业坤. 政治关联形式、制度环境与民营企业生产率. 管理科学，2012，25（2）：1-12. 唐松，胡威，孙铮. 政治关系、制度环境与股票价格的信息含量：来自我国民营上市公司股价同步性的经验证据. 金融研究，2011（7）：182-195. 吴文锋，吴冲锋，刘晓薇. 中国民营上市公司高管的政府背景与公司价值. 经济研究，2008（7）：130-141.
[2] FACCIO M. Politically connected firms. The American economic review, 2006, 96（1）：369-386. LI H B, MENG L S, ZHANG J S. Why do entrepreneurs enter politics?: evidence from China. Economic inquiry, 2006, 44（3）：559-578. 冯天丽，井润田. 制度环境与私营企业家政治联系意愿的实证研究. 管理世界，2009（8）：81-91. 罗党论，唐清泉. 政治关系、社会资本与政策资源获取：来自中国民营上市公司的经验证据. 世界经济，2009（7）：84-96.
[3] 黄灿，李善民. 股东关系网络、信息优势与企业绩效. 南开管理评论，2019，22（2）：75-88.

持,我们把这种家族主义模式称为传统模式。在市场化水平较高的地区,中小企业的发展依然主要靠家族,但是中小企业也可以组织起来形成商业社群,共同合作抵抗市场风险,这与企业内部的家族主义管理并不冲突。这种企业发展模式可以称为社群模式,是中小企业在市场化水平较高的地区抱团取暖、共同成长的一种模式。

其二,对于大企业,家族的作用大幅削弱,企业发展主要依赖于外部关系网络,市场联系与政治联系的相对作用随地区市场化水平而变化。在市场化水平较低的地区,政治联系对大企业的发展至关重要,市场联系的作用可能受到限制,这种发展模式可称为互惠模式。所谓互惠,是一种民营企业与政府之间相互依赖的共生关系。尽管政治联系对中小企业经营绩效也有一定影响,但它对大企业的发展起到主要作用,而事实上,大企业对地方经济社会发展的贡献也更突出,所以大企业与政府之间的关系才是真正的共生关系。而在市场化水平较高的地区,市场主体之间的水平关系网络对企业经营绩效起到重要作用,所以此时的企业发展比较符合西方现代经济发展的理想状态,这种发展模式可以称为市场模式。

下面我们就通过民营企业调查数据来检验上述假设与民营企业的多元发展模式(见表3-11)。

表3-11 中国民营企业多元发展模式预测

企业规模		地区市场化水平	
		低	高
企业规模	中小型	传统模式 (家族联系+政治联系)	社群模式 (家族联系+市场联系)
	大型	互惠模式 (政治联系为主)	市场模式 (市场联系为主)

二、理想与现实

表 3-11 给出的是我们的理想预测，下面使用 2016 年第十二次中国私营企业调查数据来检验实际情况是否如此。剔除与本研究相关的各变量信息不全的样本，有效样本为 4 255 家民营企业。

（一）变量

1. 因变量

本节因变量同上一节一样，使用销售利润率作为企业经营绩效的测量指标。销售利润率 =（净利润/销售额）*100%，将净利润为负的企业统一设置为 0。由于销售利润率右偏分布，因此在实际操作中取对数进入模型。

2. 自变量

本节主要自变量是企业与市场、政府、家族之间的联系，即市场联系、政治联系、家族联系。

（1）市场联系。一是企业主参与一些重要社会组织的情况，问卷询问了企业主是否加入了工商联、个体劳动者协会、其他行业协会/商会、青联、私人董事会、MBA 同学会或类似组织。通过这些组织，企业主往往能结识其他企业的企业主或管理人员，从而拓广市场联系。当企业主加入了任何一个组织时，设置为 1，否则为 0。二是企业主的留学经历。已有研究表明，海外留学归国人员更有可能建立广泛的海外关系网络，从而引入更新技术，发展海外销售渠道，最终提高企业经营绩效。[①] 该变量也设置为二分类变量，1 表示有留学经历，0 表示没有。

[①] 刘青，张超，吕若思，等. "海归"创业经营业绩是否更优：来自中国民营企业的证据. 世界经济，2013，36（12）：70-89. 许家云. 海归与企业出口行为：来自中国的微观证据. 金融研究，2018（2）：118-134. 赵文，王娜. 二元网络背景下中国海归企业绩效提升路径研究：基于模糊集的定性比较分析. 科学学与科学技术管理，2017，38（5）：128-139.

（2）政治联系。借鉴上一节对企业政治联系的讨论，这里使用高管从政经历与政治身份作为企业政治联系的指标。当企业主或管理者曾经是政府官员时，认为具有从政经历，设置为1，否则为0。当企业主或管理者现在是人大代表或政协委员时，认为具有政治身份，设置为1，否则为0。

（3）家族联系。一是企业日常管理人员身份，如果企业是由家族成员进行日常管理，那么企业与家族之间必然建立了联系。二是企业内部是否存在处理家族事务的专门部门，问卷询问了被访企业是否存在"家族委员会或类似机构"，如果存在的话，说明家族与企业之间也具有直接联系。上述两个变量也设置为二分类变量。

3. 控制变量

本节控制变量如下：一是企业主个人特征变量，包括性别、年龄、受教育程度。性别设置成二分类变量，女性作为参照组；年龄为连续变量；受教育程度设置为三分类变量，即初等教育（初中及以下）、中等教育（高中）与高等教育（大专及以上），以初等教育为参照组。二是企业组织特征变量，包括企业生存时间、企业所在行业、企业多元化经营、企业规模等。企业生存时间为连续变量；企业所在行业为分类变量，包括五大产业，即第一产业、制造业、其他第二产业、商业服务业、其他第三产业，以第一产业为参照组；当企业从事两个及以上的行业时，则认为该企业有多元化经营，否则没有；企业规模使用企业员工数量作为测量指标，企业员工数量分布差异太大，取对数进入模型，在分析不同企业发展模式时，则分为两类，员工人数在100人以下的企业界定为中小型企业，员工人数在100人及以上的企业界定为大型企业。

各省的市场化水平则使用樊纲等人编制的市场化指数来衡量，该指数覆盖了31个省、直辖市与自治区，其中西藏自治区的市场化指数过低，

153

我们将其排除后计算了平均值（6.91）。如果一省市场化指数高于平均值，则界定为市场化水平较高地区，否则界定为市场化水平较低地区。

表3-12为各变量的简单描述统计。

表3-12　各变量简单描述统计（N=4 255）

因变量		控制变量	
销售利润率（对数）	1.76（1.32）	企业主性别（1=男，%）	82.04
		企业主年龄	45.97（9.40）
自变量		企业主受教育程度（%）	
市场联系		初等教育	7.87
企业主社会组织身份（1=是，%）	76.87	中等教育	24.37
企业主留学经历（1=有，%）	12.57	高等教育	67.76
		企业生存时间	11.73（6.73）
政治联系		企业所在行业（%）	
高管从政经历（1=是，%）	12.46	第一产业	7.73
高管政治身份（1=是，%）	36.03	制造业	35.51
		其他第二产业	9.54
家族联系		商业服务业	31.33
家族管理（1=是，%）	66.65	其他第三产业	15.89
家族委员会（1=有，%）	6.18	多元化经营（1=是，%）	23.67
		企业规模（对数）	3.78（1.72）

（二）结果分析

模型6.1至模型6.4以所有民营企业作为分析对象，使用多元OLS回归模型考察了企业销售利润率的影响因素，分析结果见表3-13。模型6.1加入了控制变量与市场联系变量。控制变量对企业销售利润率的影响同第三节相似，不再赘述。市场联系变量中，企业主社会组织身份与留学经历变量的系数均显著为正，意味着企业主加入社会组织能够显著提高企业经营绩效，企业主的留学经历也有助于提升企业经营绩效，这说明市场联系会提高企业经营绩效。模型6.2加入了控制变量与政治联系变量。结果显示，高管政治身份的系数值较小，也不显著，而高管从政经历的系数显著为正，说明不是所有政治联系都对企业经营有实质帮助，只有高管从政经历有助于企业经营绩效的提高，这一结果与第三节一致。模型6.3加入了控制变量与家族联系变量。可以看到，家族管理系数为正，但不显著；家族委员会的系数显著为正，说明家族委员会的设置能显著提高企业经营绩效。模型6.4加入了所有变量，各核心自变量的系数没有太大变化，说明这些关系网络的影响比较稳定。

表3-13　民营企业经营绩效的影响因素分析（N=4 255）

	模型6.1 B/S.E.	模型6.2 B/S.E.	模型6.3 B/S.E.	模型6.4 B/S.E.
控制变量	控制	控制	控制	控制
企业主社会组织身份	0.224*** 0.053			0.202*** 0.054
企业主留学经历	0.150* 0.061			0.139* 0.061
高管从政经历		0.179** 0.062		0.149* 0.062
高管政治身份		0.047 0.048		0.018 0.048

续表

	模型 6.1	模型 6.2	模型 6.3	模型 6.4
	B/S.E.	B/S.E.	B/S.E.	B/S.E.
家族管理			0.058	0.063
			0.045	0.045
家族委员会			0.468***	0.441***
			0.083	0.083
截距	3.174***	3.269***	3.096***	3.037***
	0.151	0.152	0.158	0.160
R^2	0.047	0.043	0.049	0.055

注：* $p<0.05$；** $p<0.01$；*** $p<0.001$。

模型 7.1 至模型 7.4 分别考察了不同规模、不同地区的民营企业经营绩效的影响因素，分析结果见表 3-14。

模型 7.1 分析的是中小企业。对于中小企业来说，三类联系的影响都存在。市场联系中，企业主社会组织身份的系数显著为正，而企业主留学经历的系数统计上不显著；政治联系中，高管政治身份的系数不显著，高管从政经历的系数显著为正，这与总体样本的结果一致；家族联系中，家族管理与家族委员会的系数都显著为正。由此可见，对于中小企业而言，各类关系网络或多或少都能提高企业经营绩效，帮助它们生存与发展。模型 7.2 的分析对象是大企业。可以看到，代表市场联系的两个变量系数都显著为正，说明对于大企业而言，企业主的社会组织身份与留学经历均有助于提高企业经营绩效。与此同时，代表政治联系的变量系数都不显著，说明它们对大企业经营绩效没有显著影响。而在家族联系中，家族管理的系数显著为负，这意味着在大企业中，家族管理对于企业经营绩效会有负面影响。比较模型 7.1 和模型 7.2，家族联系会显著提高中小企业的经营绩效，而对大企业的经营绩效没有影响甚至有负面影响。这与假设 3.5 相一致,即家族联系的积极作用在中小企业中更明显。

模型 7.3 和模型 7.4 分析了市场化水平不同地区的民营企业的经营情况。模型 7.3 分析的是企业位于市场化水平较低地区时对企业经营绩效的影响。结果显示,企业主留学经历与高管政治身份对企业经营绩效没有显著影响,企业主社会组织身份与高管从政经历对企业经营绩效具有显著正向影响,家族联系同样具有显著影响,家族管理与家族委员会能明显提高企业经营绩效。模型 7.4 分析的是企业位于市场化水平较高地区时对企业经营绩效的影响。结果显示,企业主社会组织身份与留学经历系数均显著为正,说明市场联系对这些企业的经营绩效具有显著积极影响。除此以外,家族联系中家族委员会系数显著为正,说明家族委员会的设置也能提高这些企业的经营绩效。不过高管的从政经历与政治身份系数都不显著。比较模型 7.3 和模型 7.4,在市场化水平较低地区,市场联系与政治联系对企业经营绩效都具有一定影响;而在市场化水平较高地区,市场联系对企业经营绩效影响显著,而政治联系对企业经营绩效没有什么影响。这一结果部分支持假设 3.6。

表 3-14 民营企业经营绩效的影响因素的规模差异与地区差异分析

	模型 7.1 (中小企业)	模型 7.2 (大企业)	模型 7.3 (低市场化地区)	模型 7.4 (高市场化地区)
控制变量	控制	控制	控制	控制
企业主社会组织身份	0.215***	0.437**	0.170+	0.248***
	0.062	0.143	0.096	0.065
企业主留学经历	0.077	0.193**	0.144	0.144*
	0.088	0.074	0.131	0.067
高管从政经历	0.211*	0.103	0.307*	0.069
	0.092	0.073	0.121	0.071

续表

	模型 7.1 （中小企业）	模型 7.2 （大企业）	模型 7.3 （低市场化地区）	模型 7.4 （高市场化地区）
高管政治身份	0.052 0.068	−0.015 0.062	0.091 0.098	−0.038 0.055
家族管理	0.162** 0.062	−0.102+ 0.058	0.205* 0.088	0.013 0.051
家族委员会	0.554*** 0.100	−0.025 0.148	0.331* 0.152	0.469*** 0.098
截距	3.035*** 0.205	2.610*** 0.326	3.642*** 0.297	2.671*** 0.191
R^2	0.062	0.051	0.076	0.050

注：+ $p<0.1$；* $p<0.05$；** $p<0.01$；*** $p<0.001$。

接下来我们将企业规模与企业地区结合起来分析不同类型企业发展模式的差异，分析结果见表 3-15。

模型 8.1 分析的是市场化水平较低地区的中小企业。根据模型 7.1 和模型 7.3 的分析，可以预测三类联系对这类企业的经营绩效会有显著影响，模型 8.1 的数据结果表明确实如此。结果显示，代表家族联系的变量系数均显著为正，说明家族管理与家族委员会均能提高企业经营绩效；与此同时，企业主社会组织身份与高管从政经历系数也显著为正，说明特定市场联系与政治联系也可以提高企业经营绩效。对于市场化水平较高地区的中小企业，模型 8.2 发现，企业主社会组织身份可以显著提高企业经营绩效，设立家族委员会也可以提高企业经营绩效，而其他关系变量系数则不显著。这些结果符合预测，在市场化水平较高地区，中小企业的发展可能是家族联系与市场联系的合力造成的。

模型 8.3 与模型 8.4 的分析对象都是大企业。可以看到，在这两个模型中，家族联系的变量系数均不显著，有些变量系数值甚至变成了负数。这与第二节研究相一致，即随着企业规模扩大，家族联系的消极作用将会越来越明显。对于不同地区的大企业而言，企业经营绩效的影响因素不太一样。模型 8.3 显示，在市场化水平较低地区，高管从政经历与政治身份系数显著为正，表明政治联系对该地区大企业的企业经营绩效具有显著积极影响，而市场联系对企业经营绩效没有显著影响。与之相反，模型 8.4 显示，在市场化水平较高地区的大企业中，企业主的社会组织身份与留学经历（市场联系）可以显著提高企业经营绩效，而政治联系则没有显著影响。上述结果支持了表 3-11 的预测，即在市场化水平较低地区，大企业更依赖政治联系，形成一种互惠发展模式，而在市场化水平较高地区，大企业更依赖市场联系，形成一种市场发展模式。

表 3-15 民营企业发展的多元模式分析

	模型 8.1（市场化水平较低地区的中小企业）	模型 8.2（市场化水平较高地区的中小企业）	模型 8.3（市场化水平较低地区的大企业）	模型 8.4（市场化水平较高地区的大企业）
	B/S.E.	B/S.E.	B/S.E.	B/S.E.
控制变量	控制	控制	控制	控制
企业主社会组织身份	0.203[+]	0.242[**]	0.290	0.486[**]
	0.106	0.077	0.278	0.17
企业主留学经历	0.148	0.05	0.18	0.213[**]
	0.170	0.102	0.191	0.079
高管从政经历	0.323[+]	0.143	0.392[*]	0.009
	0.167	0.110	0.161	0.082
高管政治身份	0.012	0.025	0.403[*]	-0.108
	0.123	0.081	0.158	0.066
家族管理	0.384[***]	0.067	-0.204	-0.079
	0.110	0.075	0.137	0.063

续表

	模型 8.1 （市场化水平较低地区的中小企业）	模型 8.2 （市场化水平较高地区的中小企业）	模型 8.3 （市场化水平较低地区的大企业）	模型 8.4 （市场化水平较高地区的大企业）
	B/S.E.	B/S.E.	B/S.E.	B/S.E.
家族委员会	0.456**	0.587***	−0.337	0.098
	0.174	0.122	0.316	0.168
截距	3.456***	2.677***	3.278***	2.499***
	0.347	0.258	0.844	0.355
R^2	0.080	0.057	0.099	0.057

注：+ $p<0.1$；* $p<0.05$；** $p<0.01$；*** $p<0.001$。

（三）小结

改革开放以来，民营经济的快速增长不仅为中国经济发展注入了强劲动力，同时也成为许多研究与理论创新的源泉。本节基于民营经济发展的三种理论视角，系统分析了民营企业的关系网络——市场联系、政治联系、家族联系——与企业经营绩效之间的关系。结果发现，大多数关系网络都有助于提高企业经营绩效，但不同关系网络的作用在不同规模企业与制度环境下不一样。一方面，家族联系是企业内部的关系网络，家族联系的积极作用随着企业规模扩大、企业结构复杂化而削弱；另一方面，市场联系与政治联系主要联系的是企业外部的市场与政治主体，这两种关系网络的作用则随着制度环境的变化而变化，市场经济体制发展越成熟的地方，市场联系的作用相应越突出。

基于企业规模与企业所在地域的市场化水平，不同企业经营绩效的影响因素也不一样，在理论上可以得到四种民营企业的发展模式。数据结果基本支持了理论上的预测：在市场化水平较低地区，中小企业秉持着传统发展模式，依靠家族联系与政治联系来提高自己的经营绩效；而大企业则通过与政府发展互惠关系来持续发展。在市场化水平较高地区，中小企业的发展对内依靠家族，对外相互团结，构成社群发展模式；大企业的发展则主要依靠市场联系，形成市场发展模式。

上述结果为我们从宏观上理解中国民营经济的发展提供了什么样的启示呢？

首先，在西方现代化理论看来，西方现代经济的率先发展是建立在一系列以"工具理性"为基础的经济制度、企业结构、商业伦理之上的，那么其他后发国家的现代经济发展也必须具备这些条件。然而，中国民营经济起步时缺少这些条件，虽然个体民营企业的发展起起伏伏，但中国整体民营经济却不断壮大，这说明现代经济的发展存在其他路径。在我们看来，中国民营经济的持续发展具备两个条件：一是相关行动主体——政府、企业与家族——具有高度共识，这种共识构成了一种强大的精神动力；二是相关行动主体之间建立的关系网络体系成为降低社会成本、优化资源配置的重要机制，这有别于西方的"工具理性－契约交易"机制。而上述两个条件能够成立与中国特殊的制度基础和文化基础高度相关。

一方面，在原来总体性社会下，国家意志总是能够贯彻到基层社会，并且引导社会行动，因此国家也与基层组织建立了直接联系，而这种传统在经济改革中得以延续。当国家意志转向以经济建设为中心时，很快就能排除异议达成一种共识，同时原来国家与基层组织建立的垂直关系也很容易延伸到政府与新型的民营企业之间。另一方面，传统家族文化的复兴激发了人们振兴家族、福泽子孙的强大愿望，这与国家意志的转移高度契合；而且传统关系伦理的延续也有助于人们快速建立起横向社会关系，从而对国家的垂直关系进行有效补充。总的来说，对于中国经济现代化的发展，我们难以使用西方现代化的线性发展模式来解释，而应从中国的制度基础与文化基础出发深入探讨各种行动主体如何共同推动民营企业成长、民营经济发展。

其次，虽然我们是从静态类型学来分析民营企业的发展模式的，但从宏观民营经济的发展来看，这种多元模式也可以看作是一种动态过程。随着我国市场经济体制不断完善，以及越来越多的大型民营企业出现，宏观民营经济发展模式也会相应调整。例如，许多大型民营企业在面临接班问题时，主动做出调整，优化内部治理结构，引入职业经理人，放弃子女接班的传统模式。同样，随着我国市场经济体制的完善，国家也在调整政府在经济发展中的角色。习近平总书记在 2016 年 3 月提出要构建亲清统一的新型政商关系。此后十九大报告、二十大报告又相继对之予以强调。这意味着政府正在从过去的企业庇护者角色转向市场维护者与监督者角色。正如前文数据结果所显示的，企业主政治身份的影响一直不显著，某种意义上反映出民营企业政治联系作用的弱化。

最后，我们的研究结果综合了以往关于民营经济发展的各种理论解释，某种程度上也为这些理论解释之间的冲突提供了一种解决框架。例如，倪志伟始终强调民营企业之间的商业社群关系有助于民营企业生存与发展，同时推动了市场制度自下而上的形成。[①] 考虑到他的研究对象恰恰是中国市场化水平最高的长三角地区的民营企业，那么这种结论也就不令人意外了。同样，许多研究都发现，上市企业中家族治理形式并不利于提

[①] 倪志伟, 欧索菲. 自下而上的变革：中国的市场化转型. 阎海峰, 尤树洋, 译. 北京: 北京大学出版社, 2016.

升企业绩效与企业价值。[①]考虑到上市企业都是大企业,因而不能就此认为传统家族主义对中国民营经济发展具有阻碍作用。

[①] 苏启林,朱文.上市公司家族控制与企业价值.经济研究,2003(8):36-45. 王明琳,陈凌,叶长兵.中国民营上市公司的家族治理与企业价值.南开管理评论,2010,13(2):61-67,96.

第四章 | 社会反哺：民营企业的社会责任行为

改革开放 40 多年来，中国经济得到了长足发展，但也引发了许多社会问题，如环境污染、食品安全、拖欠农民工工资、贫富差距扩大等。在此背景下，企业社会责任（Corporate Social Responsibility，简称 CSR）开始受到广泛关注，相关的学术研究也越来越多。然而，对企业社会责任目前仍然没有一个统一明确的定义。ISO26000 文件以"社会责任"代替"企业社会责任"，为"社会责任"下的定义是："组织通过透明和道德的行为为其决策和活动对社会和环境的影响而承担的责任，这些行为致力于可持续发展，包括健康和社会福祉，考虑利益相关方的期望，遵守适用法律，并符合国际行为规范。"[1] 从这个定义来看，企业社会责任的范围相当广泛。通俗地理解，企业社会责任是企业向社会进行反馈，这和企业从社会中吸纳资源用于发展刚好是两个方向相反的过程。有学者将"年长一代向年轻一代进行广泛的文化吸收的过程"称为"文化反哺"[2]，据此可将企业社会责任行为看作是"社会反哺"。本章将延续前文的研究视角，从企业主社

---

[1] 张蒽.企业社会责任：纷繁的动因和多样的结果.社会发展研究，2014，1（2）：208-225.
[2] 周晓虹.文化反哺：变迁社会中的亲子传承.社会学研究，2000（2）：51-66.

会来源、企业关系网络等多个角度对中国民营企业的社会责任行为进行系统分析。

第一节 企业社会责任：理念与实践

早在 20 世纪 30 年代就有学者提出企业社会责任的问题，但学界普遍认为，霍华德·R.鲍恩（Howard R. Bowen）出版于 1953 年的著作《商人的社会责任》开启了企业社会责任的现代研究。关于企业社会责任研究，大体上有两种研究方向：一是规范性研究或者理论研究，从理论上分析企业是否需要履行社会责任，以及企业社会责任的内涵；二是经验性研究或者实证研究，聚焦于企业社会责任行为的影响因素及其产生的广泛后果。我们也将从这两个方面进行综述。

一、规范性视角：企业应承担何种责任？

（一）企业社会责任的内涵

关于企业社会责任的界定与具体内涵，争论比较多，并且产生了包括商业伦理、社会回应、企业公民、企业环境责任或企业环境可持续、企业社会绩效、利益相关方、可持续发展、三重底线等在内的一系列相关概念，有学者称之为概念丛林。[①] 卡罗尔（Archie B. Carroll）在一篇关于企业社会责任内涵综述的文章中很好地总结了近 50 年来企业社会责任内涵

---

① 张蒽.企业社会责任：纷繁的动因和多样的结果.社会发展研究，2014，1（2）：208-225.

的具体演进。[①] 目前应用最多的概念还是卡罗尔在 1979 年提出的，他认为"企业的社会责任是指一定时期社会对组织所抱有的经济、法律、伦理和自愿性方面的期望"[②]。他还进一步提出了企业社会责任的金字塔模型，由下到上分别为经济责任、法律责任、伦理责任和慈善责任。[③] 在此基础上，卡罗尔又提出了同时纳入企业社会责任、社会回应以及社会责任管理的企业社会绩效模型。[④] 由于该模型考虑了社会问题与需要对企业社会责任的影响以及企业履行社会责任的主动性，因而后继学者积极采用，并不断予以修正。[⑤]

虽然以卡罗尔社会责任概念为基础建立起来的企业社会绩效模型是企业社会责任理论的重大理论推进，但仍然有许多学者对此有不同意见。卡罗尔自己就承认，"企业社会责任中'社会'一词的意思是模糊的，并没有明确界定公司应该对谁负责"[⑥]，因此卡罗尔认为应该引进利益相关者理论。所谓利益相关者，是指"任何一个影响公司目标的完成或受其影响的团体或个人"[⑦]，包括股东、雇员、顾客、供应商、银行、政府等等。随后，克拉克森（Max B.E. Clarkson）明确提出利益相关者理论，为企业社会责任

[①] CARROLL A B. Corporate social responsibility: evolution of a definitional construct. Business & society, 1999, 38（3）: 268-295.
[②] CARROLL A B. A three-dimensional conceptual model of corporate performance. Academy of management review, 1979, 4（4）: 497-505.
[③] CARROLL A B. The pyramid of corporate social responsibility: toward the moral management of organizational stakeholders. Business horizons, 1991, 34（4）: 39-48.
[④] CARROLL A B. A three-dimensional conceptual model of corporate performance. Academy of management review, 1979, 4（4）: 497-505.
[⑤] WOOD D J. Social issues in management: theory and research in corporate social performance. Journal of management, 1991, 17（2）: 383-406. WARTICK S L, COCHRAN P L. The evolution of the corporate social performance model. Academy of management review, 1985, 10（4）: 758-769.
[⑥] CARROLL A B. The pyramid of corporate social responsibility: toward the moral management of organizational stakeholders. Business horizons, 1991, 34（4）: 39-48.
[⑦] 弗里曼. 战略管理: 利益相关者方法. 王彦华, 梁豪, 译. 上海: 上海译文出版社, 2006.

研究提供了一种理论框架。在这个理论框架里，企业社会责任被明确界定在企业与相关利益者之间的关系上，而且这种界定非常有利于对企业社会责任实际的测量、评价与分析。[①]这一理论得到了越来越多学者的认可，在此基础上也出现了大量关于企业社会责任的经验研究。

任何一个企业都具有众多的利益相关者，但这些利益相关者的要求和目标都不一样，对企业生存与发展的影响也不一样，因此对利益相关者进行分类是企业进行管理决策的重要步骤。[②]西方学者对此已经有了很多尝试，弗里曼（R. Edward Freeman）从所有权、经济依赖性和社会利益三个不同的角度对利益相关者进行了开创性的分类。[③]随后又相继有多种分类方法，如按照相关群体与企业是否存在交易性的合同关系，将利益相关者分为契约型利益相关者和公众型利益相关者[④]；根据相关群体与企业联系的紧密性，将利益相关者分为首要利益相关者和次要利益相关者[⑤]；依据合法性、权力性和紧急性三个维度，将利益相关者分为确定型利益相关者、预期型利益相关者和潜在的利益相关者[⑥]。虽然不同学者表面的分类维度不同，但是最后的分类图式基本上是一致的，这是因为其背后衡量的关键标准是一致的，即利益相关者是否对企业生存与发展产生直接影响，而能否产生直接影响，关键在于与企业是否具有正式契约关系、是否进行直接经济交易。

[①] CLARKSON M B E. A stakeholder framework for analyzing and evaluating corporate social performance. Academy of management review, 1995, 20（1）：92-117.
[②] 陈宏辉, 贾生华. 企业利益相关者三维分类的实证分析. 经济研究, 2004（4）：80-89.
[③] 弗里曼. 战略管理：利益相关者方法. 王彦华, 梁豪, 译. 上海：上海译文出版社, 2006.
[④] CHARKHAM J P. Corporate governance: lessons from abroad. European business journal, 1992, 4（2）：8-17.
[⑤] CLARKSON M B E. A stakeholder framework for analyzing and evaluating corporate social performance. Academy of management review, 1995, 20（1）：92-117.
[⑥] MITCHELL R K, AGLE B R, WOOD D J. Toward a theory of stakeholder identification and salience: defining the principle of who and what really counts. Academy of management review, 1997, 22（4）：853-886.

现代企业理论把企业看作是由一组复杂契约交汇构成的法律实体。[1]本章主要关心的是那些正式的市场交易契约，既包括所有者与经营者之间的契约、经营者与雇员之间的契约，也包括企业作为供应商（或消费者）与消费者（或供应商）的契约等等，这些正式契约共同构成了企业最基本的经济活动。从这个角度来看，那些与企业具有正式契约关系的利益相关者，事实上是企业这个契约集合体的一部分，因此可以称作是"内部利益相关者"，包括股东、员工、供应商、顾客等等。倘若没有这些群体的持续性参与，企业就不可能持续生存。那些没有正式契约关系的利益相关者则称之为外部利益相关者，如政府、媒体、社区、一般公众等等，他们一般不与企业直接开展市场交易，而是间接影响企业运作或受到企业行为的间接影响。本章将关于企业外部利益相关者的社会责任称为外部社会责任，关于企业内部利益相关者的社会责任称为内部社会责任。

（二）关于履行社会责任的争论

关于企业是否需要履行社会责任是早期研究中的核心议题。"股东至上主义者"认为，企业是追求利润最大化的营利性机构，首要责任就是将股东利益最大化，除此以外没有其他社会责任。伯利（Berle）基于现代公司中所有权与管理权分离的考虑，率先提出"赋予公司、公司管理层或者公司内任何群体的所有权力，在任何时候都只能服务于全体股东应有的利益"[2]；弗里德曼（Friedman）基于新古典经济学利润最大化观点强调，管理者是服务于委托人的代理人，因此必须按照雇主的期望来经营企业，即

---

[1] JENSEN M C, MECKLING W H. Theory of the firm: managerial behavior, agency costs and ownership structure. Journal of financial economics, 1976, 3（4）: 305-360.
[2] BERLE A A. Corporate powers as powers in trust. Harvard law review, 1931, 44（7）: 1049-1074.

在遵守社会基本规则时，追求企业利润最大化[①]。

另一些学者则支持企业应该履行社会责任。概括起来，主要有以下几种观点。

（1）工具主义观点认为"行善赚钱"，即企业履行社会责任能够提高企业自身的经营绩效。20世纪90年代后期开始，一些管理学者强调将企业社会责任问题纳入战略管理中，把社会问题纳入企业核心价值的内在、主动的战略考虑中，通过承担社会责任而获得可持续的竞争优势。[②]

（2）社会契约论认为，企业就是由不同个人之间的一组复杂的显性契约和隐性契约交汇构成的法律实体，在这种法律实体中，交汇的契约既有经营者与所有者之间的契约、经营者与雇员之间的契约，也有企业作为债权人与债务人之间的契约、企业作为供应商（消费者）与消费者（供应商）之间的契约、企业作为法人与政府之间的契约等。可见，作为契约的主体，企业社会责任要求企业在遵守社会契约的前提下行使权利，并且应对契约另一方的合法权益负责，而不应为了追逐经济利益而违背和破坏契约。[③]

（3）企业公民理论认为，企业如同自然人一样，是社会中的公民之一，社会为其生存和发展提供了相应的资源并赋予其一定的公民权利，那么，企业就要像公民一样履行与这项权利相对应的义务。企业作为社会公民，其履行社会责任的边界取决于公民的角色定位和义务要求，包括遵守法纪和社会公德、依法纳税等。根据企业公民理论，企业作为法人承担社会责任正如任何一个自然人要承担社会责任一样。企业的社会责任是内生于企业

[①] FRIEDMAN M. The social responsibility of business is to increase its profits//ZIMMERLI W C, HOLZINGER M, RICHTER K. Corporate ethics and corporate governance. Berlin, Heidelberg: Springer, 2007.
[②] PORTER M E, KRAMER M R. Strategy & society: the link between competitive advantage and corporate social responsibility. Harvard business review, 2006, 84（12）: 78-92.
[③] 林军. 企业社会责任的社会契约理论解析. 岭南学刊, 2004（4）: 71-75.

公民的，是由公民的本质决定的，不需要求助于利益相关者论证。[①]

（4）利益相关者理论把企业理解为利益相关者的集合和利益相关者实现其利益的载体。按照这一理论，现代企业的生存与发展并不只是股东的资本投入有贡献，也并非股东承担了企业经营的所有风险，而是所有利益相关者都有贡献，也都承担了一定风险，相应地，企业也必须承担一定的关于利益相关者的社会责任。[②]

二、经验性视角：社会责任的实证分析

目前已经形成大量关于企业社会责任的经验性研究，这些研究具体包括两个方面：一是探讨影响企业社会责任投入的因素及影响机制；二是探讨企业社会责任行为产生的影响及其影响机制。在一篇文献中，作者将这些经验性研究区分为三个层次，即制度层次、组织层次与个体层次，并做了较好的归纳[③]，具体可见表4-1。

表4-1 企业社会责任的影响因素及其影响结果

	CSR的影响因素	CSR的影响结果
制度层次	• 利益相关者的压力，包括来自股东、商业伙伴、媒体、消费者、地方政府、组织场域的压力、监督与要求 • 管制、规范与认证要求，包括来自法律规定、行业认证、社会大众、特定国家的文化背景的要求与期望	• 社会声誉 • 消费者忠诚度和积极的公司评价 • 吸引新的消费者选择

[①] MATTEN D, CRANE A, CHAPPLE W. Behind the mask: revealing the true face of corporate citizenship. Journal of business ethics, 2003 (45): 109-120.
[②] DONALDSON T, PRESTON L E. The stakeholder theory of the corporation: concepts, evidence, and implications. Academy of management review, 1995, 20 (1): 65-91.
[③] AGUINIS H, GLAVAS A. What we know and don't know about corporate social responsibility: a review and research agenda. Journal of management, 2012, 38 (4): 932-968.

续表

	CSR 的影响因素	CSR 的影响结果
组织层次	• 企业动机，包括寻求竞争优势、合法性、社会公正等 • 企业使命与价值理念 • 企业治理结构，包括企业股权结构、组织形式、高管薪酬结构、产品与服务技术特点、外部董事、跨国企业等	• 企业的财务业绩 • 企业其他市场结果，包括降低企业风险、增强竞争优势、吸引投资者等 • 企业能力，包括先进的管理实践、运营效率、产品质量、员工多样性
个体层次	• 监管者对于 CSR 的组织承诺 • 企业高管与员工关于 CSR 的价值观、需求与认知，以及相互的一致性	• 员工的组织认同、承诺与敬业行为 • 组织公民行为 • 员工关系 • 对潜在员工的吸引力

资料来源：AGUINIS H, GLAVAS A. What we know and don't know about corporate social responsibility: a review and research agenda. Journal of management, 2012, 38（4）：932-968.

本章将重点分析民营企业社会责任行为的影响因素，而这又与企业履行社会责任的动机有关。虽然关于企业社会责任行为的动机有许多讨论，但学者们大体上同意存在三种基本动机：经济动机、积极义务（positive duty）以及消极义务（negative duty）。[1]

第一，经济动机又可称为工具性动机，认为企业履行社会责任是为了寻求经济上利润最大化。具体来说，通过社会责任行为来提升企业内部管理能力[2]，提高产品质量[3]，从而增强企业竞争优势；增强内部员工

---

[1] SWANSON D L. Addressing a theoretical problem by reorienting the corporate social performance model. Academy of management review, 1995, 20（1）：43-64.
[2] WADDOCK S A, GRAVES S B. The corporate social performance–financial performance link. Strategic management journal, 1997, 18（4）：303-319. WADDOCK S A, GRAVES S B. Quality of management and quality of stakeholder relations: are they synonymous?. Business & society, 1997, 36（3）：250-279.
[3] JOHNSON R A, GREENING D W. The effects of corporate governance and institutional ownership types on corporate social performance. Academy of management journal, 1999, 42（5）：564-576.

的组织认同与组织承诺[1]，激发员工创新能力[2]，从而吸引更多的企业外人才[3]；对外建立一种关注社会责任的良好企业形象，从而提升企业声誉，并提高消费者对企业产品的满意度与忠诚度[4]。

第二，积极义务又可称为利他性动机，企业承担社会责任是基于帮助他人改善的善意或者主动承诺，是一种主动而利他的行为。当企业具备企业社会责任观念时，往往会主动承担更多社会责任。[5]一些关于中国企业的研究也发现，那些从国有企业改制而来的民营企业通常会继承原来国有企业的社会责任意识，故而会承担更多的社会责任。[6]除了企业组织本身以外，企业成员对社会责任的认识与价值观念同样会影响企业社会责任行为，尤其是企业高管的态度。既有研究发现，接受CSR的训练[7]、参加CSR会议[8]都

---

[1] MAIGNAN I, FERRELL O C, HULT G T M. Corporate citizenship: cultural antecedents and business benefits. Journal of the academy of marketing science, 1999, 27 (4): 455-469. CARMELI A, GILAT G, WALDMAN D A. The role of perceived organizational performance in organizational identification, adjustment and job performance. Journal of management studies, 2007, 44 (6): 972-992.

[2] GLAVAS A, PIDERIT S K. How does doing good matter?: effects of corporate citizenship on employees. Journal of corporate citizenship, 2009 (36): 51-70.

[3] TURBAN D B, GREENING D W. Corporate social performance and organizational attractiveness to prospective employees. Academy of management journal, 1997, 40 (3): 658-672.

[4] MAIGNAN I, FERRELL O C, HULT G T M. Corporate citizenship: cultural antecedents and business benefits. Journal of the academy of marketing science, 1999, 27 (4): 455-469. BRAMMER S J, PAVELIN S. Corporate reputation and social performance: the importance of fit. Journal of management studies, 2006, 43 (3): 435-455. 李海芹，张子刚. CSR对企业声誉及顾客忠诚影响的实证研究. 南开管理评论，2010, 13 (1): 90-98.

[5] BANSAL P. From issues to actions: the importance of individual concerns and organizational values in responding to natural environmental issues. Organization science, 2003, 14 (5): 510-527.

[6] 韩亦，郑恩营. 组织印记与中国国有企业的福利实践. 社会学研究，2018, 33 (3): 51-73. 叶文平，朱沆，史亚雅，等. 公有制印记与改制家族企业的内部社会责任. 管理世界，2022 (5): 141-155, 187.

[7] STEVENS J M, STEENSMA H K, HARRISON D A, et al. Symbolic or substantive document?: the influence of ethics codes on financial executives' decisions. Strategic management journal, 2005 (26): 181-195.

[8] JOHNSON R A, GREENING D W. The effects of corporate governance and institutional ownership types on corporate social performance. Academy of management journal, 1999, 42 (5): 564-576. WEAVER G R, TREVINO L K, COCHRAN P L. Corporate ethics programs as control systems: influences of executive commitment and environmental factors. Academy of management journal, 1999, 42 (1): 41-57. WEAVER G R, TREVINO L K, COCHRAN P L. Integrated and decoupled corporate social performance: management commitments, external pressures, and corporate ethics practices. Academy of management journal, 1999, 42 (5): 539-552.

有助于推动企业承担社会责任。关于中国企业高管的研究也发现，那些有海外留学或工作背景的企业高管对企业社会责任有更深刻的认识，并在进行公司决策的过程中更加倾向于有利于履行企业社会责任的方案，因而企业社会责任的履行情况往往更好。[1]

第三，消极义务又可称为规范性动机，意味着企业承担社会责任是为了遵从外部制度环境与利益相关者的要求或者社会规范。就企业社会责任行为而言，一方面，制度压力主要来自利益相关者。基于资源依赖理论，由于这些利益相关者尤其是供应商、政府、媒体能够影响企业的资源获得、企业声誉、经营绩效，因此企业将会遵从利益相关者对社会责任的要求。[2]另一方面，政府干预、法律体系、市场竞争、行业规范等制度安排对企业社会责任的行为效果具有重要影响，反过来又会影响企业社会责任投入。[3]

当然，企业社会责任行为很有可能是上述三种动机同时驱动的，具体情况既要结合企业环境、企业组织与组织成员特点具体分析，也要联系社会责任行为的具体对象进行考察。前文将企业利益相关者分为两类，在我们看来，由于与企业的关系不同，两类利益相关者要求企业履行社会责任的基础可能也不同。内部利益相关者提出的社会责任要求是出于工具主义

---

[1] 文雯，宋建波. 高管海外背景与企业社会责任. 管理科学，2017，30（2）：119-131. 李心斐，程宝栋，许恒，等. 高管"海归"背景有助于企业社会责任履行吗？：基于A股上市公司的经验数据. 经济管理，2020，42（11）：56-72.

[2] AGUINIS H, GLAVAS A. What we know and don't know about corporate social responsibility: a review and research agenda. Journal of management, 2012, 38（4）：932-968.

[3] BRAMMER S J, PAVELIN S, PORTER L A. Corporate charitable giving, multinational companies and countries of concern. Journal of management studies, 2009, 46（4）：575-596. CHRISTMANN P, TAYLOR G. Firm self-regulation through international certifiable standards: determinants of symbolic versus substantive implementation. Journal of international business studies, 2006（37）：863-878. 李四海. 制度环境、政治关系与企业捐赠. 中国会计评论，2010，8（2）：161-178. 周中胜，何德旭，李正. 制度环境与企业社会责任履行：来自中国上市公司的经验证据. 中国软科学，2012（10）：59-68.

的考虑，因为内部利益相关者与企业常常发生市场交易，而企业社会责任行为能够降低这些市场交易的交易成本，从而有助于实现企业经济效益最大化。[①] 与之不同的是，外部利益相关者往往是从规范性角度出发，强调企业履行社会责任是一种企业伦理规范的要求，这种伦理规范是基于社会契约建立起来的，目的是维持当地社会经济体乃至整个社会的正常运行。[②] 因为不同利益相关者提出社会责任诉求的逻辑不同，所以企业在考虑履行社会责任的时候可能也会基于不同的行为动机。按照第一章的安排，本章将重点分析企业主社会来源与企业关系网络对其社会责任行为的具体影响。

第二节 为富且仁：大企业主的社会责任

一、企业主的动机分析

第二章根据企业主工作来源区分了四类企业主：草根型企业主、市场型企业主、技术型企业主与管理型企业主。比较草根型企业主，其他三类都可以看作是精英型企业主。这不仅仅是因为他们创业前社会经济地位相对就高，更重要的是，他们创业后的企业规模往往更大。当然，精英型企业主内部也存在差异，最主要的差异体现为他们创业前的经历不同，市场型企业主创业前已经积累了丰富的市场经验，而技术型企业主与管理型企

[①] JONES T M. Instrumental stakeholder theory: a synthesis of ethics and economics. Academy of management review, 1995, 20（2）: 404-437.

[②] DONALDSON T, DUNFEE T W. Toward a unified conception of business ethics: integrative social contracts theory. Academy of management review, 1994, 19（2）: 252-284.
DONALDSON T, PRESTON L E. The stakeholder theory of the corporation: concepts, evidence, and implications. Academy of management review, 1995, 20（1）: 65-91.

业主创业前都在体制内工作，更熟悉单位内的组织结构、行为与文化，我们也可以把这后两种企业主称为内源型企业主，意为源自体制内单位的企业主。那么这些企业主的社会责任行为是否存在差异？如果存在，背后原因是什么？

（一）企业地位与社会责任行为

相比于草根型企业主，精英型企业主的企业往往规模更大，在市场竞争中具有更大的地位优势，那么他们会否承担更多社会责任呢？根据责任铁律（Iron Law of Responsibility）理论，企业承担的社会责任应当与其社会权力相匹配，"权力越大，责任越大"，企业对社会责任的回避将会导致其所拥有的社会权力逐步削弱甚至完全丧失。[1]但在经验研究上还较少探讨不同来源的企业主在履行社会责任上的差异及其背后机制。我们认为，可以从上述三种动机出发来进行解释。

第一，相比于草根型企业主，精英型企业主的企业往往拥有更多资源特别是冗余资源，从而具有履行社会责任的经济能力。冗余资源作为一种战略资源，能够减少企业内部的限制，降低企业因外部环境变化而需要面对的风险，有效释放管理者对短期财务绩效关注的锁定，使其将注意力拓展至更广泛的外部社会问题参与上，承担更多社会责任。[2]企业的冗余资源通常与企业经营绩效、企业规模高度相关。国内外大量实证研究证明，企业社会责任行为往往是由企业自身能够承担社会责任的经济能力决定的，规模越大、收益越好、注册年限越长的企业，其经济能力越强，社会责任行为

---

[1] DAVIS K. Can business afford to ignore social responsibilities?. California management review, 1960, 2（3）: 70-76.
[2] 肖红军，李井林. 责任铁律的动态检验：来自中国上市公司并购样本的经验证据. 管理世界, 2018, 34（7）: 114-135.

水平也就越高。[①] 据此可以得到如下假设：

假设 4.1.1：相比于草根型企业主，精英型企业主的冗余资源更多，故而会履行更多社会责任。

第二，大企业在拥有更多冗余资源的同时，也会面临更多的社会压力。一方面，大企业的社会能见度较高，其行为具有标杆作用，往往能够引起其他企业的效仿[②]，如果大企业能够履行社会责任，那么其他企业也可能会效仿。另一方面，大企业与其他利益相关者具有更多的社会资源交换，根据资源依赖理论，企业从外部利益相关者获得社会资源后就会产生依赖，为了生存和持续获得这些资源，必须持续满足这些利益相关者的期待[③]，由此也就有更大的社会压力去履行社会责任。那么可以得到如下假设：

假设 4.1.2：相比于草根型企业主，精英型企业主面临的社会压力更大，故而会履行更多社会责任。

第三，企业主的社会地位与企业的市场地位密切相关，当企业规模较大、企业市场地位较高时，企业主的社会地位往往也较高，这有助于企业主形成较高的主观地位认同。已有许多研究发现，主观地位认同会显著影响企业主的社会责任态度与行为，主观地位认同越高，企业主社会责任态度越积极，自然也会做出更积极的社会责任决策。[④] 这是因为，当企业

[①] ATKINSON L, GALASKIEWICZ J. Stock ownership and company contributions to charity. Administrative science quarterly, 1988, 33（1）：82-100. 陈宏辉, 王鹏飞. 企业慈善捐赠行为影响因素的实证分析：以广东省民营企业为例. 当代经济管理, 2010, 32（8）：17-24.

[②] HAUNSCHILD P R, MINER A S. Modes of interorganizational imitation：the effects of outcome salience and uncertainty. Administrative science quarterly, 1997, 42（3）：472-500.

[③] 菲佛, 萨兰基克. 组织的外部控制：对组织资源依赖的分析. 闫蕊, 译. 北京：东方出版社, 2006.

[④] 马凌远, 李晓敏. 民营企业家社会经济地位主观认知与个人慈善捐赠. 统计研究, 2021, 38（1）：105-118. 姜丽群, 郭昕. 私营企业家主观社会地位感知对社会责任表现的影响研究：基于性别差异和企业发展环境的调节作用. 软科学, 2021, 35（7）：59-64. 谢昕琰, 刘伟强. 达则兼济天下：私营企业主地位认同与企业社会责任的关系探究. 社会学评论, 2022, 10（2）：238-256.

主认为自己的社会地位较高时，往往意味着他已经满足了安全与生存的需要，此时他将进一步追求更高层次的发展需要，包括社会尊重与自我实现的需要，而通过履行社会责任可以获得社会认可，从而实现这种需要满足。此外，阶层地位高的人往往更有社会责任感、更关心社会问题与社会秩序，并积极参与社会志愿活动，做出亲社会行为，因而企业主的主观地位认同越高，就越能认同企业社会责任行为的意义。由此可以得到以下假设：

假设4.1.3：相比于草根型企业主，精英型企业主的主观地位认同更高，故而会履行更多社会责任。

（二）企业主经历与社会责任行为

高层梯队理论（Upper Echelon Theory）认为，企业高层领导与管理团队的组成特征决定了成员不同的认知基础、管理能力、价值观等，进而直接影响组织行为、战略选择以及经营绩效。[1] 后续有大量研究揭示了企业高层领导与管理团队的客观社会人口特征对企业行为与企业结果的影响，如性别、年龄、受教育程度、工作经历、任期时长、异质性等等。[2] 这些研究普遍假定企业高层领导与管理团队的认知基础、管理能力、价值观等特征是他们做出决策的重要影响因素，而这些客观的社会人口特征则是代理变量。毫无疑问，企业高层领导与管理团队关于企业社会责任的认知与态度，也将会影响企业社会责任行为[3]，而前者又与企业高管的个人经历密切相关。

不同类型企业主的个人经历明显不同，内源型企业主都曾经在国有单

---

[1] HAMBRICK D C, MASON P A. Upper echelons: the organization as a reflection of its top managers. Academy of management review, 1984, 9（2）: 193-206.
[2] HAMBRICK D C. Upper echelons theory: an update. Academy of management review, 2007, 32（2）: 334-343.
[3] CAMPBELL L, GULAS C S, GRUCA T S. Corporate giving behavior and decision-maker social consciousness. Journal of business ethics, 1999, 19（4）: 375-383. WERBEL J D, CARTER S M. The CEO's influence on corporate foundation giving. Journal of business ethics, 2002, 40（1）: 47-60.

位工作过。在组织印记理论看来，人们的心智观念是经过长时间的社会化过程而形成的，在这个过程中，周围的制度环境会产生重要影响，而心智观念一旦形成就具有较强的稳定性，能够对组织行为形成持续影响。[1]许多研究都发现，外部制度环境会通过影响组织创立者的知识框架、组织经验以及文化观念，进而影响到组织结构与行为。[2]

在原计划经济体制下，工会（"老三会"之一）作为辅助企业管理、保障员工福利、促进企业生产的工具普遍存在于企业中，是企业组织结构中必不可少的一部分；与此同时，单位组织工人能够享受国家提供的特殊供应与福利[3]，这种"铁饭碗"的工作以及"从摇篮到坟墓"的福利安排使得国企工人能够维持一个相对较高的生活水平。经过几十年的习惯化和客观化，这些单位组织的"老三会"结构与"父爱主义"做法逐渐内化为单位意识[4]，并成为一种预制组织模型与脚本的制度框架[5]。因此，当原单位组织的成员走出体制创建自己的企业时，原单位组织的结构与实践就会通过单位意识投射在新建立的民营企业上。有研究发现，相比于其他企业，由于具有"企业办社会"的传统，国有企业的组织福利往往种类更全面，水平也更高，而且即使改制以后，这种高福利水平依然得以延续。[6]我们预测：

---

[1] MARQUIS C, TILCSIK A. Imprinting: toward a multilevel theory. The academy of management annals, 2013, 7（1）: 195-245.

[2] BARON J N, HANNAN M T, BURTON M D. Building the iron cage: determinants of managerial intensity in the early years of organizations. American sociological review, 1999, 64（4）: 527-547. DOKKO G, WILK S L, ROTHBARD N P. Unpacking prior experience: how career history affects job performance. Organization science, 2009, 20（1）: 51-68. TILCSIK A. Remembrance of things past: individual imprinting in organizations. Cambridge, MA: Harvard University, 2012.

[3] 华尔德. 共产党社会的新传统主义：中国工业中的工作环境和权力结构. 龚小夏，译. 香港：牛津大学出版社，1996.

[4] 于显洋. 单位意识的社会学分析. 社会学研究，1991（5）: 76-81.

[5] 斯科特. 制度与组织：思想观念与物质利益. 姚伟，王黎芳，译. 北京：中国人民大学出版社，2010.

[6] 韩亦，郑恩营. 组织印记与中国国有企业的福利实践. 社会学研究，2018, 33（3）: 51-73.

假设 4.2.1：相比于其他企业主，内源型企业主的企业更有可能建立工会，从而促进更多社会责任投入。

与内源型企业主不同，市场型企业主一直都是在体制外活动，相对而言，他们往往缺少政治联系，故而更可能自己组织起来形成非正式的行业组织或社会组织，通过这些组织网络获得生存与发展所需要的资源。与此同时，企业主在与其他成员的交往中也能相互学习与影响，从而改变自己的心智观念。其中一类重要的社会组织就是慈善/公益组织，根据《2018年中国慈善捐助报告》数据，民营企业捐赠占企业捐赠比重达到50.55%，超过国有企业、外资企业和港澳台企业三者捐赠总和。[①] 相比于内源型企业主，市场型企业主更有可能参与慈善/公益组织，因为他们参与政治组织的机会少，便转而通过参与慈善/公益组织来提高自己的社会合法性。加入慈善/公益组织以后，参与组织活动或者与组织经常性联系都可能改变企业主关于社会责任的认知观念，从而增加企业的社会责任投入。由此得到如下假设：

假设 4.2.2：相比于其他企业主，市场型企业主的企业更有可能加入慈善/公益组织，从而促进更多社会责任投入。

二、大企业主的社会选择

从上面的分析可以看到，大企业主的企业地位与个人经历可能与其他企业主都不一样，由此导致他们更可能履行社会责任。下面使用 2016 年第十二次中国私营企业调查数据予以检验。除去信息缺失的样本，有效样本为 3 460 个。

---

① 中国慈善联合会发布2018年中国慈善捐赠数据.（2019-09-23）[2023-08-28]. https://3w.huanqiu.com/a/32aa06/7QckoAyVVlK？.

（一）变量与模型

1. 因变量

我们将企业社会责任的对象区分为外部利益相关者和内部利益相关者。企业对外部利益相关者承担的社会责任使用慈善捐赠和治污投入来测量；企业对内部利益相关者承担的社会责任用员工培训投入和员工社保投入来测量。首先以社会责任投入的绝对数额作为因变量，考察家族涉入对企业社会责任行为的影响；其次以社会责任投入强度作为因变量进行稳健性检验。所谓社会责任投入强度，即社会责任投入额占销售额的比重。无论是社会责任投入的绝对额还是相对额，均有较大差异，为了使因变量呈正态分布，这些指标均取对数进入模型。

2. 自变量

参考第二章，本节根据企业主创业前的工作来源，将企业主分为三类——草根型企业主、市场型企业主和内源型企业主，其中内源型企业主包括前文的技术型企业主与管理型企业主，以草根型企业主为参照组。

3. 中介变量

本节欲检验企业主影响民营企业社会责任行为的解释机制。具体中介变量如下。

企业冗余资源：企业的冗余资源很难直接测量，我们通过企业的新增投资情况来间接测量企业冗余资源。企业新增投资越多，意味着企业拥有冗余资源越多，越有可能增加社会责任行为。由于不同企业新增投资差别较大，所以我们将其取对数进入模型。

企业社会压力：民营企业面临的社会压力中，政府干预压力往往是最重要的。如果民营企业受到政府干预，那么这种影响应该体现在各个方面，而不仅仅是企业社会责任方面。本节参考第三章的做法，使用上一年企业缴纳各种规费和接受摊派情况来衡量企业受到的政府干预压力。如果企业有这样的经历，设置为1，说明其受到的干预更多，否则设置为0。

企业主主观地位认同：2016年的问卷中询问了企业主主观的经济地位、社会地位与政治地位，1表示最高，10表示最低。我们将这三种主观地位的赋值反转，10表示最高，1表示最低，然后将三者相加作为企业主的主观综合地位得分。

企业工会：2016年的问卷询问了被访者企业是否建立了工会，有设置为1，否则设置为0。

公益组织：2016年的问卷询问了企业主是否加入了慈善/公益组织，加入了设置为1，否则设置为0。

4. 控制变量

本节的控制变量主要包括企业主特征与企业特征两部分。

企业主特征主要包括企业主性别、世代与受教育程度。本节根据企业主出生年份将企业主分为"60前""60后""70后""80后"四个世代，以"60前"企业主为参照组。企业主受教育程度设置为三分类，即初中及以下、高中、大专及以上，以初中及以下为参照组。

企业特征包括企业所在行业、多元化经营、企业生存时间、企业所在地域、企业规模及企业绩效。企业所在行业分为五类，即第一产业、制造业、其他第二产业、商业服务业、其他第三产业，以第一产业为参照组。多元化经营主要看企业是否从事多个行业，如果是则设置为1，否则设置为0。企业生存时间用调查年份（2016年）减去企业开业年份，不足1年的算1年。我们将企业所在地域按照通常规范区分为东部地区、中部地区与西部地区，并分别设置为虚拟变量进入模型，以东部地区为参照组。企业规模使用两个指标，一个是企业年均雇佣员工人数，另一个是企业销售额，由于企业规模差距较大，将其取对数进入模型。以销售利润率作为企业绩效指标，销售利润率＝（净利润／销售额）*100%，将净利润为负的一律设置为0。

表4-2为各变量的简单描述统计。

表4-2 各变量简单描述统计

因变量		控制变量	
慈善捐赠（对数）	5.33（5.50）	受教育程度（%）	
治污投入（对数）	3.84（5.61）	初中及以下	8.35
社保投入（对数）	8.82（5.74）	高中	26.65
员工培训投入（对数）	6.43（5.51）	大专及以上	65.00
慈善销售比（对数）	1.56（1.90）	世代（%）	
治污销售比（对数）	1.25（2.05）	60前	12.40
社保销售比（对数）	3.52（2.53）	60后	35.84
培训销售比（对数）	2.00（2.10）	70后	33.67
自变量		80后	18.09
企业主类型（%）		多元化（1=是，%）	22.05
草根型企业主	43.15	企业所在行业（%）	
市场型企业主	35.06	第一产业	8.53
内源型企业主	21.79	制造业	34.39
		其他第二产业	9.74
中介变量		商业服务业	31.18
新增投资（对数）	2.60（3.00）	其他第三产业	16.16
规费摊派（1=有，%）	53.12	企业生存时间	10.11（6.72）
主观地位认同	14.74（5.78）	企业所在地域（%）	
工会（1=有，%）	34.71	东部地区	52.86
慈善／公益组织（1=参与，%）	15.98	中部地区	23.41
		西部地区	23.73
控制变量		员工数（对数）	3.53（1.76）
企业主性别（1=男，%）	81.56	销售额（对数）	6.25（2.86）
		销售利润率（对数）	1.63（1.33）

5. 模型

本节采用 Tobit 模型来探讨企业主社会来源与企业社会责任投入之间的关系。Tobit 模型是因变量满足某种约束条件取值的模型，这类模型已从最初的结构式模型扩展到时间序列模型、面板数据模型以及非参数模型等形式。[①]本节使用的是标准 Tobit 模型，这一模型适合处理因变量有大量删截值的数据，而本节使用的因变量企业社会责任投入就具有这个特点，即企业社会责任投入不可能为负，而且有大量企业在这方面没有任何投入。当因变量出现大量删截值时，通过最小二乘法估计的参数是有偏和不一致的，因此一般线性回归方法并不适用，而 Tobit 模型通过最大似然估计可以较好地解决这个问题。同时，与 Logistic 模型相比，Tobit 模型充分有效地利用了"企业是否履行社会责任"及"不同企业社会责任投入不同"这两部分有效信息。Tobit 模型设置如下：

$$y_i^* = \alpha + \beta_j x_{ij} + \lambda_k z_{ik} + \varepsilon_i$$

$$y_i = \begin{cases} y_i^* & \text{若} y_i^* > 0 \\ 0 & \text{若} y_i^* \leq 0 \end{cases}$$

因变量 y_i 为企业社会责任投入，取值为非负值，y_i^* 是潜变量。x_{ij} 表示核心自变量，即企业主社会来源，β_j 表示自变量的系数。z_{ik} 是模型的控制变量，分别表示企业主个人特征与企业特征的一系列变量，λ_k 代表这些变量的系数。α 表示模型常数项，ε_i 表示误差项，服从均值为 0、方差为 σ^2 的正态分布。

[①] 周华林，李雪松. Tobit 模型估计方法与应用. 经济学动态，2012（5）：105-119.

(二)结果分析

首先来看企业主社会来源对各项中介变量的影响,分析结果见表4-3。模型 1.1 至模型 1.3 的因变量分别是新增投资额、企业缴纳规费与接受摊派情况以及企业主主观地位认同,由于三个变量的性质不一样,这三个模型也不一样。模型 1.1 中新增投资额是连续变量,但有大量样本的取值为 0,故而使用 Tobit 模型分析;模型 1.2 的因变量是二分类变量,故而使用 Logit 模型分析;模型 1.3 中主观地位认同是连续变量,故而使用多元 OLS 回归模型分析。虽然三个模型不一样,但数据分析结果相似:在控制其他变量的情况下,市场型企业主与内源型企业主的系数都显著为正,说明相比于草根型企业主,市场型企业主与内源型企业主新增投资额明显更多、缴纳规费与接受摊派的可能性更高、主观地位认同得分更高,这意味着精英型企业主的企业冗余资源更多、承受的社会压力更大、企业主主观地位认同更高。

模型 1.4 和模型 1.5 的因变量是企业设立工会情况与企业主参与慈善/公益组织情况,二者都是二分类变量,故而均使用 Logit 模型分析。有意思的是,模型 1.4 中市场型企业主系数不显著,而内源型企业主系数显著为正;模型 1.5 中市场型企业主系数显著为正,而内源型企业主系数不显著。上述结果说明,相比于其他企业主,内源型企业主的企业更可能设立工会,而市场型企业主更可能参加慈善/公益组织。这与假设 4.2 相一致,反映出市场型企业主与内源型企业主的社会来源与经历上的差异,这可能也会使得二者影响企业社会责任行为的路径有所不同。

表 4-3　企业主社会来源与中介变量的关系（N=3 460）

	模型 1.1 （新增投资额）	模型 1.2 （规费摊派）	模型 1.3 （主观地位认同）	模型 1.4 （工会）	模型 1.5 （慈善/公益组织）
	B/S.E.	B/S.E.	B/S.E.	B/S.E.	B/S.E.
控制变量	控制	控制	控制	控制	控制
企业主类型（参照主：草根型企业主）					
市场型企业主	0.521**	0.211*	0.670**	0.129	0.355**
	0.175	0.086	0.206	0.109	0.118
内源型企业主	0.374+	0.331**	0.718**	0.309*	0.195
	0.210	0.107	0.254	0.124	0.137
截距	-8.308***	-2.896***	9.208***	-5.055***	-4.428***
	0.529	0.255	0.575	0.342	0.370
Pseudo R^2/R^2	0.123	0.128	0.198	0.337	0.109
-2 Log Likelihood	11 625.54	4 169.07		2 960.94	2 707.89

注：+ $p<0.1$；* $p<0.05$；** $p<0.01$；*** $p<0.001$。

接下来看一看企业主社会来源与企业社会责任投入的关系，分析结果见表 4-4。

模型 2.1 和模型 2.2 的因变量是企业慈善捐赠额，可以看到超过一半的企业捐赠额为 0。模型 2.1 加入了控制变量与核心自变量。控制变量中，企业规模（员工数、销售额）与销售利润率系数都显著为正，意味着企业规模越大、销售利润率越高，企业慈善捐赠额越高；企业多元化经营与企业生存时间也都显著为正，这可能是因为二者都与企业规模有一点关系；企业所在地域中，西部地区系数显著为正，说明相比于东部地区企业，西部地区企业捐赠额更高。就企业主类型来看，市场型企业主与内源型企业主的系数都显著为正，说明相比于草根型企业主，市场型企业主与内源型企业主所在企业的慈善捐赠额显著更高。

模型 2.2 加入了五个中介变量，可以看到五个中介变量系数都显著为正，意味着企业新增投资额多、企业缴纳规费和接受摊派多、企业主主观地位认同高、企业设立工会、企业主加入慈善/公益组织，企业慈善捐赠额就高。在加入这五个变量后，市场型企业主与内源型企业主系数都有所减小，而且变得不显著了。结合模型 2.1 结果来看，精英型企业主（包括市场型企业主和内源型企业主）对慈善捐赠额度的投入，可能正是通过这五个中介变量发挥作用的。

模型 2.3 和模型 2.4 的因变量是企业治污投入额，可以看到超过三分之二企业的企业治污投入都是 0。模型 2.3 仅加入控制变量与核心自变量。控制变量中，企业规模与销售利润率依然显著为正，意味着企业规模越大、销售利润率越高，企业治污投入便越多；比较不同行业和地区，制造业的治污投入额明显高于其他行业的治污投入额，西部地区企业的治污投入额明显高于东部地区企业的治污投入额，这可能是因为制造业和西部地区有更多污染环境的企业。数据显示，仅有市场型企业主系数显著为正，而内源型企业主系数虽然为正，但不显著，这意味着相比于草根型企业主，市场型企业主的治污投入显著更多，内源型企业主的治污投入相对更多，但不是特别明显。

模型 2.5 和模型 2.6 的因变量是企业员工的社保投入，可以看到不到三分之一的企业社保投入为 0，说明社会保险覆盖了大部分企业员工。模型 2.5 同样加入了控制变量与核心自变量。数据结果显示，相比于草根型企业主，市场型企业主与内源型企业主的社保投入明显更高。大多数企业特征变量系数也显著。具体来说，相比于第一产业，其他产业社会保投入更多；多元化经营企业的社保投入更多；相比于东部地区企业，中部地区企业与西部地区企业的社保投入更少；生存时间越长、规模越大的企业，社保投入越多；只有销售利润率系数显著为负，这可能是因为社保投入本身与利润呈反向关系，社保投入越高意味着企业劳动成本越高，利润相应越低。

模型2.6在模型2.5基础上加入了五个中介变量。可以看到，新增投资额和慈善/公益组织系数不显著，而规费摊派、主观地位认同和工会系数显著为正，说明缴纳规费和接受摊派更多、企业主主观地位认同更高、有工会的企业，社会保险投入更多。加入这五个变量后，精英型企业主的系数同样有所减小，意味着精英型企业主可能是通过这五个中介变量来影响企业对员工的社保投入的。

模型2.7和模型2.8的因变量是企业员工培训投入，不到一半的企业员工培训投入为0。在模型2.7中，市场型企业主与内源型企业主系数都显著为正，意味着相比于草根型企业主，精英型企业主的企业员工培训投入明显更多。控制变量中，企业生存时间越长、企业规模越大、销售利润率越高，企业员工培训投入越多。

模型2.8加入了五个中介变量。除了工会，其他四个变量系数都显著为正，也就是说，新增投资额多、缴纳规费和接受摊派多、企业主主观地位认同高和参加慈善/公益组织均能提高员工培训投入。与此同时，精英型企业主的系数都不同程度地减小，意味着精英型企业主也是通过这些变量来影响企业员工培训投入的。

表 4-4 企业主社会来源与社会责任投入的关系

	慈善捐赠				治污投入				社保投入				员工培训投入			
	模型 2.1		模型 2.2		模型 2.3		模型 2.4		模型 2.5		模型 2.6		模型 2.7		模型 2.8	
	B	S.E.	B	S.E.	B	S.E.	B	S.E.	B	S.E.	B	S.E.	B	S.E.	B	S.E.
企业主性别（1=男）	0.348	0.390	0.072	0.355	1.229$^+$	0.683	0.862	0.667	−0.292	0.242	−0.351	0.238	0.107	0.315	−0.040	0.305
世代（参照组：60前）																
60后	0.740	0.464	0.617	0.419	−0.335	0.748	−0.656	0.729	0.441	0.301	0.421	0.296	0.584	0.386	0.462	0.373
70后	0.378	0.502	0.381	0.457	−1.398$^+$	0.824	−1.506$^+$	0.807	0.412	0.324	0.481	0.320	1.067*	0.415	0.992*	0.403
80后	0.348	0.596	0.358	0.546	−0.548	0.990	−0.779	0.974	0.259	0.379	0.349	0.376	0.789	0.488	0.702	0.477
企业主受教育程度（参照组：初中及以下）																
高中	0.734	0.602	0.278	0.546	−1.295	0.968	−1.634$^+$	0.943	0.150	0.373	0.018	0.366	0.147	0.493	−0.033	0.478
大专及以上	0.641	0.585	0.059	0.532	−1.405	0.942	−1.897*	0.920	1.050**	0.363	0.872*	0.358	1.196*	0.478	0.962*	0.464

188

续表

	慈善捐赠		治污投入		社保投入		员工培训投入	
	模型 2.1 B/S.E.	模型 2.2 B/S.E.	模型 2.3 B/S.E.	模型 2.4 B/S.E.	模型 2.5 B/S.E.	模型 2.6 B/S.E.	模型 2.7 B/S.E.	模型 2.8 B/S.E.
企业所在行业（参照组：第一产业）								
制造业	−0.241 0.563	−0.868+ 0.510	2.564** 0.921	2.096* 0.899	2.243*** 0.372	1.976*** 0.366	−0.333 0.463	−0.600 0.448
其他第二产业	−0.375 0.674	−0.688 0.612	−1.201 1.119	−1.087 1.096	1.738*** 0.438	1.603*** 0.432	0.431 0.548	0.432 0.532
商业服务业	0.459 0.564	0.012 0.512	−3.345*** 0.955	−3.207*** 0.936	2.147*** 0.371	1.988*** 0.367	0.283 0.462	0.230 0.449
其他第三产业	0.983 0.610	0.390 0.554	−4.269*** 1.065	−4.288*** 1.043	2.536*** 0.401	2.358*** 0.395	0.612 0.500	0.471 0.485
多元化	2.133*** 0.342	1.393*** 0.313	−1.183* 0.600	−1.708** 0.593	0.630** 0.225	0.495* 0.224	1.065*** 0.284	0.701* 0.279
企业生存时间	0.179*** 0.025	0.136*** 0.022	0.129** 0.041	0.101* 0.040	0.128*** 0.016	0.108*** 0.016	0.056** 0.021	0.040* 0.020
企业所在地域（参照组：东部地区）								

续表

	慈善捐赠				治污投入				社保投入				员工培训投入			
	模型 2.1		模型 2.2		模型 2.3		模型 2.4		模型 2.5		模型 2.6		模型 2.7		模型 2.8	
	B/S.E.		B/S.E.		B/S.E.		B/S.E.		B/S.E.		B/S.E.		B/S.E.		B/S.E.	
中部地区	0.302	0.376	0.345	0.342	0.541	0.646	0.349	0.632	-2.418***	0.239	-2.371***	0.236	0.032	0.306	-0.039	0.297
西部地区	1.411***	0.366	0.934**	0.333	2.259***	0.625	1.756**	0.610	-0.810***	0.233	-0.921***	0.230	0.585+	0.301	0.322	0.292
员工数	1.366***	0.144	0.847***	0.136	2.709***	0.253	2.085***	0.255	0.985***	0.092	0.834***	0.095	2.037***	0.120	1.716***	0.120
销售额	1.262***	0.098	0.802***	0.092	0.748**	0.163	0.277+	0.165	0.996***	0.057	0.877***	0.058	0.695***	0.075	0.451***	0.075
销售利润率	1.374***	0.118	1.034***	0.108	0.576**	0.197	0.338+	0.194	-0.180*	0.071	-0.244***	0.071	0.431***	0.093	0.263**	0.091
企业主类型（参照主：草根型企业主）																
市场型企业主	0.942**	0.337	0.462	0.306	1.230*	0.567	0.854	0.554	0.883***	0.212	0.748***	0.209	0.706*	0.275	0.467+	0.266
内源型企业主	1.042**	0.396	0.430	0.358	0.482	0.671	0.032	0.654	0.743**	0.256	0.546*	0.253	1.544***	0.326	1.266***	0.315

续表

	慈善捐赠				治污投入				社保投入				员工培训投入			
	模型 2.1		模型 2.2		模型 2.3		模型 2.4		模型 2.5		模型 2.6		模型 2.7		模型 2.8	
	B/S.E.		B/S.E.		B/S.E.		B/S.E.		B/S.E.		B/S.E.		B/S.E.		B/S.E.	
新增投资额			0.312***				0.665***				0.027				0.312***	
			0.052				0.095				0.038				0.047	
摊费摊派			5.791***				3.490***				1.794***				2.693***	
			0.285				0.517				0.193				0.245	
主观地位认同			0.095***				0.074				0.035*				0.041+	
			0.025				0.046				0.017				0.022	
工会			0.857**				1.459*				0.807***				0.289	
			0.316				0.573				0.228				0.284	
慈善/公益组织			1.942***				0.089				0.250				0.584+	
			0.335				0.624				0.249				0.305	
截距	−18.055***		−16.253***		−20.430***		−18.150***		−5.584***		−5.368***		−11.259***		−10.329***	
	1.047		0.993		1.706		1.733		0.621		0.640		0.816		0.825	
N	3 313		3 313		3 379		3 379		3 351		3 351		3 345		3 345	
左侧截取数	1 670		1 670		2 274		2 274		947		947		1 380		1 380	
−2 Log Likelihood	13 034.21		12 484.03		10 402.08		10 279.90		16 196.62		16 085.21		14 619.15		14 424.26	

注：+ $p<0.1$；* $p<0.05$；** $p<0.01$；*** $p<0.001$。

上面通过比较 Tobit 模型系数变化来探讨企业主社会来源对企业社会责任投入的影响及其机制，这种方法并不严谨，下面通过 KHB 模型进一步分析各中介变量的作用程度，结果见表 4-5。从表中可以看出：

第一，对于所有企业社会责任投入，这五种中介变量都具有一定的中介效应，最高能解释近 95%，最低能解释约 16%。比较企业外部社会责任与内部社会责任，这些中介变量对外部社会责任投入的中介效应往往更大。

第二，在所有中介变量中，解释力最强的中介变量是规费摊派，这说明精英型企业主之所以会更积极履行社会责任，主要是因为社会压力。

第三，比较市场型企业主与内源型企业主，新增投资额对于市场型企业主的社会责任投入的中介效应相对更强，这可能说明市场型企业主在履行社会责任时还有更多的理性考虑，只有企业有相应能力时，才会履行更多社会责任。

第四，对于所有的社会责任投入，工会对内源型企业主的中介效应都要高于对市场型企业主的中介效应，这说明内源型企业主更有可能通过工会履行社会责任；与之相反，虽然慈善/公益组织的中介效应总体较低，但其对市场型企业主的中介效应相对更高，说明市场型企业主更有可能通过参与慈善/公益组织而履行社会责任。这一结果与假设 4.2 相一致。

表 4-5 企业主社会来源影响企业社会责任投入额度的中间机制

		慈善捐赠	治污投入	社保投入	培训投入
市场型企业主	总效应	1.020**	1.277*	0.890***	0.732**
	直接效应	0.462	0.854	0.748***	0.467+
	间接效应	0.558**	0.424*	0.142*	0.265*
	中介效应占比（%）				
	新增投资额	8.96	12.73	0.75	9.53
	规费摊派	30.30	14.18	10.00	19.15
	主观地位认同	6.72	3.90	2.58	4.08

续表

		慈善捐赠	治污投入	社保投入	培训投入
市场型企业主	工会	1.54	2.10	1.58	0.51
	慈善/公益组织	7.14	0.27	1.03	2.90
	合计	54.66	33.18	15.94	36.17
内源型企业主	总效应	1.133**	0.588	0.755**	1.569***
	直接效应	0.430	0.032	0.546*	1.266***
	间接效应	0.703***	0.556***	0.209**	0.303**
	中介效应占比（%）				
	新增投资额	5.01	22.35	0.45	2.52
	规费摊派	42.80	44.43	16.89	12.63
	主观地位认同	6.34	9.37	3.18	2.08
	工会	5.17	18.04	6.47	1.17
	慈善/公益组织	2.71	0.30	0.68	0.90
	合计	62.03	94.49	27.67	19.30

注：+ $p<0.1$；* $p<0.05$；** $p<0.01$；*** $p<0.001$。

上述模型都是使用社会责任投入额度作为因变量，我们又使用社会责任投入强度作为因变量对上述模型进行了稳健性检验，表4-6是KHB模型的结果。该结果与表4-5结果相似，说明上文结果相对稳健。

表4-6 企业主社会来源影响企业社会责任投入强度的中间机制

		慈善捐赠	治污投入	社保投入	培训投入
市场型企业主	总效应	0.395**	0.638**	0.400**	0.315*
	直接效应	0.174	0.476*	0.336**	0.199
	间接效应	0.221**	0.162*	0.063+	0.115*
	中介效应占比（%）				
	新增投资额	7.76	9.23	-2.65	6.62
	规费摊派	32.30	12.34	14.14	24.34
	主观地位认同	6.44	2.85	2.47	2.50
	工会	1.05	1.44	1.59	-0.30
	慈善/公益组织	8.42	-0.51	0.33	3.51
	合计	55.97	25.35	15.88	36.67

续表

		慈善捐赠	治污投入	社保投入	培训投入
内源型企业主	总效应	0.441**	0.354	0.432**	0.635***
	直接效应	0.165	0.133	0.322*	0.507**
	间接效应	0.277**	0.221**	0.110**	0.127*
	中介效应占比（%）				
	新增投资额	4.35	14.33	-1.23	1.48
	规费摊派	45.46	32.30	19.01	16.80
	主观地位认同	6.01	5.73	2.48	1.38
	工会	3.53	10.53	4.95	-0.76
	慈善组织	3.34	-0.46	0.18	1.16
	合计	62.69	62.43	25.39	20.06

注：+ $p<0.1$；* $p<0.05$；** $p<0.01$；*** $p<0.001$。

（三）小结

本节分析了企业主社会来源与企业社会责任行为的关系。第二章已经发现，企业主社会来源与企业规模存在密切关系，精英型企业主的企业规模显著更大，那么当他们成为大企业主时，在履行社会责任方面是否会更积极呢？本节分析结果显示，精英型企业主确实更积极履行社会责任，而且无论是外部社会责任还是内部社会责任，他们企业的社会责任投入都更高，即使在控制了企业规模后，上述结论依然成立。

企业主社会来源如何影响企业社会责任呢？本节从两个方面对此进行了分析。首先是从大企业的一般性机制出发，我们发现精英型企业主之所以更积极履行社会责任，主要是因为他们的企业冗余资源更多、面临更大社会压力、企业主自身主观地位认同更高，这三种机制同时适用于市场型企业主和内源型企业主。进一步，无论哪种精英型企业主，社会压力机制的中介效应都是最大的。本节所测量的社会压力主要来自政府，这意味着当创业者不断发展，成为大企业主时，他们就会吸引政府的注意，政府在提高他们的政治地位的同时，对其社会期待也会提高，这将成为企业履行社会责任的重要动力，但也是"绅商政治"[①]形成的逻辑。

其次，我们发现市场型企业主与内源型企业主二者不同的社会经历会对企业社会责任行为形成不同影响。具体来说，市场型企业主长期在市场竞争中成长，可能具有更强的工具理性思维，所以在其履行社会责任时，工具性动机更为重要；与此同时，市场型企业主在积极参与行业社群与商业社群的建设中，更可能参与到慈善/公益组织中，并在这些组织中形成关于社会责任的新认知，从而促进企业履行社会责任。与之相比，内源型企业主过去在国有单位的工作经历会形成一种组织印记，从而影响其企业的组织结构与实践。具体来说，内源型企业主创业以后更可能形成原国有单位的责任意识，在履行社会责任时较少考虑工具性目的，同时也更可能设立有利于履行社会责任的组织制度和机构。

第三节 家国天下：家族企业的社会责任

一、家族企业的社会情感财富

（一）关于家族企业社会责任行为的争论

虽然现代公司制度成为企业的主流形式，但是家族的影响并没有消退，许多研究发现，世界上绝大多数的企业仍然为家族所控制，而家族与

[①] 吕鹏.私营企业主任人大代表或政协委员的因素分析.社会学研究，2013，28（4）：154-178.

企业相结合对企业的治理结构、经营目标、战略选择以及企业绩效会产生重要影响[1]，因此家族企业的社会责任也往往表现出自己的特点。问题是：相比于非家族企业，家族企业的社会责任行为有何不同呢？

社会情感财富理论（socioemotional wealth，简称 SEW）认为，家族企业区别于非家族企业的重要特征在于，家族企业将社会情感财富作为企业追求的首要目标。[2]这种社会情感财富内涵丰富，包括家族内部情感和企业外部社会两个基本维度。[3]情感维度的内容包括家族成员对企业的控制维持、认同感、情感依赖、跨代传承意愿等内容；社会维度包括建立和维持正面的家族形象和声誉、积累社会资本等内容。[4]正因为如此，家族企业进行管理决策的主要原则在于能否增加家族的社会情感财富。有研究发现，如果某项决策能够降低经营风险，但不能增加社会情感财富，那么家族企业比非家族企业更不可能采纳[5]，如西班牙南部的橄榄油家族企业为了维持家族对企业的控制与影响，而不愿意加入企业合作社，尽管这样能够降低企业的经营风险[6]。

在该理论的基础上，一些学者认为，企业社会责任能够建立一种良好

---

[1] CHRISMAN J J, KELLERMANNS F W, CHAN K C, et al. Intellectual foundations of current research in family business: an identification and review of 25 influential articles. Family business review, 2010, 23（1）: 9-26. KRAUS S, HARMS R, FINK M. Family firm research: sketching a research field. International journal of entrepreneurship and innovation management, 2011, 13（1）: 32-47.

[2] GOMEZ-MEJIA L R, CRUZ C, BERRONE P, et al. The bind that ties: socioemotional wealth preservation in family firms. The academy of management annals, 2011, 5（1）: 653-707.

[3] MILLER D, LE BRETON–MILLER I. Deconstructing socioemotional wealth. Entrepreneurship theory and practice, 2014, 38（4）: 713-720.

[4] BERRONE P, CRUZ C, GOMEZ-MEJIA L R, et al. Socioemotional wealth and corporate responses to institutional pressures: do family-controlled firms pollute less?. Administrative science quarterly, 2010, 55（1）: 82-113.

[5] GÓMEZ-MEJÍA L R, MAKRI M, KINTANA M L. Diversification decisions in family-controlled firms. Journal of management studies, 2010, 47（2）: 223-252.

[6] GÓMEZ-MEJÍA L R, HAYNES K T, NÚÑEZ-NICKEL M, et al. Socioemotional wealth and business risks in family-controlled firms: evidence from Spanish olive oil mills. Administrative science quarterly, 2007, 52（1）: 106-137.

的企业形象，提高企业声誉[1]，而这恰恰是家族企业所看重的社会情感财富[2]，所以即使企业社会责任不能提高财务绩效，家族企业为了提高企业声誉也会积极地履行企业社会责任。与之相比，非家族企业更看重企业经济绩效，故而在履行社会责任方面没有家族企业那么积极。一些经验研究发现，相比于非家族企业，家族企业排放的废物对环境的危害更小[3]；员工培训投入水平、福利水平更高，因此员工忠诚度更高，流失率更低[4]；总体上的社会责任绩效也更高[5]。

但是，在新古典经济学的框架下，一些学者坚持强调企业中的控制家族与非家族所有者和管理者没有本质区别，都是理性人，目标都在于自己经济利益的最大化，而且由于控制家族掌握了企业更多的所有权，故而他们比一般管理者更看重企业经济绩效，甚至会因此而牺牲其他利益相关者的利益，从而也就不会承担更多的社会责任。[6] 例如有研究表明，控股家

---

[1] BRAMMER S J, PAVELIN S. Corporate reputation and social performance: the importance of fit. Journal of management studies, 2006, 43 (3): 435-455. MAIGNAN I, FERRELL O C, HULT G T M. Corporate citizenship: cultural antecedents and business benefits. Journal of the academy of marketing science, 1999, 27 (4): 455-469. 李海芹, 张子刚. CSR 对企业声誉及顾客忠诚影响的实证研究. 南开管理评论, 2010, 13 (1): 90-98.

[2] ZELLWEGER T M, NASON R S, NORDQVIST M, et al. Why do family firms strive for nonfinancial goals?: an organizational identity perspective. Entrepreneurship theory and practice, 2013, 37 (2): 229-248.

[3] BERRONE P, CRUZ C, GOMEZ-MEJIA L R, et al. Socioemotional wealth and corporate responses to institutional pressures: do family-controlled firms pollute less?. Administrative science quarterly, 2010, 55 (1): 82-113.

[4] REID R S, HARRIS R I D. The determinants of training in SMEs in Northern Ireland. Education and training, 2002, 44 (8/9): 443-450. UHLANER L M, VAN GOOR-BALK H J M, MASUREL E. Family business and corporate social responsibility in a sample of Dutch firms. Journal of small business and enterprise development, 2004, 11 (2): 186-194.

[5] 周立新. 家族涉入与企业社会责任：来自中国制造业的经验证据. 经济管理, 2011, 33 (9): 45-53. DYER W G Jr, DAVID A. Family firms and social responsibility: preliminary evidence from the S&P 500. Entrepreneurship theory and practice, 2006, 30 (6): 785-802.

[6] GOMEZ-MEJIA L R, NUNEZ-NICKEL M, GUTIERREZ I. The role of family ties in agency contracts. Academy of management journal, 2001, 44 (1): 81-95. LE BRETON-MILLER I, MILLER D. Agency vs. stewardship in public family firms: a social embeddedness reconciliation. Entrepreneurship theory and practice, 2009, 33 (6): 1169-1191.

族会通过牺牲其他小股东的利益来为自己的家族谋取私利[1];一旦这些家族企业控制整个国家的经济,还会对整个社会公共福利产生消极影响,一项研究就发现,那些大企业主要由家族控制的国家,通常提供更差的基础设施、医疗和教育服务[2]。

对于那些看似追求社会情感财富的行为,有学者认为,其最终目的仍在于家族经济利益的最大化。最典型的例子就是企业裁员,研究发现,相比于非家族企业,家族企业裁员的可能性确实更小[3],但如果裁员不可避免,即不裁员对企业发展有严重阻碍的时候,出于对家族经济利益的保护,家族企业的裁员力度会更大[4];而且,尽管家族企业裁员的可能性更小,但家族企业中的员工平均工资更低[5]。因此,家族企业关于雇员的管理决策可能并不是为了积累社会情感财富,而更可能是出于战略均衡的考虑,即在保证员工工作稳定的同时降低员工工资,如此可以降低企业长期的经营风险。

综上所述,关于家族企业社会责任的理论还存在争议,尤其是关于家族在企业管理决策背后的行为动机与逻辑存在争议。就现有文献来看,争论双方分别强调了家族行为的社会动机和经济动机,从各自的基本预设出发,双方推演出了不同的研究结论。我们认为,家族的面向并不是单一

---

[1] MORCK R, YEUNG B. Agency problems in large family business groups. Entrepreneurship theory and practice, 2003, 27(4): 367-382.
[2] MORCK R, YEUNG B. Family control and the rent–seeking society. Entrepreneurship theory and practice, 2004, 28(4): 391-409.
[3] STAVROU E, KASSINIS G, FILOTHEOU A. Downsizing and stakeholder orientation among the fortune 500: does family ownership matter?. Journal of business ethics, 2007(72): 149-162.
[4] BLOCK J. Family management, family ownership, and downsizing: evidence from S&P 500 firms. Family business review, 2010, 23(2): 109-130.
[5] BASSANINI A, CAROLI E, REBÉRIOUX A, et al. Working in family firms: less paid but more secure?: evidence from French matched employer-employee data. IZA discussion paper, 2011, 66(2): 433-466.

的，而是二元的，在中国尤其如此，这种二元面向根植于深厚的历史传统。伊佩霞认为，传统中国家族是由两种理想类型交织在一起的。一种类型称之为"宗"，源于祖先崇拜，是以父系血缘关系为主轴，根据长幼、亲疏而形成的亲属网络，其中由嫡长子传承的称为"大宗"，其余儿子传承的称为"小宗"。另一种类型称之为"家"，"家"最早是先秦时期贵族所世袭的政治经济单位，正如诸侯的"国"一样，所谓"千乘之国"、"百乘之家"都是形容这些政治经济单位的规模的。随着时代变迁，尤其是封建制的解体，土地不断买卖分割，以土地为基础的"家"最终演变成同居共财的亲属群体，成为传统社会的一个基本经济单位。[①]相比于"宗"，"家"是一个相对独立、分离的单元，因为"家"的基础是土地和财产，根据土地和财产的获得、分配、消耗，可以有"成家""分家""毁家"之不同。这与不断扩散的"宗"不一样，"宗"的基础在于父系血缘，其源头是共同的祖先，虽然不断有后代出生，但都是在原有"宗"的枝干上不断增殖或扩散，原有的"宗"只会被延续而不会解体。

基于此，"宗"与"家"的目标是不一样的，"宗"的基本目标在于延续，包括维持祖先崇拜与祭祀、维持宗族网络内部的和谐关系，最终是要维持宗族网络的不断扩散与延续。为此宗族建立了一套以长幼、亲疏为基础的等级伦理规范，并通过各种仪式活动予以内化，而这恰恰也是整个社会目标所在，因此在传统社会，宗族的团结、延续本身就能获得整个社会的声誉，那些"世家大族""累世聚居"历来都为社会所欣羡。但是，"家"的基本目标在于生存，而为了更好地生存就必须不断积累经济财富，虽然家也会通过乐善好施追求社会声誉，但其基础仍然在于经济

---

① EBREY P. Conceptions of the family in the Sung Dynasty. The journal of Asian studies，1984，43（2）：219-245.

财富。[1]综上，基于财产的"家"追求的是经济目标，而基于血缘的"宗"更看重非经济目标。现实的家族是由"家"与"宗"混合交融而成，因此家族具有二元面向也是很自然的。

家族的二元面向随着家族与企业的结合也被引入企业管理行为中，家族企业复杂的社会责任行为应该与此有关，那么问题在于家族是如何选择行为动机的呢？在中国社会文化情境下，这可能需要与具体的行为对象联系起来。正如费孝通所言，中国人的社会结构是"差序格局"[2]，在这一格局下，个人常常用不同的标准对待和自己关系不同的人；同样有研究显示，"差序格局"也适用于华人企业，如企业主会依据组织成员对自己的亲疏、忠逆将组织成员归为不同类型，并依此形成不同的自己人意识和信任格局，从而影响企业内部的组织行为[3]。我们认为，当家族面对与自己关系性质不同的行为对象时，其行为动机与行为表现也会有所不同，具体到企业社会责任行为，根据前文所说，行为对象可以分为外部利益相关者和内部利益相关者，家族与此二者的关系不同，家族企业相应的社会责任行为可能也不一样。

（二）关于企业外部利益相关者的社会责任

外部利益相关者基于社会契约要求企业履行相应的社会责任，而企业关心的则是履行社会契约所带来的社会收益。已有研究显示，虽然企业满足外部利益相关者的期望后，并不一定能够提升自己的经济绩效，但能获得他们的积极评价，而这些积极评价是企业良好声誉的基础。[4] 在社会情

---

[1] EBREY P. Conceptions of the family in the Sung Dynasty. The journal of Asian studies，1984，43（2）：219-245.
[2] 费孝通.乡土中国 生育制度.北京：北京大学出版社，1998.
[3] 郑伯埙.差序格局与华人组织行为.本土心理学研究，1995（3）：142-219.
[4] DYER W G Jr, WHETTEN D A. Family firms and social responsibility：preliminary evidence from the S&P 500. Entrepreneurship theory and practice，2006，30（6）：785-802.

感财富理论看来,相比于一般管理者,家族所有者与管理者更重视企业声誉这样的社会情感财富,故而他们更愿意履行外部社会责任[1],而且家族涉入企业越深,其动机越强。原因如下:

首先,基于组织认同理论,个人与组织联系越紧密,个人的组织认同感就会越强[2],与之类似,企业中家族涉入越深,家族成员的企业认同感也就越强,越会把企业作为家族的延伸,而把企业声誉看作是家族声誉[3]。因此,家族涉入越深,家族越会积极履行有助于塑造企业形象的外部社会责任,以此来提高企业声誉,并增加家族社会情感财富。

其次,任何企业的经营都面临诸多风险,当出现经济危机时,家族涉入越深,家族经济财产与企业财产关联越紧密,家族经济财产受到的损失就越大,而且由于家族成员倾向于将企业传承下去,并为此在企业中投入大量资源与感情,所以他们也难以像一般管理者那样迅速摆脱发生危机的企业。[4] 但企业声誉作为道德资本则可以帮助企业降低经营不当导致的经济价值的损失。[5] 从这个角度看,为了保护家族经济财产不受经营风险的损害,家族涉入越深,企业越会积极履行外部社会责任,从而提高企业声

---

[1] GOMEZ-MEJIA L R, CRUZ C, BERRONE P, et al. The bind that ties: socioemotional wealth preservation in family firms. The academy of management annals, 2011, 5(1): 653-707.
[2] DUTTON J E, DUKERICH J M, HARQUAIL C V. Organizational images and member identification. Administrative science quarterly, 1994, 32(9): 239-263.
[3] DEEPHOUSE D L, JASKIEWICZ P. Do family firms have better reputations than non-family firms?: an integration of socioemotional wealth and social identity theories. Journal of management studies, 2013, 50(3): 337-360. ZELLWEGER T M, NASON R S, NORDQVIST M, et al. Why do family firms strive for nonfinancial goals?: an organizational identity perspective. Entrepreneurship theory and practice, 2013, 37(2): 229-248.
[4] DYER W G Jr, WHETTEN D A. Family firms and social responsibility: preliminary evidence from the S&P 500. Entrepreneurship theory and practice, 2006, 30(6): 785-802. CENNAMO C, BERRONE P, CRUZ C, et al. Socioemotional wealth and proactive stakeholder engagement: why family-controlled firms care more about their stakeholders. Entrepreneurship theory and practice, 2012, 36(6): 1153-1173.
[5] GODFREY P C. The relationship between corporate philanthropy and shareholder wealth: a risk management perspective. Academy of management review, 2005, 30(4): 777-798.

誉。在中国，民营企业本身的合法性是最近十几年才逐渐确立的，因此通过履行社会责任还可以提高企业的社会合法性，从而有助于企业更好地生存与发展。

尽管家族成员为了积累社会情感财富倾向于积极履行外部社会责任，但是这种行为却可能遭到企业中非家族成员的抵制，如非家族股东可能担心企业外部社会责任行为将会牺牲企业经济绩效，从而使他们的利益受损。① 因此，家族成员要想推动企业积极履行外部社会责任，还必须掌握影响和决定企业管理决策的权力，而家族涉入企业越深，其掌握企业所有权和管理权的程度就越高，也就越能克服非家族成员的阻力，从而履行企业外部社会责任。②

综上所述，我们可以得到如下假设：

假设 4.3：家族涉入企业水平越高，企业对外部利益相关者履行的社会责任越多。

（三）关于企业内部利益相关者的社会责任

与外部利益相关者不同的是，内部利益相关者与企业具有正式契约关系。从现代企业理论来看，由于所有内部利益相关者都向企业投入了专用性资产，并承担相应风险，因此企业不能仅仅被认为是资本所有，而实际上是这些内部利益相关者之间的契约关系集合体③，这个集合体的生存能力

---

① BERRONE P, CRUZ C, GOMEZ-MEJIA L R, et al. Socioemotional wealth and corporate responses to institutional pressures: do family-controlled firms pollute less?. Administrative science quarterly, 2010, 55（1）: 82-113. GOMEZ-MEJIA L R, MAKRI M, KINTANA M L. Diversification decisions in family-controlled firms. Journal of management studies, 2010, 47（2）: 223-252.
② DEEPHOUSE D L, JASKIEWICZ P. Do family firms have better reputations than non-family firms?: an integration of socioemotional wealth and social identity theories. Journal of management studies, 2013, 50（3）: 337-360.
③ FAMA E F. Agency problems and the theory of the firm. Journal of political economy, 1980, 88（2）: 288-307.

依赖于所有的内部利益相关者。从理论上看,企业管理层也是内部利益相关者,但由于他们代表企业直接或者间接地与其他利益相关者签订契约,并且在企业的关键决策中具有"战略地位",故而他们可以被看作是企业的契约代理人。[1]也就是说,企业管理层受到整个契约关系集合体的委托管理这些契约,其目标在于提高企业生存能力,实现企业经济效益最大化。[2]在这个意义上,企业管理层与其他内部利益相关者建立起委托-代理关系,有学者将其看作是一种普遍化的委托-代理关系,以区别于经典委托-代理关系,即产权所有者与管理者之间的委托-代理关系。[3]但是无论哪一种代理关系,都存在引发代理问题的条件,在这里就是指企业管理层与其他内部利益相关者的利益不一致,而且二者之间存在信息不对称以及权力不对等。那么,这是否真的会引起委托-代理问题呢?就企业社会责任行为来说,也即管理层是否会通过减少其他内部利益相关者的社会责任投入来实现自己的利益最大化呢?目前研究还是有争论的。

一方面,代理理论认为拥有管理权且具有信息优势的代理人会牺牲委托人的利益来追逐自身私利,具有天然的自我服务倾向,其行为具有严重的代理人行为导向,因此会牺牲其他内部利益相关者的利益来实现自己的利益最大化。[4]另一方面,不同于代理理论的代理人假设,管家理论认为,经理人不仅仅受个人自利动机的驱动,而是具有集体主义倾向,努力追求企业组织的绩效最大化,以满足各相关方的利益要求,并在实现企业绩效

---

[1] HILL C W L, JONES T M. Stakeholder agency theory. Journal of management studies, 1992, 29 (2): 131-154.
[2] FREEMAN R E, EVAN W M. Corporate governance: a stakeholder interpretation. Journal of behavioral economics, 1990, 19 (4): 337-359.
[3] HILL C W L, JONES T M. Stakeholder agency theory. Journal of management studies, 1992, 29 (2): 131-154.
[4] JENSEN M C, MECKLING W H. Theory of the firm: managerial behavior, agency costs and ownership structure. Journal of financial economics, 1976, 3 (4): 305-360.

最大化的前提下，进而实现个人利益最大化。[1] 比较而言，作为代理人的管理者考虑的是短期内实现经济效益最大化，为此采纳的是潜在成本最小化的策略，此时企业内部社会责任被看作是短期成本，因此要尽可能减少内部社会责任支出；但作为管家的管理者则从长远角度考虑，把内部社会责任作为潜在绩效最大化的投资，通过与内部利益相关者维持良好关系，激励他们为企业发展做出更大努力。[2] 那么，什么因素影响管理者扮演的角色呢？

格兰诺维特认为经济行为嵌入在具体的、当下的社会关系网中[3]，在此基础上，有学者指出，企业管理者的社会嵌入性将会引导他们选择代理人或管家行为。当企业管理者嵌入不同群体关系网中时，他们对那些联系最紧密的群体的认同感最强，从而为该群体追求最大利益。[4] 在这里，与相对独立的一般管理者不同的是，企业中的家族管理者同时嵌入家族与企业之中，那么他们嵌入家族关系网的程度将会影响他们在企业中扮演的角色。一般来说，家族成员经过长时间的交往乃至共同居住生活，培养出共同的兴趣、认知与价值观念，此时他们对家族形成了强烈的认同感，并以家族利益为最高目标，相比于一般管理者，家族成员更有可能为了追求家族利益而牺牲其他内部利益相关者的利益；但是，也有一些企业中的家族成员之间的关系紧张，此时家族成员对家族的认同感不强，反而会更忠诚

---

[1] DAVIS J H, SCHOORMAN F D, DONALDSON L. Toward a stewardship theory of management. Academy of management review, 1997, 22（1）: 20-47.

[2] CHRISMAN J J, CHUA J H, LITZ R A. Comparing the agency costs of family and non-family firms: conceptual issues and exploratory evidence. Entrepreneurship theory and practice, 2004, 28（4）: 335-354. DÉNIZ M C D, SUÁREZ M K C. Corporate social responsibility and family business in Spain. Journal of business ethics, 2005（56）: 27-41.

[3] GRANOVETTER M. Economic action and social structure: the problem of embeddedness. American journal of sociology, 1985, 91（3）: 481-510.

[4] ASHFORTH B E, JOHNSON S A. Which hat to wear?: the relative salience of multiple identities in organizational contexts// HOGG M A, TERRY D J. Social identity processes in organizational contexts. Philadelphia: Psychology Press, 2012.

于企业，那么这些家族成员就可能扮演管家角色。[①]

在中国，家族一直是作为最基本的社会结构存在的，以至于家族文化积累之深厚、对人心理与行为的影响之大是其他民族的家文化所难以比拟的。[②]许多学者也都发现，中国人之间的信任是有限的，信任主要存在于基于血缘或亲缘的家族关系网内[③]，而对外部则有排他性。一个典型表现是华人企业中裙带关系比较普遍，而对外部经理人缺少必要的信任。[④]因此，笔者相信，在中国民营企业中，由于家族内部的凝聚力和特殊信任，企业中的家族所有者与管理者具有强烈的家族认同感，相比于其他一般管理者，可能具有更强的代理人行为倾向，也即更容易为了家族经济利益最大化而减少内部社会责任投入。而且，随着家族涉入水平提高，家族成员受到的监督越小，执行代理行为的能力越强，那么越不可能履行企业内部社会责任。由此可以得出如下假设：

假设 4.4：家族涉入企业水平越高，企业对内部利益相关者履行的社会责任越少。

二、企业中的家族：自私的慈善家

从理论上说，家族企业对外表现出慈善的一面，对内则表现出自私的一面，这种矛盾的两面是否真的存在呢？下面使用 2010 年第九次中国私营企业调查数据予以检验。除去信息缺失的样本，有效样本为 2 930 个。

[①] LE BRETON-MILLER I, MILLER D, LESTER R H. Stewardship or agency?: a social embeddedness reconciliation of conduct and performance in public family businesses. Organization science, 2011, 22 (3): 704-721.
[②] 储小平. 家族企业研究：一个具有现代意义的话题. 中国社会科学, 2000 (5): 51-58.
[③] 福山. 信任：社会美德与创造经济繁荣. 彭志华, 译. 海口：海南出版社, 2001.
[④] 李新春. 信任、忠诚与家族主义困境. 管理世界, 2002 (6): 87-93, 133-135. 李新春. 经理人市场失灵与家族企业治理. 管理世界, 2003 (4): 87-95.

（一）变量

1. 因变量

本节因变量同上一节相似，使用慈善捐赠与治污投入作为外部社会责任行为的测量指标，使用员工社保和员工培训投入作为内部社会责任行为的测量指标。首先以社会责任投入的绝对数额作为因变量，其次以社会责任投入强度作为因变量，这些指标均取对数进入模型。

2. 自变量

本节的核心自变量是家族涉入水平，我们用家族所有权和家族管理权的涉入水平来衡量家族涉入企业的程度。家族所有权涉入是指家族成员所掌握的所有权益与企业总的所有权益之比。家族管理权涉入是指家族管理者人数与企业全部管理者人数之比。这里的管理者是指企业各部门负责人，如果一个管理者与企业主具有血缘或婚姻关系，我们便认为该管理者属于家族管理者，否则就属于一般管理者。

3. 控制变量

本节的控制变量包括企业主个人特征与企业特征两部分。

企业主个人特征主要包括企业主性别、世代与受教育程度。企业主性别为二分类变量；根据企业主出生年份将企业主分为"60前""60后""70后""80后"四个世代，以"60前"企业主为参照组；企业主受教育程度设置为三分类变量，分为初中及以下、高中、大专及以上三组，以初中及以下为参照组。

企业特征包括企业所在行业、企业生存时间、企业所在地域、企业规模及企业绩效。由于问卷让企业列出了三个主营行业，因此我们通过两个变量控制企业行业影响，一是企业是否从事制造业，二是企业是否进行多元化经营，分别以虚拟变量进入模型。企业生存时间用调查年份

（2010年）减去企业开业年份，不足1年的算1年。我们将企业所在地域按照通常规范区分为东部地区、中部地区与西部地区，并分别设置为虚拟变量进入模型，以东部地区为参照组。企业规模使用两个指标进行衡量，一是企业年均雇佣员工数，二是企业销售额，由于企业规模差距较大，故而将其取对数进入模型。企业绩效以销售利润率作为指标，销售利润率=（净利润/销售额）*100%，将企业净利润为负的一律设置为0，然后取对数进入模型。

表4-7为各变量的简单描述统计。

表4-7 各变量简单描述统计

因变量		控制变量	
慈善捐赠（对数）	7.35（4.28）	企业主性别（1=男，%）	86.31
治污投入（对数）	3.47（5.07）	受教育程度（%）	
社保投入（对数）	7.79（5.67）	初中及以下	9.90
员工培训投入（对数）	6.69（4.98）	高中	28.91
慈善销售比（对数）	2.11（1.80）	大专及以上	61.19
治污销售比（对数）	1.05（1.82）	多元化（1=是，%）	22.97
社保销售比（对数）	2.92（2.37）	制造业（1=是，%）	42.70
培训销售比（对数）	1.94（1.82）	企业生存时间	8.77（4.59）
自变量		企业所在地域（%）	
家族所有权涉入	0.80（0.29）	东部地区	55.97
家族管理权涉入	0.27（0.34）	中部地区	24.91
控制变量		西部地区	19.11
世代（%）		员工数（对数）	4.02（1.55）
60前	28.40	销售额（对数）	6.66（2.28）
60后	45.70	销售利润率（对数）	1.76（1.18）
70后	22.25		
80后	3.65		

（二）结果分析

模型 3.1 至模型 3.4 呈现的是家族涉入企业水平对企业社会责任投入绝对额的影响（见表 4-8）。

首先来看家族涉入对企业外部社会责任的影响。模型 3.1 和模型 3.2 的因变量分别是企业外部社会责任中的慈善捐赠和治污投入。从这两个模型可以看出：第一，从地域上看，中部地区和西部地区的企业在这两方面的投入均没有东部地区高，这可能与东部地区的市场环境更加有利有关；企业规模越大、企业经济绩效越好，企业所承担的外部社会责任越高；制造业企业虽然在治污投入上更高，但在慈善捐赠方面表现得却更差，这可能是因为相对于其他企业，制造业企业的排污量更大，因此在治理污染方面需要的投入更多。企业主个人特征对于慈善捐赠有较大影响，相比于"60 前"，"60 后"与"70 后"企业主的慈善捐赠往往更多；企业主受教育程度越高，慈善捐赠往往也越多。第二，对于企业的慈善捐赠，家族所有权涉入水平与家族管理权涉入水平的系数均显著为正，这意味着家族所有权与家族管理权涉入水平越高，企业慈善捐赠越多。但是，对于企业的治污投入，只有家族管理权涉入具有显著影响，家族管理权涉入水平与企业治污投入同样是正向关系。总体上看，这一结果基本支持假设 4.3，即家族涉入企业水平越高，企业对外部利益相关者履行的社会责任越多。

其次来看家族涉入对企业内部社会责任的影响。模型 3.3 和模型 3.4 的因变量分别是企业内部社会责任中的员工社保投入和员工培训投入。从这两个模型可以看出：一方面，家族涉入水平的影响发生了很大变化。对于企业员工社保投入而言，家族所有权涉入水平与家族管理权涉入水平均有显著负面影响，即家族涉入水平越高，企业社保投入越低；对于企业员工培训投入而言，家族所有权涉入没有显著影响，而家族管理权涉入水平则存在显著负面影响。另一方面，企业所在地域、企业规模以及企业绩效的影响基本上与模型 3.1 和模型 3.2 类似，说明这些变量对企业社会责任行为的影响不会随着利益相关者性质的变化而变化。此外，结果还显示，企业主世代对于社保投入具有显著影响，相比于"60 前"世代，"60 后"与"70 后"企业主更少投入社会保险。

表 4-8　家族涉入与企业社会责任投入绝对额的最大似然估计

	模型 3.1 （慈善捐赠） B/S.E.	模型 3.2 （治污投入） B/S.E.	模型 3.3 （社保投入） B/S.E.	模型 3.4 （员工培训投入） B/S.E.
企业主性别	−0.074 0.269	1.601* 0.741	−1.089** 0.416	0.286 0.337
世代（参照组：60 前）				
60 后	0.442* 0.220	−0.322 0.554	−0.691* 0.344	−0.058 0.269
70 后	0.653* 0.274	−0.326 0.709	−1.212** 0.427	−0.291 0.336
80 后	−0.122 0.538	1.069 1.396	−0.490 0.859	−0.346 0.674
企业主受教育程度（参照组：初中及以下）				
高中	0.777* 0.341	1.035 0.888	−0.104 0.536	−0.423 0.428
大专及以上	1.022** 0.331	0.076 0.860	1.562** 0.516	0.520 0.412
多元化	0.905*** 0.220	−0.487 0.562	−0.360 0.352	0.504+ 0.269
制造业	−0.592** 0.199	4.285*** 0.503	0.791* 0.312	−0.007 0.242

续表

	模型3.1 （慈善捐赠） B/S.E.	模型3.2 （治污投入） B/S.E.	模型3.3 （社保投入） B/S.E.	模型3.4 （员工培训投入） B/S.E.
企业生存时间	0.130***	0.051	0.056	0.010
	0.022	0.056	0.034	0.027
企业所在地域（参照组：东部地区）				
中部地区	−0.222	−0.833	−2.348***	−0.214
	0.226	0.586	0.350	0.277
西部地区	−0.523*	0.440	−1.193**	0.409
	0.247	0.640	0.388	0.302
员工数	0.832***	2.789***	1.062***	1.584***
	0.093	0.249	0.145	0.113
销售额	0.457***	0.387*	1.003***	0.652***
	0.063	0.170	0.097	0.078
销售利润率	0.533***	0.789***	−0.204	0.433***
	0.081	0.215	0.129	0.100
家族所有权	0.971**	−1.033	−1.673**	−0.090
	0.336	0.863	0.523	0.408
家族管理权	0.519+	1.868*	−1.896***	−2.195***
	0.299	0.807	0.479	0.382
截距	−3.478***	−21.866***	−1.344	−5.997***
	0.618	1.749	0.965	0.769
N	2 720	2 767	2 069	2 826
左侧截取数	591	1 786	685	940
−2 Log Likelihood	13 919.83	9 086.03	10 160.87	13 503.58

注：+ $p<0.1$；* $p<0.05$；** $p<0.01$；*** $p<0.001$。

模型4.1至模型4.4的因变量均为企业社会责任投入强度。通过考察家族涉入对企业社会责任投入强度的影响，可以检验上述分析的稳健性，分析结果见表 4-9。比较可以发现，家族涉入水平对企业慈善捐赠强度和治污投入强度均有正面影响，而对社保投入强度和培训投入强度均有负面影响，也即家族涉入企业越深，企业对外部利益相关者履行的社会责任越多，对内部利益相关者履行的社会责任越少，这进一步支持了假设 4.3 和假设 4.4。

表 4-9　家族涉入与企业社会责任投入强度的最大似然估计

	模型 4.1 （慈善销售比） B/S.E.	模型 4.2 （治污销售比） B/S.E.	模型 4.3 （社保销售比） B/S.E.	模型 4.4 （培训销售比） B/S.E.
控制变量	控制	控制	控制	控制
家族所有权	0.571*** 0.148	−0.279 0.327	−0.859** 0.261	0.057 0.174
家族管理权	0.171 0.131	0.669* 0.302	−0.955*** 0.238	−0.912*** 0.162
截距	0.280 0.273	−6.654*** 0.653	1.576** 0.483	−0.788* 0.329
N	2 701	2 763	2 058	2 814
左侧截取数	591	1 786	685	940
−2 Log Likelihood	10 141.64	7 095.35	8 133.76	10 130.69

注：* $p<0.05$；** $p<0.01$；*** $p<0.001$。

（三）小结

本节通过对第九次中国私营企业调查数据的分析，发现家族涉入与企业社会责任行为之间存在看似矛盾的关系：一方面，家族涉入会提高企业关于外部利益相关者的社会责任投入；另一方面，家族涉入却会抑制企业关于内部利益相关者的社会责任行为。出现这样的结果是因为，家族本身具有复杂的行为逻辑，在"差序格局"思维的影响下，家族对待与自己关系不同的对象，其背后的行为逻辑不同，当家族与企业结合之后，这种行为模式亦带入企业管理之中。如果将企业看作是由内部利益相关者之间的一组正式契约构成的集合体，那么企业中的控制家族由于其特殊的战略地位就成为管理契约的代理人，他们与其他内部利益相关者一样都在追求自己的经济利益最大化。在中国的特殊文化情境下，这些家族管理者更具有代理人行为倾向而不是管家行为倾向，于是会牺牲其他内部利益相关者的利益来实现自己的经济利益最大化。与之不同的是，控制家族与外部利益相关者之间是相对松散的社会关系，家族行为的焦点不在于竞争经济利益，而主要是能否增加社会情感财富，相比于一般管理者，家族成员更看重企业声誉，故而更加积极履行关于外部利益相关者的社会责任。

本节的结果也显示，家族涉入的不同指标对企业社会责任行为的影响并不完全一致：家族管理权涉入对所有四种企业社会责任行为均有显著影响，但家族所有权涉入仅对慈善捐赠和员工社保投入有所影响，故而相对来说，家族管理权涉入的影响可能更强一些。笔者认为，家族所有权涉入使得家族与企业有所联系，从而影响到控制家族的行为动机；但家族管理权涉入则给予控制家族直接影响企业经营与管理的行动能力，而在牺牲其他利益相关者利益的情况下，这种行动能力显得更为重要。

在以往关于华人企业的研究中，学者们通常关注家族企业内部父爱主义（或者说泛家族主义）的组织行为，他们认为这些行为带有鲜明的儒家色彩。[①] 但是本节的研究结果显示，即使父爱主义在中国的家族企业中存在，其能扩散到家族以外多大的范围仍是值得商榷的，企业中的家族对其

---

① 储小平．华人家族企业的界定．经济理论与经济管理，2004（1）：49-53．

他内部利益相关者并没有多关照。事实上，传统中国家族是两种不同理想模式的混合体，即作为传递父系血缘关系与伦理规范载体的"宗"与作为社会经济单位的"家"的结合。[①] 前者重视家族的社会情感财富，而后者更注重经济财富的积累。现代民营企业中的家族也继承了这种二元面向，故而在研究时也不能仅仅强调"宗"这一突出儒家文化的模式，而忽略了"家"的经济模式。事实上，在中国特殊的关系结构下，家族面对不同行为对象时，往往采用不同的行为逻辑。当然，这两种行为逻辑也不完全是对立的，也有可能是相辅相成的。正如在传统中国，家族财富的积累是家族祖先祭祀与家族社会声望的物质基础；在现代家族企业中，家族通过牺牲内部利益相关者的利益积累自己的经济财富，又用这些财富回馈社会获得更高的家族声誉。在这个意义上，可以称中国民营企业中的家族为"自私的慈善家"。

另外，家族面向不仅随着行为对象而变化，也可能随着企业发展而变化。本节发现，企业经营历史越长、企业规模越大，企业社会责任投入越多。这可能是因为，民营企业家早期创业的主要目的在于维持"家"这一经济单位，仅仅是希望家庭生活水平得以提高。而在中国市场经济环境不成熟的条件下，企业的成长发展通常要借助家族力量，故而在创业阶段，企业主既没有强烈的非经济目标又严重依赖于家族网络，这使得企业很少会去履行各种社会责任。一旦企业成长起来，"宗"的面向对于企业主的影响就越来越明显，也就是说，当基本的经济需要得以满足之后，那种"光宗耀祖""乐善好施"的社会动机就可能成为企业发展的重要内在动力，从而使得企业主积极履行企业外部社会责任。与此同时，随着企业规模扩

[①] EBREY P. Conceptions of the family in the Sung Dynasty. The journal of Asian studies, 1984, 43（2）: 219-245.

大，组织结构日益复杂，家族成员在企业经营中的作用被稀释，为了激励企业中的非家族员工，企业内部社会责任投入也会提高。

进一步的问题在于：为什么在中国企业中，家族宁愿选择代理人角色而不是管家角色呢？我们从中国家族特征方面考虑，认为这是因为家族关系网络对于中国人而言是最紧密最重要的关系网络，其认同感最强。这里还想强调其他因素可能对此也有影响：首先，中国关于民营企业的制度不完善，民营经济长期以来合法性受到质疑，民营企业主不容易形成长远战略眼光，而是想尽快积累财富。其次，目前社会对企业社会责任的理解较为狭隘，很多人仅仅把企业的慈善捐赠、环境治理等等作为典型的社会责任，故而社会对于企业内部社会责任的履行往往缺少监督；企业主本身的社会责任意识也不强，仅仅将企业社会责任作为支出看待，而不能通过管理社会责任行为来提高企业绩效。因此，对于民营企业社会责任的履行，不能仅仅从家族自利行为的角度去批判，因为家族涉入对企业社会责任行为的影响是多元的，还需要从企业生存发展的经济环境以及整个社会对企业社会责任的认识与理解方面进行考虑。

需要说明的是，本节对家族企业的社会责任行为的讨论是建立在传统中国家族二元面向以及中国特殊社会经济环境的基础上的，我们的讨论结果能否推广到国外家族企业还需要进一步研究。反过来看，在中国民营企业普遍受到家族影响的情况下，为了更好地理解民营企业行为，研究者也必须重视中国家族以及中国社会内在的特殊性。

第四节　又红又善：政治联系与社会责任

一、工具性 VS. 合法性

既有的许多研究讨论了民营企业政治联系与社会责任行为的关系，既有关于企业政治联系与企业外部社会责任关系的讨论，也有关于企业政治联系与企业内部社会责任关系的讨论。就企业外部社会责任而言，讨论最多的是企业的慈善捐赠。这些研究大都发现，当高管具有政治联系时，民营企业更有可能进行慈善捐赠，而且捐赠水平往往更高[1]，而且在制度环境越差的地区，这种关系越明显[2]。除了慈善捐赠以外，也有越来越多的研究分析了政治联系与企业环保投入的关系。结果发现，无论是企业高管的政治联系，还是企业党组织设立，都有助于提高企业环保投入，有效促进民营企业履行环境责任。[3] 就企业内部社会责任而言，研究主要集中于企业员工的工作保障与权益。结果发现，高管政治联系能够提高企业开工率、促进长期雇佣、减少用工不稳定性、增加雇佣规模和雇佣成本[4]；企业党组织的设立则会提高职工

---

[1] 梁建，陈爽英，盖庆恩. 民营企业的政治参与、治理结构与慈善捐赠. 管理世界，2010（7）：109-118. 高勇强，何晓斌，李路路. 民营企业家社会身份、经济条件与企业慈善捐赠. 经济研究，2011，46（12）：111-123. 贾明，张喆. 高管的政治关联影响公司慈善行为吗？. 管理世界，2010（4）：99-113. 李四海. 制度环境、政治关系与企业捐赠. 中国会计评论，2010，8（2）：161-178.

[2] 李四海. 制度环境、政治关系与企业捐赠. 中国会计评论，2010，8（2）：161-178.

[3] 张蕊，蒋煦涵. 党组织治理、市场化进程与社会责任信息披露. 当代财经，2019（3）：130-139. 蔡宏波，何佳俐. 政治关联与企业环保污染：来自中国私营企业调查的证据. 北京师范大学学报（社会科学版），2019（3）：124-138. 陈宗仕. 政治联系、政商关系变迁与民营企业环保投入. 社会发展研究，2020，7（2）：46-66.

[4] 梁莱歆，冯延超. 民营企业政治关联、雇员规模与薪酬成本. 中国工业经济，2010（10）：127-137. 钟粤俊，张天华，董志强. 政治联系会提高企业开工率吗？：基于中国私营企业调查的经验研究. 经济学报，2019，6（1）：120-145.

权益，提高民营企业的个人劳动合同和集体合同的签订率以及企业的人均培训费支出[1]。当然，也有一些研究讨论了企业政治联系对企业社会责任行为的整体影响，发现企业高管政治联系与党组织都有助于促进企业社会责任的履行以及社会责任信息的披露。[2]

总的来看，一方面，既有研究往往是围绕特定企业政治联系或特定企业社会责任行为开展研究。正如前文所说，企业政治联系有多种类型，企业社会责任也可以区分为外部社会责任与内部社会责任，那么不同政治联系对企业外部社会责任与内部社会责任的影响是否存在差异呢？另一方面，关于企业政治联系影响企业外部社会责任的具体机制，既有研究也缺少系统分析，尤其是针对不同企业社会责任，影响机制是否存在差异也较少讨论。

改革开放之前，中国是一种"总体性社会"，国家对经济以及各种社会资源实行全面计划，同时国家也承担了几乎所有的社会责任，其中具体承担责任的载体主要是工作单位。[3]但随着经济体制改革，上述社会格局发生了重要转变，越来越多的社会资源由市场来分配，越来越多的劳动者受雇于民营企业，许多社会责任转移给了企业与家庭。虽然国家不再提供全面的社会保障，但国家试图通过各种联系来影响民营企业履行社会责任，从而维持社会秩序与社会发展。2023年7月14日出台的《中共中央 国务院关于促进民营经济发展壮大的意见》就明确指出："教育引导民

---

[1] 董志强，魏下海.党组织在民营企业中的积极作用：以职工权益保护为例的经验研究.经济学动态，2018（1）：14-26.徐细雄，严由亮.党组织嵌入、晋升激励与员工雇佣保障：基于全国私营企业抽样调查的实证检验.外国经济与管理，2021，43（3）：72-88.
[2] 张川，娄祝坤，詹丹碧.政治关联、财务绩效与企业社会责任：来自中国化工行业上市公司的证据.管理评论，2014，26（1）：130-139.张蕊，蒋煦涵.党组织治理、市场化进程与社会责任信息披露.当代财经，2019（3）：130-139.肖红军，阳镇，张哲.私营企业党组织嵌入、企业家地位对企业社会责任的影响.管理学报，2022，19（4）：495-505.
[3] 孙立平.总体性资本与转型期精英形成.浙江学刊，2002（3）：100-105.

营企业自觉担负促进共同富裕的社会责任,在企业内部积极构建和谐劳动关系,推动构建全体员工利益共同体,让企业发展成果更公平惠及全体员工。鼓励引导民营经济人士做发展的实干家和新时代的奉献者,在更高层次上实现个人价值,向全社会展现遵纪守法、遵守社会公德的良好形象,做到富而有责、富而有义、富而有爱。探索建立民营企业社会责任评价体系和激励机制,引导民营企业踊跃投身光彩事业和公益慈善事业,参与应急救灾,支持国防建设。"那么,国家如何影响企业社会责任行为呢?

首先,从理性主义视角来看,许多企业仍然把社会责任行为看作是核心经营活动以外的一种资源消耗活动,所以只有当企业具有较多资源或者经营绩效较好的时候,才会更多履行社会责任。而大量经验研究都发现,民营企业政治联系恰恰有助于企业获取稀缺资源、提高经营绩效,如降低垄断行业的进入壁垒[1]、减少银行融资的成本[2]、降低税负[3]、获取更多政府补贴[4]等,本书第三章的研究也发现,一些政治联系有助于企业经营绩效的提高。由于企业的政治联系有助于企业获得更多发展资源、提高企业经营绩效,为企业履行社会责任奠定了良好的经济基础,因而可以得到如下假设:

---

[1] 谢琳,李孔岳,周影辉.政治资本、人力资本与行政垄断行业进入:基于中国私营企业调查的实证研究.中国工业经济,2012(9):122-134.罗党论,刘晓龙.政治关系、进入壁垒与企业绩效:来自中国民营上市公司的经验证据.管理世界,2009(5):97-106.

[2] 余明桂,潘红波.政治关系、制度环境与民营企业银行贷款.管理世界,2008(8):9-21,39.连军,刘星,杨晋渝.政治联系、银行贷款与公司价值.南开管理评论,2011,14(5):48-57.何镜清,李善民,周小春.民营企业家的政治关联、贷款融资与公司价值.财经科学,2013(1):83-91.

[3] 罗党论,魏蓄.政治关联与民营企业避税行为研究:来自中国上市公司的经验证据.南方经济,2012(11):29-39.吴文锋,吴冲锋,芮萌.中国上市公司高管的政府背景与税收优惠.管理世界,2009(3):134-142.

[4] 余明桂,回雅甯,潘红波.政治联系、寻租与地方政府财政补贴有效性.经济研究,2010,45(3):65-77.郭剑花,杜兴强.政治联系、预算软约束与政府补助的配置效率:基于中国民营上市公司的经验研究.金融研究,2011(2):114-128.

假设 4.5（工具性激励假设）：具有政治联系的民营企业能够获得更多社会资源，经营绩效更高，故而更可能履行社会责任。

其次，从制度主义视角来看，国家是政治合法性的来源，当国家要求民营企业履行社会责任时，企业如果按照国家要求去做，就可获得合法性，否则就容易出现"合法性"危机。这样一种影响逻辑就是合法化逻辑，而这种逻辑具体可以从"弱合法性"与"强合法性"两种机制来理解。[1] 从弱合法性角度来看，制度环境往往是通过外在的激励或惩罚来间接影响组织结构与实践的[2]，即企业采纳某种被社会认可的组织结构与实践，是为了增强企业的生存能力甚至提高企业绩效[3]。从强合法性角度来看，制度环境是作为一种"理性神话"[4]，通过"内化"过程塑造组织与人的思维框架[5]，并进而影响组织结构与实践选择的。在这种情况下，组织采纳某种结构或实践不是基于激励或惩罚的考虑，而是将其作为一种实现组织目标的理所当然的方式予以接受。[6]

从弱合法性角度来看，政治联系既可能为民营企业带来更多社会资源，同时也可能带来更多政府干预，也即合法性压力。这是因为：其一，具有政治联系的企业的社会可见度更高，具有一定的标杆作用，能够引起

---

[1] 周雪光. 组织社会学十讲. 北京：社会科学文献出版社, 2003.
[2] 周雪光. 组织社会学十讲. 北京：社会科学文献出版社, 2003.
[3] HAUNSCHILD P R, MINER A S. Modes of interorganizational imitation: the effects of outcome salience and uncertainty. Administrative science quarterly, 1997, 42 (3): 472-500. PALMER D A, JENNINGS P D, ZHOU X. Late adoption of the multidivisional form by large US corporations: institutional, political, and economic accounts. Administrative science quarterly, 1993, 38 (1): 100-131. ZORN D M. Here a chief, there a chief: the rise of the CFO in the American firm. American sociological review, 2004, 69 (3): 345-364.
[4] MEYER J W, ROWAN B. Institutionalized organizations: formal structure as myth and ceremony. American journal of sociology, 1977, 83 (2): 340-363.
[5] GOFFMAN E. Frame analysis: an essay on the organization of experience. Cambridge, Mass.: Harvard University Press, 1974.
[6] 斯科特. 制度与组织：思想观念与物质利益. 姚伟, 王黎芳, 译. 北京：中国人民大学出版社, 2010.

其他企业的效仿，故而更容易受到政府关注。[1] 其二，正如资源依赖理论所指出的，控制稀缺且重要资源的行动者会要求对它们有依赖的组织采纳能满足它们利益的结构与实践，而处于依赖地位的组织会遵从，以保证自身的生存。[2] 具有政治联系的企业从政府获得了更多发展资源，对政府的依赖程度更深，也就更有可能响应政府号召。由此可以得到如下假设：

假设 4.6.1（弱合法性假设）：具有政治联系的民营企业面临更多的政府干预压力，故而更可能履行社会责任。

从强合法性角度来看，制度环境可以通过形塑组织决策者的思维框架、组织经验以及文化观念，进而影响组织行为。[3] 那么，企业政治联系是否会影响企业决策者关于社会责任的认知与观念呢？从个人政治联系来看，那些具有个人政治联系的企业决策者往往具有更高的社会经济地位和受教育程度，故而他们的社会责任认知或慈善观念往往更强，而且他们在同政府官员、人大代表与政协委员交流交往的过程中，很可能受到后者的影响，从而增强自己的社会责任认知和意识，主动履行更多社会责任。从组织政治联系来看，这可能意味着政府组织与政党组织的价值观能够通过关系网络传递和渗透到企业。特别是企业党组织的建立，党组织不仅作为一个组织或部门嵌入既有的企业结构之中，对企业的运营管理行为产生影响，更将特定价值体系、特定组织实践惯例、特定组织使命理念嵌入与融

---

[1] HAUNSCHILD P R, MINER A S. Modes of interorganizational imitation: the effects of outcome salience and uncertainty. Administrative science quarterly, 1997, 42 (3): 472-500.
[2] 菲佛, 萨兰基克. 组织的外部控制：对组织资源依赖的分析. 北京：东方出版社, 2006.
[3] BARON J N, HANNAN M T, BURTON M D. Building the iron cage: determinants of managerial intensity in the early years of organizations. American sociological review, 1999, 64 (4): 527-547. BOEKER W. The development and institutionalization of subunit power in organizations. Administrative science quarterly, 1989, 34 (3): 388-410.

合进企业之中。①总之，企业政治联系会加强民营企业及其管理者与政府的交流，在频繁交往过程中也会增强企业决策者们的社会责任意识，从而使其履行更多社会责任。由此可以得出如下假设：

假设 4.6.2（强合法性假设）：具有政治联系的民营企业决策者们往往具有更强的社会责任意识与认知，更可能履行社会责任。

进一步，企业履行不同社会责任背后的驱动力是否会不太一样呢？先来看企业在履行外部社会责任与内部社会责任时，会受何种驱动力影响。正如本章第一节所讨论的，内部利益相关者与企业之间具有正式契约关系，企业在做出内部社会责任行为决定时，更多要从工具理性角度去考虑，也就是说在履行内部社会责任时，首先要考虑企业是否有相应经济能力或者履行社会责任能否带来更多经济收益。与之不同，外部利益相关者与企业没有正式契约关系，针对外部利益相关者的外部社会责任行为很大程度上是为了满足外部利益相关者的期待，从而使企业获得更多合法性。综上可以得到如下假设：

假设 4.7.1：对于企业外部社会责任行为，合法化逻辑是主要驱动力；对于企业内部社会责任行为，工具主义逻辑是主要驱动力。

最后，正式政治联系与非正式政治联系背后的动力可能也有差异。具体来说，企业非正式联系是一种不稳定的联系，因此需要经常性维护，这就需要企业经常满足联系对象的期待与要求，也就意味着企业非正式联系对社会责任行为的影响主要是由合法化压力驱动的。与之不同，企业正式联系是一种相对稳定的联系，不容易变化，此时政治联系能否为企业带来更多社会资源或者提高绩效，将是影响企业社会责任行为的主要因素。由

---

① 肖红军，阳镇，张哲. 私营企业党组织嵌入、企业家地位对企业社会责任的影响. 管理学报，2022，19（4）：495-505.

此可以得到如下假设：

假设 4.7.2：企业正式政治联系对社会责任行为的影响动力主要来自工具性动力；企业非正式政治联系对社会责任行为的影响动力主要来自合法性动力。

二、企业政治联系的社会绩效

如果企业生产总值与生产利润是企业对经济发展的贡献，是企业在经济上的综合效益的话，那么企业社会责任行为就可以看作是企业对社会发展的贡献，是企业在社会上的综合效益。下面将使用2016年第十二次中国私营企业调查数据来检验企业政治联系对其社会绩效的影响。除去信息缺失的样本，有效样本为3 638个。

（一）变量

1. 因变量

因变量同上一节一样，使用慈善捐赠与治污投入作为外部社会责任行为的测量指标，使用员工社保投入和员工培训投入作为内部社会责任行为的测量指标。先以社会责任投入的绝对数额作为因变量，再以社会责任投入强度作为因变量，这些指标均取对数进入模型。

2. 自变量

本节的企业政治联系包括个人正式联系、个人非正式联系、组织正式联系、组织非正式联系。具体指标分别为：企业高管现在的政治身份（人大代表或政协委员）、企业高管的从政经历、企业中的党组织、企业中专职处理与政府关系的部门或人员。上述变量均设置为虚拟变量，有则设置为1，否则设置为0。

3. 中介变量

本节欲检验政治联系影响民营企业社会责任行为的具体机制。具体中介变量如下：

工具性激励变量：根据工具性激励假设，民营企业只有通过政治联系获得更多社会资源、经营绩效更高，才更可能履行社会责任。我们使用国有银行贷款作为企业能否获得社会资源的测量指标，如果企业获得国有银行贷款，则设置为1，否则设置为0；使用销售利润率作为企业经营绩效测量指标。

弱合法性变量：根据弱合法性假设，具有政治联系的民营企业面临更多的政府干预压力，故而更可能履行社会责任。如果民营企业受到政府干预，那么这种影响应该体现在各个方面，而不仅仅体现在企业慈善捐赠上。本节使用两个指标来衡量企业受到的政府干预压力。一是企业上一年缴纳各种规费和接受摊派的情况。如果企业有缴纳规费或接受摊派的经历，设置为1，说明其受到干预压力。二是企业设置工会的情况。已有一些研究显示，民营企业中工会的设置在很大程度上并不是自愿的，而是制度环境的合法性压力导致的，国家与政府是重要的驱动者，故而工会设置可能也反映了民营企业承受的政府干预压力。

强合法性变量：根据强合法性假设，具有政治联系的民营企业决策者们往往具有更强的社会责任意识与认知，更可能履行社会责任。问卷询问了"您认为企业家担任党代会代表/人大代表/政协委员主要目的是什么"。这一题目有多个选项，若企业主回答为"实现为社会服务的理想"，即认为民营企业主主观社会责任态度积极，设置为1，否则设置为0。

4. 控制变量

除了上述变量外，本节参考前文，同样控制了企业主个人特征与企业特征变量。企业主个人特征包括企业主性别、世代与受教育程度。企业特征包括企业所在行业、企业生存时间、企业所在地域、企业规模,其中企业规模以企业员工数和销售额作为衡量指标,取对数进入模型。

表4-10为各变量的简单描述统计。

表4-10 各变量简单描述统计

因变量		控制变量	
慈善捐赠(对数)	5.43(5.52)	企业主性别(1=男,%)	81.28
治污投入(对数)	3.92(5.67)	世代(%)	
社保投入(对数)	8.91(5.73)	60前	12.34
员工培训投入(对数)	6.52(5.50)	60后	36.09
慈善销售比(对数)	1.56(1.89)	70后	33.45
治污销售比(对数)	1.26(2.04)	80后	18.11
社保销售比(对数)	3.52(2.51)	多元化(1=是,%)	22.40
培训销售比(对数)	1.99(2.08)	企业所在行业(%)	
		第一产业	8.16
自变量		制造业	34.30
国有银行贷款(1=有,%)	41.59	其他第二产业	9.87
销售利润率(对数)	1.61(1.31)	商业服务业	31.25
规费摊派(1=有,%)	54.29	其他第三产业	16.41
工会(1=有,%)	35.90	企业生存时间	10.25(6.75)
责任态度(1=有责任,%)	69.49	企业所在地域(%)	
		东部地区	53.46
控制变量		中部地区	23.28
企业主受教育程度(%)		西部地区	23.25
初中及以下	8.33	员工数(对数)	3.56(1.78)
高中	26.17	销售额(对数)	6.34(2.91)
大专及以上	65.50		

(二)结果分析

模型5.1至模型5.8呈现的是企业政治联系对企业社会责任行为的影

响，所有模型都是 Tobit 模型，分析结果见表 4-11。

模型 5.1 和模型 5.2 呈现的是企业政治联系对慈善捐赠绝对额的影响。模型 5.1 加入了控制变量与政治联系系数。结果显示，只有高管政治身份与从政经历的系数显著为正，而党组织和企业公关部门的系数不显著，说明只有个人政治联系对企业慈善捐赠具有显著影响。模型 5.2 在模型 5.1 基础上加入了其他所有中介变量。结果发现，所有中介变量系数都显著为正，说明当民营企业能够获得贷款、经营绩效更高、缴纳规费或接受摊派多、设有工会时，更有可能进行慈善捐赠，而且捐赠额度更大；同时，当企业主的社会责任态度更积极时，也会进行更多慈善捐赠。在加入了这些变量后，高管政治身份与从政经历的系数明显变小了，这意味着个人政治联系可能通过这些中介变量来影响企业慈善捐赠。

模型 5.3 和模型 5.4 的因变量是企业治污投入绝对额。模型 5.3 仅加入了控制变量与企业政治联系变量。结果发现，依然只有高管政治身份和高管从政经历系数显著为正，说明只有个人政治联系显著提高企业治污投入，而企业组织政治联系则与企业治污投入没有明显关系。模型 5.4 则加入了所有中介变量。结果显示，除了企业主社会责任态度，其他中介变量系数都显著为正。具体来说，企业获得贷款、较高的经营绩效、缴纳规费摊派经历以及设立工会均能显著提高企业治污投入。加入这些变量后，个人政治联系系数同样变得更小，甚至变得不显著。

模型 5.5 和模型 5.6 的因变量是员工社保投入绝对额。模型 5.5 显示，所有政治联系系数都不显著，说明政治联系对于员工社保投入没有显著影响。

模型 5.7 和模型 5.8 的因变量是员工培训投入绝对额。与前面的模型差

第四章 | 社会反哺：民营企业的社会责任行为

表 4-11 企业政治联系与企业社会责任行为的关系

控制变量	模型 5.1（慈善捐赠） B/S.E. 控制	模型 5.2（慈善捐赠） B/S.E. 控制	模型 5.3（治污投入） B/S.E. 控制	模型 5.4（治污投入） B/S.E. 控制	模型 5.5（社保投入） B/S.E. 控制	模型 5.6（社保投入） B/S.E. 控制	模型 5.7（员工培训投入） B/S.E. 控制	模型 5.8（员工培训投入） B/S.E. 控制
高管政治身份	2.360*** 0.335	1.754*** 0.302	1.554** 0.549	0.982+ 0.546	0.069 0.219	-0.121 0.218	0.831** 0.276	0.500+ 0.270
高管从政经历	1.352** 0.418	0.686+ 0.372	1.207+ 0.681	0.790 0.670	0.059 0.278	-0.062 0.273	0.611+ 0.345	0.386 0.334
党组织	0.172 0.363	-0.251 0.347	0.777 0.583	-0.088 0.618	0.080 0.237	-0.331 0.250	0.147 0.297	-0.074 0.310
企业公关部门	-0.036 0.510	-0.267 0.451	0.214 0.814	0.071 0.799	0.201 0.333	0.132 0.327	0.675 0.417	0.546 0.403
贷款		1.735*** 0.295		2.431*** 0.531		0.343 0.209		1.466*** 0.260
销售利润率		1.165*** 0.106		0.580** 0.191		-0.246*** 0.069		0.336*** 0.089
规费摊派		6.059*** 0.279		3.775*** 0.504		1.903*** 0.188		2.762*** 0.239

续表

	模型 5.1(慈善捐赠) B/S.E.	模型 5.2(慈善捐赠) B/S.E.	模型 5.3(治污投入) B/S.E.	模型 5.4(治污投入) B/S.E.	模型 5.5(社保投入) B/S.E.	模型 5.6(社保投入) B/S.E.	模型 5.7(员工培训投入) B/S.E.	模型 5.8(员工培训投入) B/S.E.
工会		0.916** 0.335		1.872** 0.600		0.891*** 0.239		0.192 0.301
责任态度		0.988*** 0.286		0.102 0.514		0.253 0.193		1.089*** 0.248
截距	−13.638*** 0.995	−16.112*** 0.964	−18.243*** 1.623	−19.266*** 1.686	−4.851*** 0.605	−4.516*** 0.611	−9.568*** 0.786	−10.605*** 0.795
N	3 453	3 453	3 544	3 544	3 529	3 529	3 515	3 515
左侧截取数	1 714	1 714	2 366	2 366	977	977	1 425	1 425
−2 Log Likelihood	13 909.95	13 217.53	11 049.85	10 942.74	17 210.28	17 079.57	15 561.23	15 349.24

注：+ $p<0.1$；** $p<0.05$；** $p<0.01$；*** $p<0.001$。

不多，政治联系中只有个人政治联系的系数显著为正，说明个人政治联系有助于提高企业员工培训投入。在所有中介变量中，除了工会外，企业贷款、销售利润率、规费摊派经历、企业主责任态度系数均显著为正，说明这些变量均有助于提高企业员工培训投入。在加入这些变量以后，政治联系系数都有所减小，说明企业政治联系可能同时通过这些中介变量作用于员工培训投入。

表 4-12 给出了企业政治联系与中介变量的关系。可以看到，有政治联系的企业在银行贷款、缴纳规费摊派、设立工会方面的百分比都要高于没有政治联系的企业，企业主的社会责任态度也更积极，只是有政治联系的企业销售利润率未必更高，正如第三章第三节显示的，只有高管从政经历有助于提高企业销售利润率。

表 4-12　企业政治联系与中介变量的关系　　　　　　　单位：%

	高管政治身份		高管从政经历		党组织		企业公关部门	
	无	有	无	有	无	有	无	有
贷款占比	29.05	66.80	39.02	60.89	29.93	70.74	40.08	59.93
销售利润率	1.61	1.61	1.60	1.75	1.65	1.52	1.61	1.67
规费摊派占比	47.24	68.46	52.26	69.56	47.67	70.84	53.23	67.15
工会占比	21.89	64.07	32.76	59.48	17.97	80.75	33.98	59.21
责任态度	65.84	76.82	68.92	73.77	65.76	78.83	68.97	75.81

上文关于企业政治联系影响机制的分析还不够严谨，我们同样使用 KHB 模型来具体分析。由于组织政治联系系数都不显著，同时个人政治联系对社保投入影响也不显著，所以下面重点分析个人政治联系对慈善捐赠、治污投入与员工培训投入的影响机制，分析结果见表 4-13。第一，比较企业外部社会责任与企业内部社会责任，个人政治联系的影响机制并没

有本质上的差异，这与假设 4.7.1 不太一致。第二，比较个人正式联系与个人非正式联系，影响机制存在明显差异。无论是何种社会责任，高管政治身份的影响中，银行贷款的中介效应占比都是最高的，甚至高于规费摊派与工会的中介效应之和；而在高管从政经历的影响中，规费摊派的中介效应是最高的，甚至高于银行贷款与销售利润率的中介效应之和。这一结果支持假设 4.7.2，也即个人正式政治联系对社会责任行为的影响动力主要来自工具性动力，个人非正式政治联系对社会责任行为的影响动力主要来自合法性动力。第三，强合法性变量（责任态度变量）的中介效应比较小，比较而言，其对于高管政治身份影响的中介效应更强一点，这可能与问卷询问的内容有关，这也说明目前政治联系主要从弱合法性角度施以合法性压力，还未深刻改变企业主的社会责任认知和态度。

表 4-13　个人政治联系影响企业社会责任投入额的中间机制

		慈善捐赠	治污投入	培训投入
	总效应	2.273***	1.571**	0.820**
	直接效应	1.754***	0.982+	0.500+
	间接效应	0.519	0.589*	0.320+
	中介效应占比（%）			
高管政治身份	银行贷款	10.16	19.20	22.44
	销售利润率	0.66	0.51	−0.16
	规费摊派	5.71	6.10	8.26
	工会	4.10	11.43	2.19
	责任态度	2.21	0.28	6.25
	合计	22.84	37.52	38.98

续表

		慈善捐赠	治污投入	培训投入
高管从政经历	总效应	1.342***	1.245+	0.605+
	直接效应	0.686+	0.790	0.386
	间接效应	0.656+	0.455+	0.219
	中介效应占比（%）			
	银行贷款	4.45	7.33	8.33
	销售利润率	10.64	5.24	5.82
	规费摊派	31.30	16.46	23.28
	工会	3.70	7.67	1.73
	责任态度	-1.23	-0.16	-2.97
	合计	48.86	36.54	36.19

注：+ $p<0.1$；* $p<0.05$；** $p<0.01$；*** $p<0.001$。

前述模型的因变量都是社会责任投入的绝对额度，模型6.1至模型6.8的因变量则是社会责任投入强度，也即绝对额与销售额的比例。通过考察政治联系对企业社会责任投入强度的影响，可以检验上述分析的稳健性，分析结果见表4-14。模型6的结果与模型5相似，说明上述分析结果比较稳定。

（三）小结

本节通过对2016年进行的第十二次中国私营企业调查数据的分析，指出了政治联系对企业社会责任行为的影响及其影响机制。我们将企业社会责任区分为外部社会责任与内部社会责任，将企业政治联系区分为四类：个人正式联系、个人非正式联系、组织正式联系、组织非正式联系。

表 4-14 企业政治联系与社会责任投入强度的关系

控制变量	模型 6.1 (慈善捐赠) B/S.E.		模型 6.2 (慈善捐赠) B/S.E.		模型 6.3 (治污投入) B/S.E.		模型 6.4 (治污投入) B/S.E.		模型 6.5 (社保投入) B/S.E.		模型 6.6 (社保投入) B/S.E.		模型 6.7 (员工培训投入) B/S.E.		模型 6.8 (员工培训投入) B/S.E.	
	控制		控制		控制		控制		控制		控制		控制		控制	
高管政治身份	0.939***	0.138	0.727***	0.123	0.633**	0.224	0.414+	0.221	-0.023	0.128	-0.098	0.127	0.343**	0.132	0.221+	0.128
高管从政经历	0.583***	0.172	0.310*	0.151	0.478+	0.279	0.291	0.273	-0.047	0.163	-0.142	0.160	0.186	0.166	0.051	0.159
党组织	-0.132	0.150	-0.222	0.142	0.195	0.238	-0.101	0.251	-0.105	0.139	-0.263+	0.146	-0.242+	0.142	-0.247	0.147
企业公关部门	0.027	0.210	-0.071	0.184	-0.019	0.332	-0.065	0.325	0.060	0.195	0.015	0.191	0.180	0.201	0.108	0.191
贷款			0.584***	0.121			0.890***	0.216			-0.070	0.123			0.477***	0.124
销售利润率			0.612***	0.042			0.339***	0.077			0.055	0.041			0.365***	0.042
规费摊派			2.464***	0.114			1.648***	0.204			1.189***	0.110			1.464***	0.113

续表

	模型 6.1（慈善捐赠）		模型 6.2（慈善捐赠）		模型 6.3（治污投入）		模型 6.4（治污投入）		模型 6.5（社保投入）		模型 6.6（社保投入）		模型 6.7（员工培训投入）		模型 6.8（员工培训投入）	
	B/S.E.		B/S.E.		B/S.E.		B/S.E.		B/S.E.		B/S.E.		B/S.E.		B/S.E.	
工会			0.306*	0.137			0.702**	0.244			0.471***	0.140			0.006	0.143
责任态度			0.406***	0.116			0.055	0.207			0.118	0.113			0.486***	0.117
截距	−4.205***	0.404	−5.315***	0.385	−5.998***	0.650	−6.566***	0.674	−1.293***	0.354	−1.442***	0.358	−3.152***	0.382	−4.026***	0.383
N	3 446		3 446		3 530		3 530		3 482		3 482		3 481		3 481	
左侧截取数	1 714		1 714		2 366		2 366		977		977		1 425		1 425	
−2 Log Likelihood	10 725.31		9 959.42		8 782.26		8 659.34		14 146.47		14 010.15		12 207.51		11 914.78	

注：+ $p<0.1$；* $p<0.05$；** $p<0.01$；*** $p<0.001$。

数据分析结果显示：

第一，总体来看，组织政治联系对企业社会责任行为没有明显影响，而个人政治联系主要影响企业外部社会责任行为。无论是在外部社会责任投入额度还是在外部社会责任投入强度方面，个人政治联系都仅对员工培训投入有一定影响。之所以如此，可能是因为企业政治联系主要是与国家和政府主体建立联系，而国家和政府更为关心社会公共利益，因此更加关心企业外部社会责任。

第二，我们认为企业政治联系可能通过工具性机制与合法性机制来影响企业社会责任行为。从数据结果来看，工具性变量与弱合法性变量对各种社会责任投入均有较大影响，但强合法性变量的影响较小。不同政治联系影响的中介机制比较复杂，但依然可以看到一定的规律，也即个人非正式联系（高管从政经历）主要通过合法性机制来影响企业外部社会责任行为，而个人正式联系（高管政治身份）则主要通过工具性机制来影响企业外部社会责任行为。这与假设6.7.2相一致。这就意味着目前企业政治联系的影响要么是来自激励要么是来自压力。从实践角度来看，要想促进企业履行社会责任，光靠政府干预是不可持续的，还需提供更完善的市场经济制度，维持民营经济的可持续发展，提高民营企业主的社会责任认知，这才是促进民营企业履行社会责任的根本之道。

第五章 | 砥砺前行：中国民营经济的未来

　　经过 40 多年的发展，民营经济已经成为我国社会经济稳定与发展过程中不可忽视的一股重要力量。一方面，民营经济在 GDP 中的占比已经超过 60%，民营经济能否持续高质量发展，将直接影响到我国整体经济能否持续高质量发展。另一方面，中国式现代化是全体人民共同富裕的现代化，而要实现共同富裕，没有民营企业的支持与配合是难以实现的。正因为民营经济具有如此重要性，所以吸引了大量社会科学研究者的关注，尤其是经济学与管理学的相关文献已经汗牛充栋。社会学的研究虽然相对较少，但近年来呈现上升趋势，而且社会学为了解和认识中国民营经济提供了特别视角。

　　本章将对前面三章的研究结果进行总结，并回答第一章提出的两个主要问题，预测中国民营经济的未来发展。第一个问题是，哪些企业的经营绩效更高、发展更好，能成长为大企业？这个问题又可以拆分成两个问题：企业主的社会来源如何影响企业成长？企业的关系网络如何影响企业经营绩效？企业主与企业关系网络是我国民营经济发展的微观基础，对这两个问题的回答也为我国民营经济的发展与市场经济的形成提供一定启示。

第二个问题是,哪些企业更可能积极履行社会责任、反哺社会?社会大众热切期盼民营企业能够做到"达则兼济天下",积极履行社会责任,但在许多企业主看来,社会责任投入都是企业的额外负担,是一种纯粹的利他性行为。这种矛盾将在经济下行、社会问题频繁暴露的时期日益尖锐,进而反过来影响社会经济秩序与发展。要想推动民营企业积极回应社会期待,首先需要了解民营企业社会责任行为背后的行为逻辑,这是第二个问题的意义所在。

一、弄潮儿:经济发展的领航者

民营企业主是企业所有者与管理者,对各个企业的生存与发展具有至关重要的影响,千千万万的民营企业主共同推动了民营经济的发展。中国的民营企业主群体经历了一次大的断层,新中国成立以后,在国家宏观经济政策与政治运动的影响下,大部分民国时期形成的民营企业主退出了历史舞台,那么改革开放以后形成的企业主群体来自哪里,就成为一个重要的问题。

首先,结合既有研究与本书研究结果,可以看到我国各个时代创业者社会来源有着明显变化。在改革开放之初,国有经济占绝对主导地位,体制内单位的员工工作稳定、福利优越,很少有人主动放弃体制内工作"下海"创业,此时主动创业者往往是那些在体制内难以大显身手或者根本就难以找到体制内工作的人。然而,20 世纪 90 年代初期,随着第一批"吃螃蟹"的人大获成功,成为令人瞩目的"万元户",以及民营经济合法性得以巩固,越来越多体制内单位的精英蠢蠢欲动,纷纷"下海"创业。21

世纪初,随着国有企业改革,大量工人下岗,为了继续生存,许多下岗工人自主创业,但这一波创业潮的主体与20世纪90年代存在明显差异,他们以体制内单位的普通员工为主,而且很多都是被动创业。到了21世纪第一个十年,随着互联网平台经济的兴起,创业门槛大幅降低,更多一般社会民众开始借助互联网平台创业,出现了万众创业的场面。总的来看,创业者的社会来源从20世纪80年代到90年代经历了一个精英化过程,而进入21世纪以来,又出现了多元化趋势。

其次,虽然制度环境的变化与创业门槛的下降给予了更多人直接创业的机会,但是,创业是一个艰苦过程,大浪淘沙,真正能够留在市场持续发展的人并不多。通过对大企业主社会来源的变迁分析,可以看到,无论是工作来源还是家庭来源,大企业主都出现了精英化的趋势。无论是体制外精英还是体制内精英,他们的创业起点都比一般人更高,他们企业的成长速度更快,因而他们更可能成为大企业主。这一优势随着改革推进而有所扩大,主要原因在于他们创业时的规模优势进一步扩大了。由于数据的限制,本书并未进一步探寻其中的原因。我们猜测这可能是两方面原因共同造成的:一方面,社会精英与一般民众的收入与财富差距有所扩大,他们的创业资本自然也会扩大;另一方面,企业主家庭的影响也在变强,过去的精英型家庭主要通过影响子女的教育与工作进而影响子女企业规模,现在的精英型家庭除了上述间接路径以外,还能直接影响子女企业规模,而这可能就包括在创业时期给予子女积极支持。

最后,相对于一般民众,中国的社会精英在创业与经营企业过程中具有共同的优势,但精英内部还存在一定分化,这种分化主要体现在企业成长路径与家庭再生产路径上。与市场精英相比,体制内的技术精英与管理精英具有更高的受教育程度,后者也与体制内的决策者和管理者具有更多的联系，这使得他们兼具市场能力与体制资本，市场精英当然也具有市场能力，不过这种市场能力不完全是通过教育获得的，更多可能是通过"干中学"获得的。事实上，技术精英与管理精英也是有差别的，正如魏昂德的研究发现，政治认同成为选拔技术干部与管理干部的主要差别[1]，这一差别可能深刻地印刻在二者的思维框架与价值观念里，这使得管理干部即使"下海"创业，也会延续体制内单位的许多做法，这可使他们的企业获得更多合法性，从而成长更快。

民营企业主的社会来源及其变化从侧面反映出我国精英流动情况，并回应了市场转型理论。本书结果支持了"精英再生产论"，这种再生产包括代内再生产与代际再生产。本书同时也发现精英内部存在分化，不过与伊亚尔、塞勒尼等人提出的"精英分化论"[2]相反，我们发现管理干部创业以后的优势比技术干部与市场精英的优势更大。这是因为管理干部的文化资本并不比技术干部的低；而且，中国经济改革保持了政治体制的连续性，这使得"下海"创业者掌握的丰富政治联系以及合法性得以持续发挥作用。中国渐进式转型也使得市场转型理论的预测有偏差。

市场转型理论认为，与经济体制改革相伴随的是社会资源分配权力的转移以及社会结构的变迁，这里的权力转移是在再分配者与一般生产者之间转移。但在我们看来，一般生产者不掌握任何社会权力，不同社会权力掌握在不同精英手上，因此要检验社会权力是否发生了转移，需要观察不同精英之间的优势是否发生了变化。即使如此，管理型企业主相对于市场型企业主依然保持了优势，也就是说，市场权力并未成为社会中分配资

---

[1] WALDER A G. Career mobility and the communist political order. American sociological review, 1995（60）：309-328.
[2] 伊亚尔，塞勒尼，汤斯利. 无须资本家打造资本主义. 吕鹏，吕佳龄，译. 北京：社会科学文献出版社，2008.

源的决定性权力。诚如市场转型理论所说，市场协调的资源越来越多，但市场中流动的资源主要是一般性的生产要素，一些稀缺的生产要素依然掌握在国家手里，在市场竞争日益激烈的背景下，这些稀缺资源可能是更重要、更具决定性的，故而那些具有更多体制联系，同时企业结构与行为更符合国家需求的企业，在资源分配上能够获得政府更多青睐。

精英型企业主的优势越来越大，从另一侧面也支持了"流动固化论"，也即随着社会竞争日益激烈，人们的社会出身对其成为社会精英的影响越来越大。但这一结果从某种程度上也能解释为什么民营企业主阶层并未像西方学者所想象的那样成为争取阶层利益的社会力量，因为许多企业主特别是大企业主本身从体制内工作转出，或者父母是体制内精英，他们对中国政治秩序有更深刻的了解，这种社会出身也会影响他们的思维认知，他们即使有自己的阶层意识也未必是西方企业主那样的阶层意识。

二、组织基础：民营企业的成长动力

民营企业的发展离不开有能力的企业主，也离不开错综复杂的关系网络。事实上，那些来源于精英工作与家庭的企业主之所以有更多机会成为大企业主，很大程度上也是因为他们的关系网络更丰富，并成功把这些网络嫁接到了企业组织中。在中国文化传统与政治经济体制下，许多研究都关心家族网络与政治网络对企业发展的影响。

同大多数研究一样，本书也发现了这些关系网络整体上对企业发展有着积极影响，但我们更想强调的是这些影响的局限性与异质性。企业发展的根本在于从外部汇聚资源与在内部有效配置资源，与之对应的是获取资源的外部交易成本，以及影响资源配置的内部交易成本（代理成本）。有的关系网络（如家族联系）能够以较低的成本获得资源，但资源的数量与质量有限，不能支撑企业持续扩张；有的关系网络（如个人政治联系）能够获取较多的稀缺资源，但需要承担相应的高成本；有的关系网络（如组织政治联系）能够以低成本获取较多的稀缺资源，但在企业内部未必能有效利用。因此，对这些关系网络的具体分析可能需要置于一定的情境之下，如要考虑企业规模与结构特征、市场竞争程度与营商环境等。

正是由于情境的多样性，我们也发现，中国民营企业的发展不是一种模式，而是多种模式并存，包括传统模式、社群模式、互惠模式、市场模式。对于微观民营企业来说，成功的企业可能是因为结合自身结构与外部环境而找到了适合自己的发展模式；对于宏观民营经济来说，整个经济的发展可能是多种发展模式合力推动的。这一研究结果综合了以往关于民营经济发展的各种理论解释，某种程度上也为这些理论解释之间的冲突提供了一种解决框架。例如，倪志伟始终强调民营企业之间的商业社群关系有助于这些企业生存与发展，同时推动了市场制度自下而上的形成。[1] 考虑到他的研究对象恰恰是中国市场化水平最高的长三角地区的民营企业，这种结论也就不令人意外了。同样，许多研究都发现，上市企业中家族治理形式并不利于企业绩效与企业价值[2]，考虑到上市企业都是大企业，那么也不能就此认为传统家族主义对中国民营经济具有阻碍作用。

中国民营经济的发展过程显示，不仅企业发展具有多种模式，宏观经济的发展路径也是多元的。在西方经济现代化理论看来，西方现代经济的

---

[1] 倪志伟, 欧索菲. 自下而上的变革：中国的市场化转型. 阎海峰, 尤树洋, 译. 北京：北京大学出版社, 2016.
[2] 苏启林, 朱文. 上市公司家族控制与企业价值. 经济研究, 2003(8)：36-45. 王明琳, 陈凌, 叶长兵. 中国民营上市公司的家族治理与企业价值. 南开管理评论, 2010, 13(2)：61-67, 96.

率先发展是建立在一系列以"工具理性"为基础的经济制度、企业结构、商业伦理之上的,因而其他后发国家的现代经济发展也必须具备这些条件。然而,中国民营经济起步时缺少这些条件,虽然个体民营企业起起伏伏,但中国整体民营经济却不断壮大,这说明现代经济的发展存在其他路径。在我们看来,中国民营经济的持续发展具有两个条件:一是相关行动主体——政府、企业与家族——具有高度共识,这种共识构成了一种强大的精神动力;二是相关行动主体之间建立的关系网络体系成为降低社会成本、优化资源配置的重要机制,这有别于西方的"工具理性—契约交易"机制。而上述两个条件能够成立与中国特殊的制度基础和文化基础高度相关。

一方面,在原来总体性社会下,国家意志总是能够贯彻到基层社会,并且引导社会行动,因此国家也与基层组织建立了直接联系,而这种传统在经济改革中得以延续。当国家意志转向"经济建设为中心"时,很快就能排除异议,使其成为一种共识,同时原来国家与基层组织建立的垂直关系也很容易延伸到政府与新型的民营企业之间。另一方面,传统家族文化的复兴也激发了人们振兴家族、福泽子孙的强大愿望,这与国家意志的转移高度契合;而且传统关系伦理的延续也有助于人们快速建立起横向社会关系,从而对国家的垂直关系进行有效补充。总的来说,对于中国经济现代化的发展,我们难以使用西方现代化的线性发展模式来解释,而应从中国的制度基础与文化基础出发深入探讨各种行动主体如何共同推动民营企业成长、民营经济发展。

虽然上述四种企业发展模式是一种静态类型学,但许多企业会随着自身结构与外部环境变化而调整发展模式,形成一种动态过程。例如,一些大型民营企业在面临接班问题时,主动做出调整,优化内部治理结构,引入职业经理人，放弃子女接班的传统模式。同样，随着我国市场经济体制的完善，国家也在调整政府在经济发展中的角色，习近平总书记在2016年3月提出要构建"亲""清"新型政商关系，此后在十九大报告、二十大报告里又相继予以强调，这意味着政府正在从过去的企业庇护者角色转向市场维护者与监督者角色。正如书中一些数据结果显示的，企业主政治身份的影响一直不显著，这从某种意义上反映出民营企业政治联系作用的弱化。因此，中国民营经济的持续发展也是各种市场主体动态调整制度政策与经营策略的共同结果。

三、达则兼济天下：企业的社会责任与大公精神

在我国经济高速增长的过程中，也出现了许多社会问题，要求民营企业及其企业主履行社会责任的呼声越来越高。在理论上，学者们对企业履行社会责任的合理性与动机有着较多争论，这些争论是在规范意义上讨论，本书则基于实证数据探究我国民营企业社会责任行为背后的动机与影响因素。从研究结果来看，除了员工社会保险外，在慈善捐赠、治理污染、员工培训等方面，只有不超过50%的民营企业会去投入，可见企业履行社会责任存在较大差异。民营企业是否履行社会责任以及社会责任投入强度也是多重因素共同决定的，企业的经济基础，如企业规模与绩效当然是一个重要因素，但多数企业决策者都不是完全理性的行动者，他们的企业决策同时遵循其他行为逻辑。

我们根据行为对象将企业社会责任分为外部社会责任与内部社会责任，有趣的是，各种因素对二者的影响呈现出了复杂图景。企业主社会来源对两类社会责任具有一致的影响，相比于其他企业主，精英型企业主更

加积极履行社会责任；而家族联系对两类社会责任的影响完全相反，家族企业更积极履行外部社会责任，但更少履行内部社会责任；政治联系对两类社会责任的影响也有不同，政治联系能够促进企业积极履行外部社会责任，但对内部社会责任的影响比较小。这些差异充分反映出社会责任行为背后的多重逻辑。

首先，精英型企业主的企业规模更大，冗余资源更多；精英型企业主的社会曝光度更高，社会对其期待更大，因而他们面临的社会压力也更大；同时他们更高的地位认同构成了一种内在驱动力。经济基础、社会压力与内在驱动都适用于各类社会责任，这也使得精英型企业主在履行各种社会责任上表现更好。其次，中国家族历经千年演变，形成了两种理想模式的混合体，即作为传递父系血缘关系与伦理规范载体的"宗"与作为社会经济单位的"家"相结合。① 前者重视家族的社会情感财富，而后者更注重经济财富的积累。当家族与民营企业结合时，这种家族的二元面向便会影响企业行为。就企业社会责任行为来说，家族企业会牺牲其他内部利益相关者的利益来实现自己经济利益的最大化，同时家族企业也会积极履行外部社会责任以增加社会情感财富。最后，政治联系将民营企业与国家连接起来，民营企业由此也需应对更多来自国家的要求，其中之一就是履行社会责任。当然，国家更关心的是对整个社会具有广泛的积极影响或者效益具有较大溢出性的社会责任行为，这就使得那些具有政治联系的民营企业更积极地履行外部社会责任。

本书的分析突出了企业社会责任行为背后的文化逻辑与制度逻辑。自从新制度主义理论强调制度的建构性以及把认知要素融入制度分析中，文

---

① EBREY P. Conceptions of the family in the Sung Dynasty. The journal of Asian studies, 1984, 43（2）: 219-245.

化分析与制度分析的边界便越来越模糊。在我们看来，如果把文化分析与制度分析混淆，可能会削弱制度分析的效力，而且实际上，文化影响与制度影响的结果可能是完全不一样的。制度分析的核心基础在于"合法性"，而当所有组织都具备合法性后就出现了趋同现象。当然，组织满足合法性的背后可能有多种机制：有的是组织不得不这么做，有的是组织主动这么做。[1] 文化的影响通常不如制度的影响那么直接、那么迅速，它通过长期社会化影响人们的思维框架与价值理念，进而影响组织行为，但这种影响却比较持久。正因为如此，经过传统文化影响所形成的组织结构与行为未必符合当前制度环境的要求，也就会出现文化与制度的冲突。例如家族企业在内部社会责任上的行为可能符合传统家族观念，但未必与当前社会期待相符。

四、机遇与挑战：国家主导下的多元市场转型

从历史比较视野来看，有学者认为，社会主义国家中市场经济的形成路径存在三种：由政府主导，自上而下推行改革；由基层社会自发酝酿，然后自下而上扩散；由外资大规模进入并主导经济改革。[2] 然而，这些路径都是基于中东欧与俄罗斯等国家的经验，中国的经济体制改革很难说是哪一种路径，不如说是多种路径并行的。一方面，改革开放以来，国家的中心任务就是经济建设，而市场化改革是促进经济发展的重要手段，国

---

[1] DIMAGGIO P J, POWELL W W. The iron cage revisited: institutional isomorphism and collective rationality in organizational fields. American sociological review, 1983, 48（2）: 147-160.
[2] KING L P, SZNAJDER A. The state-led transition to liberal capitalism: neoliberal, organizational, world-systems, and social structural explanations of Poland's economic success. American journal of sociology, 2006, 112（3）: 751-801. SZELENYI I. A theory of transitions. Modern China, 2008, 34（1）: 165-175.

家在引入市场机制的同时,也就放松了对地方政府与社会的控制。尽管如此,国家利益的需要使得国家始终控制着宏观经济改革的方向、程度、速度。[①]另一方面,在国家规定的空间内,地方社会各自利用自身条件逐渐培育市场经济,有的利用跨国资本,有的利用集体资本,有的利用地方家族资本;而地方市场一旦培育起来,本身就有扩张的内在驱动,这些地方市场的生长就会逐渐侵蚀国家限制空间的边界,并倒逼国家进一步承诺更大的空间。由此观之,我们可以将这种市场转型称为国家主导下的多元市场转型。

  我们对于民营企业的理解需要置于这样的转型背景之下。本书前几章显示,民营企业存在多元成长路径、多元发展模式、多元行为逻辑,但我们也发现,企业规模优势最显著的企业主主要来自管理型工作与管理型家庭,企业社会责任投入背后的最大动力来自国家的合法性压力。可见民营企业成长与行为背后的逻辑虽然是多元的,但企业与国家之间的互动情况依然起着主导作用。当企业主或企业通过关系网络从国家获得大量稀缺资源时,企业能够快速成长,并在整个市场竞争中占据着规模优势,而企业也因此增强了对国家的资源依赖,从而不得不遵循国家的要求。这说明,市场协调的资源越来越多,而政府掌握的稀缺资源依然重要乃至是决定性的。

  企业与国家的联系虽然使其在获取稀缺资源时具有较大优势,但这些联系未必都能帮助其提高资源配置效率。事实上,那些制度化而稳定的政治联系,能以较低成本帮助企业获得较多资源,但这种政治联系无助于资源配置效率的提高。从微观上看,这反映出民营企业的关系网络在特定

[①] 郝大海,李路路. 区域差异改革中的国家垄断与收入不平等:基于2003年全国综合社会调查资料. 中国社会科学, 2006(2):110-124.

情况下也会产生负面作用；而从宏观上看，这说明国家作为市场直接参与者可能会造成资源分配的低效率甚至浪费。改革开放40多年来，前30多年的改革任务是开拓市场，而在当年国家统合一切的情况下，开拓市场必须有地方政府的积极参与才能成功；但随着市场经济逐渐成形，政府应该尊重市场自我运行的特殊逻辑，未来的改革要削弱政府作为市场参与者的职能，加强监督市场运行与纠正市场失灵的职能，积极创造良好的营商环境。营商环境就是生产力，正如习近平总书记强调的："在我国经济发展进程中，我们要不断为民营经济营造更好发展环境，帮助民营经济解决发展中的困难，支持民营企业改革发展，变压力为动力，让民营经济创新源泉充分涌流，让民营经济创造活力充分迸发。"[1]

虽然民营企业与国家的关系是总体影响企业行为与经营结果的主要因素，但这不是唯一因素，在一些情境下，这甚至也不是主要因素。例如在市场化水平较高的地方，政治联系对企业经营绩效没有明显影响。如果我们聚焦于地方社会与地方市场的话，会发现还有其他许多因素在推动民营经济发展，在影响民营企业的行为。例如，已有学者讨论了全球化背景下美国式企业治理机制在中国的扩散。[2] 本书则重点探讨了家族因素的影响，如企业主的家庭背景以及企业的家族涉入的影响。而这些影响的根源在于中国传统家族伦理与文化规范，具体表现为：中国传统家庭以亲子关系为纵轴关系，父母会为子女企业的发展倾注心力；"差序格局"的关系结构使得家族成员与家族企业之间具有特殊主义关系；"家"的二重意义对企业社会责任行为产生影响。当然，文化的影响不仅仅体现在家族文化上，

---

[1] 习近平在民营企业座谈会上的讲话（全文）.（2018-11-01）[2023-08-25]. https://baijiahao.baidu.com/s?id=1615942190474762197&wfr=spider&for=pc.
[2] 杨典.金融全球化与"股东导向型"公司治理制度的跨国传播：对中国公司治理改革的社会学分析.社会，2018, 38（2）：46-83.

改革开放以前所形成的社会主义意识形态作为一种文化同样有着长久影响，这体现为不同企业主的工作经历与家庭背景在企业行为上的差异。例如出身市场型家庭与内源型家庭的企业主的创业路径有所差异，企业社会责任的行为逻辑也不一样。

总的来说，在国家主导的多元市场转型过程中，民营企业同时嵌入国家与地方社会形成的场域之中。对民营企业的分析由此可以建立一个"国家—地方社会"的分析框架。首先，国家的影响主要体现在两个方面：一是国家能够制定关于民营经济发展的法律、政策、规定等，从而打造民营企业的发展空间；二是国家特别是国家在地方社会的代表——地方政府能够与一些民营企业建立直接联系，从而支持或约束企业行为与结果。其次，民营企业同时嵌入在地方社会中，地方社会所具有的文化传统、市场结构、地方联盟、全球化渗透等也会共同形塑企业发展空间。由于各地方社会的各因素搭配不一样，因而企业行为与结果呈现出多样性。最后，民营企业本身具有较大能动性，能够充分调动国家与地方社会网络中蕴藏的各种资源；也能够积极利用一些结构缝隙——如国家与地方社会内部的缝隙与矛盾、国家与地方社会之间的缝隙与矛盾等，来为自己的发展谋求更大空间。

后　记

记得十年前，2014年，我还在读博，在社会学专业期刊上发的第一篇文章就是发表在《社会学研究》上的《家族涉入、企业规模与民营企业的绩效》，此后我又陆续发表了九篇关于民营企业的论文，加起来刚好是十篇。本书可以说是对这十年的民营企业研究做的一个小结。

老实说，我最早开始研究民营企业，并没有什么具体想法，也没有太多理论准备，就是因为在攻读硕士学位期间阅读社会学文献，发现当时社会学有许多关于乡镇企业的研究，却没什么人研究继乡镇企业而起的民营企业。巧合的是，我导师李路路教授手上刚好有一套"中国私营企业调查"（Chinese Private Enterprise Survey，CPES）数据，那时这套数据还未公开，而对于我这样定量研究刚刚入门的学生，刚好可以用来练手，由此我就进入了这个领域。所以，我最早的一些研究基本是由数据驱动的，和数据拉扯了许久。不过在这个过程中，经常和导师讨论，慢慢学习到一些理论分析的路子，再加上相关文献的积累，也就形成了一些新的问题，进入理论驱动的研究。

之所以有本书，是因为三年前申请了一个北京社科基金项目，结项成果就是一本专著，我想利用这次机会把这些年的民营企业研究梳理一下。一开始只是想把几篇文章汇集出版，后来发现这些文章的主题比较分散，单纯出本论文集没啥意思，于是就换了个思路，根据这几年研究的经验，先形成了一个基本框架，然后按照框架来组织内容，一些能用的文章修改后放入，缺少的部分用新的研究补上。因此，本书的部分章节内容曾在《中国社会科学》《社会学研究》《吉林大学社会科学学报》《社会科学》上发表，不过为了与全书框架和数据分析保持一致，这些文章都做了大幅修改。这里要特别感谢这些期刊给予的机会，同时也感谢论文合作者李路路教授、吕鹏教授、张若天博士、刘雯博士的支持，特别是我的导师李路路教授，无论是在我求学期间，还是在我工作以后，都对我的成长与发展给予了无私的支持与帮助。

最后，数据是定量研究者的基本材料，没有数据的研究就如无米之炊，我所有关于民营企业的文章以及本书都是使用"中国私营企业调查"数据写出的，因此我要特别感谢该调查，以及为此调查默默付出的所有人。该调查是国内目前规模最大、持续时间最久的私营企业调查，基本每两年进行一次，目前已分别于1993年、1995年、1997年、2000年、2002年、2004年、2006年、2008年、2010年、2012年、2014年、2016年、2018年、2020年进行了14次。从2015年9月开始，相关部门已授权中国社会科学院私营企业主群体研究中心（中国社会科学院社会学研究所代管）面向海内外用户开放该数据的使用。衷心希望这个调查能够持续下去，未来能有越来越多人使用其数据，共同揭示中国民营企业发展之路。

朱　斌

2024年4月

图书在版编目（CIP）数据

弄潮：中国民营企业的成长与社会责任/朱斌著
. --北京：中国人民大学出版社，2024.5
（明德群学/冯仕政总主编.中国社会变迁）
ISBN 978-7-300-32818-8

Ⅰ.①弄… Ⅱ.①朱… Ⅲ.①民营企业－企业发展－研究－中国 Ⅳ.① F279.245

中国国家版本馆 CIP 数据核字（2024）第 094026 号

明德群学　冯仕政　总主编
明德群学·中国社会变迁　李路路　主编
弄潮：中国民营企业的成长与社会责任
朱　斌　著
Nongchao: Zhongguo Minying Qiye de Chengzhang yu Shehui Zeren

出版发行	中国人民大学出版社		
社　　址	北京中关村大街 31 号	邮政编码	100080
电　　话	010-62511242（总编室）		010-62511770（质管部）
	010-82501766（邮购部）		010-62514148（门市部）
	010-62515195（发行公司）		010-62515275（盗版举报）
网　　址	http://www.crup.com.cn		
经　　销	新华书店		
印　　刷	涿州市星河印刷有限公司		
开　　本	720 mm×1000 mm　1/16	版　次	2024 年 5 月第 1 版
印　　张	16.25 插页 2	印　次	2024 年 12 月第 2 次印刷
字　　数	197 000	定　价	69.00 元

版权所有　侵权必究　印装差错　负责调换